近代家族と子育て

沢山美果子

吉川弘文館

はしがき

家庭の子育てへの社会的関心が高まる一方で、母親たちは孤立を深めている。その背景に、子育ての責任が女性たちに負わされがちな状況があることは、しばしば指摘される。しかし歴史をふりかえってみると、子育ての責任が家庭、とくに母親たちに負わされるようになったのは、そう古いことではない。近代社会の成立のなかで「家庭」の名を与えられた家族、いわゆる「近代家族」が望ましい家族の形として社会の規範となってからのことである。

この「近代家族」についての研究は、日本では一九八〇年代半ば以降、特に社会学を中心に展開し、ヨーロッパ近代に誕生した「近代家族」の「特徴」を手がかりに日本の近現代の家族を分析する「近代家族論」として、一九九〇年代に隆盛を迎える。しかし二〇〇〇年以降、家族の個人化、多様化が指摘され、家族自体を分析することへの疑問が当の社会学自身から出されるなかで、「近代家族論」はその勢いをうしなっていく。

それは、「近代家族論」がその出発点から内包していた矛盾が、現実の家族の変化のなかで顕在化した結果でもあった。というのも「近代家族論」は、ヨーロッパの家族の社会史研究から抽出された「近代家族」の「特徴」を分析概念とし、ヨーロッパ近代を尺度に日本の近現代の家族を分析しようとするものだったからである。「近代家族論」はその展開の過程で、「近代家族」の「特徴」から「定義」論へと重点を移していくが、「定義」論に収斂していくなかで現実の家族との緊張関係を失い、閉塞状況に陥っていく。

こうした現実の家族の変容と「近代家族論」の展開の過程は、歴史学の側にあらたな課題を提起するものであった。

それは、日本近代に登場した「近代家族」を、ヨーロッパ近代という外からの尺度によってではなく、日本の近世から近代への歴史的展開のなかで、また「近代家族」のなかに生きた人々の側から、「近代家族」とは何であったのかを問い直すという課題である。歴史学に突きつけられたこの課題は、二〇一〇年代に入った今も課題であり続けている。他方、子育てをめぐる政策的社会的関心は、少子化社会の進行のなかで、むしろ強まり、家族のなかに様々な矛盾が皺寄せされる状況や、母親たちの孤立化、息苦しさ、それに対する子育てのセーフティネットの必要性は、ますます、その度合いを強めている。

さらに、二〇一一年三月一一日の東日本大震災以降、次の世代である子どもたちのいのちをどう繋いでいくのかという問題は、現代を生きる私たちにとって、重く深い、そして切実で深刻な課題となっている。言い換えれば、私たちが生きる場、いのちを繋ぐ場としての家族という視点から、改めて歴史のなかで「近代家族」とは、どのような家族であったのかを問い直すことが求められている。

「近代家族」としての「家庭」とは、そこに生きた人々にとって、どのような家族であったのか。なぜ「家庭」は、そして母親たちは、子育ての責任を一身に担うようになったのか。「家庭」に生きた人々の具体的な経験の側から、その期待や希望、そして矛盾、葛藤も含めて、「近代家族」とは人々にとって何であったのかを問い直す。そのときに、現代の問題を解きほぐしていくための糸口も見えてくるのではないだろうか。近代の母性の研究から出発し、近代、そして現代を相対化するために、近代とは異質な近世の女の性や身体観、子どものいのちの問題へと足を踏み入れていった私が、震災後の今、改めて近代家族を問い直す意味はそこにある。

本書のテーマは、少子化のなかで起きている母親たちの孤立化の背後に今も規範として強くある「近代家族」としての「家庭」は、日本の近代社会のなかでどのように生まれ、そこには、人々のどのような期待や希望、営みがあったのか、またどのような矛盾、葛藤が孕まれていたのか、「子育て」に視点をあてて問うことにある。

そのタイトルを、『近代家族の子育て』ではなく、『近代家族と子育て』としたのは、近代家族を自明の前提とし、そこでの子育てのありかたを問うのではなく、近代の子育てにあらわれた近代固有のあり方、「近代家族」と「子育て」の関係性を通して「近代家族」とは人々にとって何であったのかを探りたいと考えたからに他ならない。

『近代家族と子育て』とした意味はそれだけではない。今では、「子育て」の語は、子どもを育てる営みを指す一般用語として広く用いられている。しかし、近代の親たちが用いているのは、近代になって翻訳語として新しく登場した「育児」「教育」「家庭教育」といった言葉であった。近世に用いられていた「子育て」の語は、近代になると「育児」「教育」という言葉にとってかわられていったのである。

にもかかわらず『近代家族と育児』とせずに『近代家族と子育て』としたのは、現代になって復権した「子育て」の語に込められた歴史的意味を重視したからに他ならない。近代にいったん消えた「子育て」の語が再び登場するのは、「近代家族」が広く大衆化したとされる一九七〇年代半ば以降のことである。この時期、出産・育児期に女性の年齢別就労率が低くなる、いわゆるM字型カーブの谷底がもっとも深くなり、三歳までは母親の手で育てるべきとする、「三歳児神話」が語られる。その一方で、「育児不安」「育児ノイローゼ」の語に象徴される「育児」をめぐる問題や「教育病理」「学校病理」という言葉に象徴される「教育」をめぐる問題が頻発してくる。

言い換えれば、性別役割分担、子ども中心主義、母性愛を持つ母親による育児といった「近代家族」の規範が広がる一方で、その矛盾も明らかになる、まさに、その時期に「子育て」の語は再び登場したのである。その意味で「子育て」の語には、「近代家族」の「育児」のありかたを、近世の「子育て」をふりかえるなかで、またヒトとしての人間が生まれ、成長する原点に立ち返って問い直すという意味が込められていた。

本書のタイトルを『近代家族の育児』でも『近代家族の子育て』でもなく『近代家族と子育て』とした意図は、この「子育て」の語復権に込められた、「近代家族」や「育児」という近代固有の子育てのありかたを歴史のなかで問い直す視点を重視したからにほかならない。

「近代家族」としての「家庭」とは人々にとって何であったのか、そこに孕まれ、そして現代にも通じる問題とは何か。このテーマに本書では二つの面から接近する。一つには、近代社会の成立のなかで家族が社会の核として位置づけられ、子どもを育てる営みが家族の重要な役割となり、その営みが家族のなかに閉ざされていくプロセスと構造を通して。二つには、なぜ、どのように人々は、子どもを育てる営みを個別の家族の、とりわけ母親の営みとして排他的に引き受け、育児・教育熱に駆り立てられ、あるいはそれに抗おうとしたのか、規範の受け手とされる人々の側から、その具体的な経験を通して。

そのように「近代家族」生成のプロセスと構造、そこでの人々の具体的な経験を問うことを通して、「近代家族」とは何であったのかを、そこに生きた人々の側から重層的・立体的に描きだしてみたい。その試みは、現代を生きる私たちが抱える問題の根源にあるものを探ること、さらに、どう明日を切り開き、いのちを繋いでいくのか、その手がかりを探ることにつながるに違いない。

目次

Ⅱ　「保護される子ども」と「育児」

〔カバー〕「近代家族」の母親像

「婦人生ひ立ち双六」は、遊びを通し女性たちに母としてあるべき姿を教える。母親の育て方で子どもの将来は決まると。母の盲愛のもとで育った娘は「落第」し、慈愛のもとで育った娘は賢く育つ。「上り」は「結婚」。しかし、そこに夫の姿は描かれない。

「婦人生ひ立ち双六」（『婦人世界』一九一八年新年号付録）

序章　「近代家族と子育て」への問い

一　近代家族論の登場と展開

一通の手紙から

近代家族や、そこでの「母性」という規範を自らのモデルとして受けとめた母親たちに大きな影響力を持った人物に、東京女子高等師範学校（現お茶の水女子大学）の教育学教授、下田次郎がいる。彼のベストセラー『胎教』(1)には、一九二〇年（大正九）に届いた読者からの手紙が掲載されている。手紙を書いたのは、「月給少額」の俸給生活者。妻は、その少ない俸給をおぎなうために「内職」をしているという。次にあげるのは、その手紙の一部である。

子供丈は相当の養育を致し度所存有之候為、先生より御贈与を頂き候「胎教」を、愚妻長男出生迄に二回、次男出生迄に前後六回熟読致し候由。我等夫婦生活には、更に余裕無之候へ共、精神上に於ては、幾分の余裕を得居る積りに候。子供の養育に付き候ては、最善の努力により、家族一同、虚偽、驚かし、その他子供に害を及ぼす様の事は、如何なる苦心有之候とも、絶対致さざる方針にて今日に至り候。

本書の「近代家族と子育て」というテーマに接近するために、どのような視点が求められるのか。この手紙は、そのための示唆を与えてくれる。

手紙のなかで夫は、「子供丈は相当の養育」をしたいと願い、長男出生までに二回、次男の時は六回、『胎教』を

「熟読」したと記している。そこには、「子供の養育」に「最善の努力」を尽くしたいという願い、そして「子供に害を及ぼす様の事」は「如何なる苦心」があっても絶対にしないという家族の「方針」があった。手紙には、男の子二人の「子供写真」も添えられていた。

手紙からは、残すべき資産もない俸給生活者の家族の「子供丈は相当の養育」をしたいとの強い願いがうかがえる。また、長男の妊娠、出産を経験しているにもかかわらず、次男の時には、その倍の回数『胎教』を熟読している。そこには、自らの経験ではなく、専門家による育児書に頼ることでより良い子どもをもうけたいとの願いが読みとれる。

人々のこうした子育てへの願いは、生きる場としての家族のありかたと密接に関わっていたと思われる。では、夫の雇用労働によって得た「月給」で家族を支える俸給生活者の性別役割分担という家族のあり方は、どのような子どもへの期待をうみだしていったのだろう。家族の生活を支える労働のありかたや性別役割分担という夫婦の関係と子どもへの期待を関連させて考えること。これが本書の視点の一つである。

また、この手紙からは、「子供写真」に象徴されるように子ども中心の家族の様子が見て取れる。ではなぜ俸給生活者の家族は、子ども中心の家族となっていったのか、そして母性愛の重要性を説く育児書に何を期待していったのか。近代家族の受け手である人々の側から、近代家族の内実に迫ること。これが二つ目の視点である。

最後は、対象とする時期をめぐる視点である。手紙が書かれた一九二〇年（大正九）という時期は、日本における少産少死社会の始まりの時期であり、この家族も子どもは二人である。では、子どもへの期待のありかたと少産少死社会への転換という人口動態とは、どのように関わっているのか。これが三つ目の視点である。

本書では、日本における多産多死から少産少死社会への転換の時期、とくに一九一〇～一九二〇年代を中心に、人々の生きる場としての家族の側から、雇用労働と性別役割分担によって支えられた「近代家族」としての「家庭」

という家族のありかたと、そこでの子どもへの期待の関係に注目する。その際、手紙や育児日記、育児体験談といった家族のなかに生きた人々自身が残した史料に着目しそれらを歴史的文脈のなかで読み解くことで、「近代家族と子育て」というテーマに迫ってみたい。

具体的な考察に入る前に、近代家族に関するこれまでの研究動向、特に近代家族論をめぐる研究動向を振り返っておくことにしよう。そのことを通し、人々の側から、人々の生きる場である「近代家族」としての「家庭」という生活世界と子育てに焦点をあて、「近代家族」とは人々にとって何であったのかを問うという本書の課題設定が持つ意味を明らかにしたい。

日本における近代家族論の登場

今、私たちが当たり前だと思っている「家庭」という家族の形や、家庭のなかで保護される子どもという子ども観が、実は歴史的に作られたものだとするアリエスの『〈子供〉の誕生』（アリエス　一九八〇）が日本で翻訳刊行されたのは、一九八〇年のことである。冒頭にあげた手紙でも追伸で「子供写真」や子どもの「衣服」の事にふれているが、アリエスは、子ども服や子どもをめぐる図像といった、それまでの歴史学では用いられてこなかった日常物質文化も用いて、私たちが今抱くような子ども観が近代の産物であることを論証したのであった。

この一九八〇年代という時期、アリエスら西欧の社会史研究の成果が相次いで日本に紹介され、日本の家族史、女性史、教育史を大きく変化させていく。これら社会史のなかで生み出された西欧家族史の成果が近代家族論として紹介されたのも、この時期である。一九八五年に「近代家族の誕生と終焉」（落合　一九八九）を発表した落合恵美子は「日本における近代家族論の紹介者」（瀬知山　一九九三：一三七）とされる。(2)

他方、子どもは歴史的存在であるとするアリエスの研究にいちはやく着目したのは、日本教育思想史の中内敏夫

（中内　一九八七ａ）である。以後、中内を中心に、一九八〇年代には西欧の社会史研究の紹介を中心とした『叢書　産育と教育の社会史』全五巻（八三〜八五年）が、さらに一九九〇年からは、日本の近代家族をめぐる論考や日本の家族の子育ての記録がおさめられた『叢書　産む・育てる・教える　匿名の教育史』全五巻（九一〜九二年）が刊行される。(3)

こうした社会史の動向は、一九七〇年代から問題になっていた育児不安、育児ノイローゼなど、育児を行う母親の心理や育児を行う当事者の社会関係に焦点を当てた実証研究の視点をも変化させることとなった。家族に内在する母と子の「家族問題」から、家族外の人間関係や社会の構造変動をめぐる「社会―家族関係問題」へと、その問いを転換させたのである。また、母性や母性愛という近代社会の観念ゆえに、育児をめぐる問題が構成されるという構築主義的な視点を与えることとなった。(4)

では、日本における近代家族論の紹介からすでに三〇年を経た今、近代家族をめぐるこれまでの研究の展開を振り返ってみたとき、そこに浮かびあがる課題とは何か。今、改めて「近代家族と子育て」をテーマにすることの意味とは何か。さらに考えてみたい。

家族への新しい視角としての近代家族論

「近代家族の誕生と終焉」で落合が近代家族の特徴としてあげたのは、一、家内領域と公共領域との分離、二、家族構成員間の強い情緒的絆、三、子ども中心主義、四、男は公共領域・女は家内領域という性別分業、五、家族の集団性の強化、六、社交の衰退とプライバシーの成立、七、非親族の排除、八、核家族の八項目である。

注意すべきことは、落合はこれら八項目を「近代家族の『定義』として掲げたのではないということ」（落合　一九九六：二六）である。それは、「欧米における家族の社会史研究の中で言われていることを参照し、歴史社会学の見地から、〈近代家族〉の特徴を理念的にとりだ」したものであった。なぜなら、「西欧家族史の近代家族論の生みの親である近代家族論の主な論者たちは歴史家であるということもあり、明確な形で、近代家族の定義を示すことはほとんど無かった」からである。「定義」としなかった理由はそれだけではない。「さかしらに自己流の家族定義を立てるのではなく、過去の人々の認識や感情に迫ろうとする社会史の心性論的アプローチに従いながら、当事者にとっての家族観を明らかにする」ことで、当時の家族史研究で支配的だった家族観を「相対化しようと」したためである。

西欧家族史の「近代家族論の主な論者たちは歴史家」であり、その特徴を「理念的」にとりだし「定義」を示すということは「ほとんど無かった」。また「定義」ではなく「特徴」と落合が注意深く断った意図は、社会史の初心に従い、歴史のなかの当事者の家族観を明らかにすることで、日本の支配的な家族史研究を相対化する点にあった。このことに注意を払う必要がある。

落合のこの発言は、社会史研究をいち早く日本に紹介した『叢書歴史を拓く―アナール論文選2　家の歴史社会学』に収められたフランス史の二宮宏之の解題「歴史の中の『家』」(二宮　一九八三)での指摘とも重なる。二宮はこのなかで、「『家族』の問題に一貫して注目してきた日本の歴史家の眼には奇妙に映ることだが、ヨーロッパ近代の歴史学は、「家族」とか「家」とかのテーマには概して関心が薄かった」という。それは「「個人」と「国家」という、二つの軸の上に成り立っているとする近代ヨーロッパの理念そのものが関連しているのかもしれない」。二宮はそう指摘している。このような状況のもとでなされた西欧家族史は、「現実への直接的な問いから出発して、人と人の絆、社会的結合関係のありようを改めて捉えなおそうとする、歴史研究における大きな視点の転換」をもたらすものであった。

それに対し、日本での近代家族論の展開は、近代家族論の最初の紹介者が歴史社会学者の落合であったことに象徴されるように、歴史学よりは、おもに社会学で受け入れられ、「歴史分析というよりも、現代における家族の問題を解明する際の手段として社会学を中心に論じられ」（長　二〇〇二）ることとなる。

西欧と日本のそうした違いは、二〇一〇年に出された『社会学ベーシックス　近代家族とジェンダー』（井上・伊藤編　二〇一〇）からもみてとれる。この本は、「社会学ベーシックス」と銘打っていることからも明らかなように「社会学の知的成果」の「財産目録を基本文献の解題という形でまとめておこう」との意図から編まれたものである。興味深いのは、このなかの「近代家族のゆくえ」に基本文献として収められているのは、アリエスの『〈子供〉の誕生』をはじめ、ショーターの『近代家族の形成』、バダンテールの『母性という神話』など、多くが歴史学の文献だという点である。

ここからは、西欧では歴史学のテーマであった「近代家族」の問題が、日本では社会学のテーマとして主に現代の家族問題を分析するための分析概念として受けとめられていったという、ある種のねじれが見て取れる。しかしそのことは、具体的な実証を重視する歴史学のテーマとして、歴史のなかでの家族のありかたの一つとして近代家族の問題を追究するうえで、多くの課題を抱え込むこととともなった(5)。

二　近代家族論が切り拓いたものと、その陥穽

近代家族論のセカンドステージ

一九九〇年代には、「戦前のいわゆる家制度の下の家族に近代家族的性格を見い出す」（落合　一九九六：四一）研究が、相次いで登場する。それは、日本の戦前の家族を封建的残存物としての「家」とし、それに戦後の家族の近代化

を対置させてきた、それまでの家族史研究への異議申し立てでもあった。その代表的な研究として、小山静子『良妻賢母という規範』（小山　一九九一）、西川祐子「近代国家と家族モデル」（西川　一九九一）、上野千鶴子『近代家族の成立と終焉』（上野　一九九四）、牟田和恵『戦略としての家族』（牟田　一九九六）がある。

これらの研究は、明治以降の教科書や総合雑誌の言説分析を行った小山、牟田に象徴されるように、言説分析を中心に、「近代家族」モデルという「規範」が近代国家のなかでどのように形成されていったのかという問題を、「近代国家」の「家族」をめぐる「戦略として」考察しようとするものであった。小山はのちに近代国民国家が家庭生活にどのように介入したかを追究した研究（小山　一九九九）を著すが、「女性はいかにして近代国民国家の国民となるのか」という問題関心は、そこでも一貫している。

一九九〇年代の近代家族論のこうした状況を落合は、新たな家族理論構築のために近代家族概念を正確に定義しようとする流れと、近代家族概念を実証的に、すなわち一定の時代に成立した家族の性格を表すものとして用いるという流れが、相互に関連し合いながら進行した「近代家族論のセカンドステージ」と位置づけている（落合　一九九六：二八）。

他方で落合は、世界に発信できるほどの理論的水準に達した日本における近代家族論パラダイムの成立が、ほかのアプローチへの目配り不足や近代家族論万能主義ともいうべき枠組みの強引な引用をもたらすことになったことへの「憂慮」も示している(6)。

近代家族論は、近代日本の家族史研究に新しい論点を与えるものであり、近代家族論パラダイムにもとづく研究は、日本近代における近代家族規範の存在を明らかにすることで、近代国民国家と家族の関係の問いへと、その射程を広げることとなった。しかし他方で、近代日本の家族をもっぱら近代家族で代表させ、規範と現実の家族との関係を問わない傾向や、上野千鶴子のように、「日本の家と欧米の近代家族を等置するような指摘すらあらわれ」（大門　二〇一八：一〇）、近代家族論でどこまで、日本近代の家族の現実の歴史に接近できるのか、近代家族論の射程を問いなおさねばならない状況も生みだした。

さらに、近代家族論の焦点が、「近代家族」の「定義」や近代家族「概念」、規範についての言説分析に置かれたことから生まれた問題も否定できない。近代家族の定義をめぐっては、落合と西川との間で論争がなされている。そのなかで西川は、「近代家族とは近代国民国家の基礎単位とみなされた家族の事であるという簡単な作業仮説から出発するのが良いと思いはじめている」（西川　一九九四：二七）と述べ、とりわけ、近代国民国家と家族との関係に焦点化した定義に至る。落合はこの西川の定義に対し、「近代家族を近代国家との関係だけにおいて捉えることで、近代家族論の最も魅力的な部分が削ぎ落されてしまうという懸念」を表明し、次のように述べている。

近代家族論の初心は、我々が自明としているような性質を持った家族の「発明（invention）」の過程を明らかにすることではなかったか。我々が自明としてきた家族像には、家族相互の愛情や男女の分業、子どもへの態度など、国家との関係ばかりに解消することのできない豊富で具体的な内容が盛り込まれている。その生成を問うという設問を、定義の変更により打ち捨ててしまってよいのだろうか（落合　一九九六：三九）。(7)

近代家族論が「定義」論に収斂していくなかで、西欧の社会史の初心であった歴史のなかの当事者の家族観や規範の受け手の側への視点は後景に退くこととなっていく。そのなかで近代家族論では、近代家族の「定義」を前提に、その定義にそった事実の抽出や規範の分析に重点が置かれ、家族のなかに生きる当事者たちは、もっぱら規範の受け手として、近代国民国家や近代家族により馴致し抑圧される受け身の存在として描かれる傾向を強めていく（小野沢　二〇〇〇）。

図1　女性史研究の変化（それぞれの書籍をもとに著者が作成）

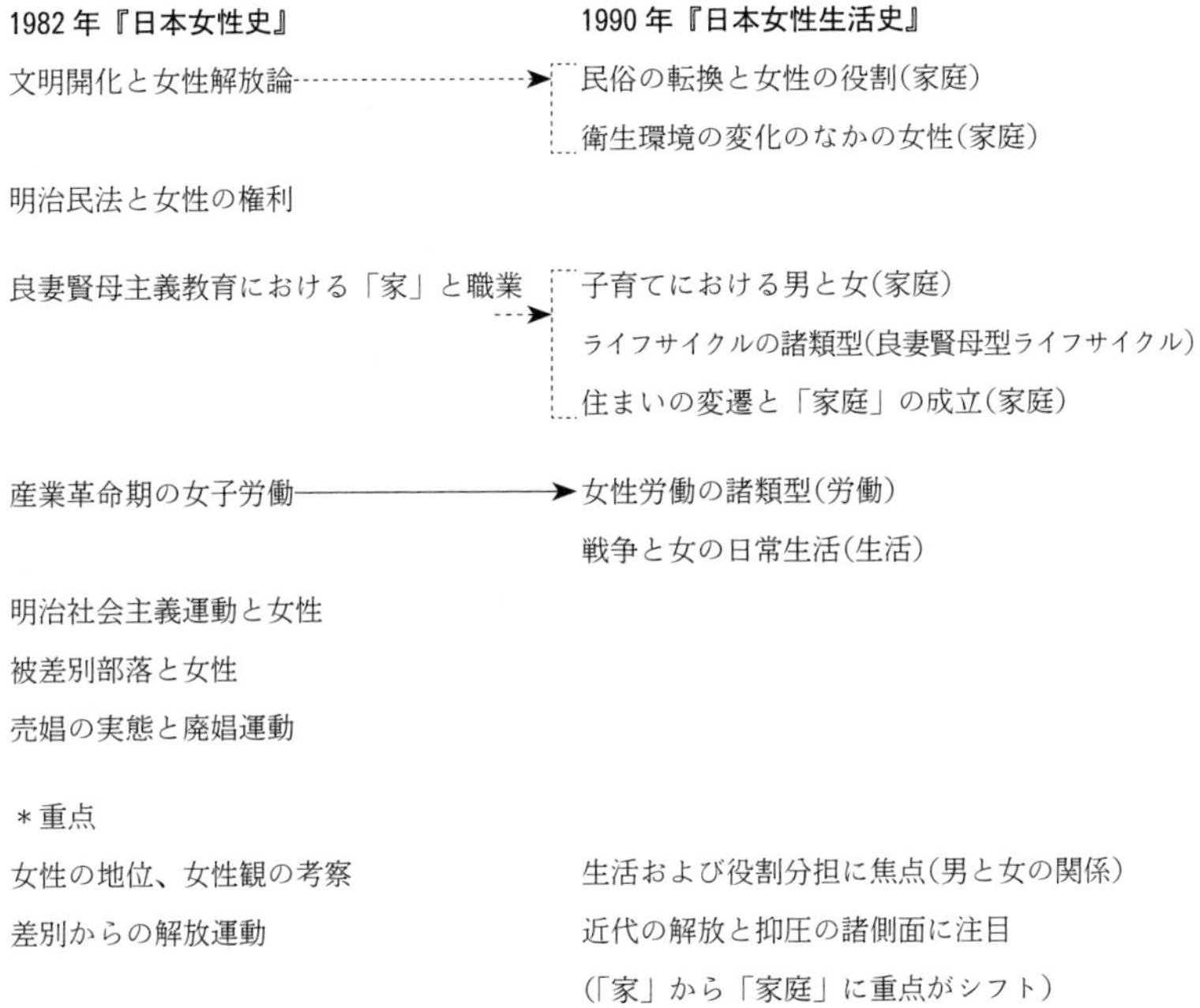

1982年『日本女性史』	1990年『日本女性生活史』
文明開化と女性解放論 ------→	民俗の転換と女性の役割（家庭）
	衛生環境の変化のなかの女性（家庭）
明治民法と女性の権利	
良妻賢母主義教育における「家」と職業 --→	子育てにおける男と女（家庭）
	ライフサイクルの諸類型（良妻賢母型ライフサイクル）
	住まいの変遷と「家庭」の成立（家庭）
産業革命期の女子労働 ————→	女性労働の諸類型（労働）
	戦争と女の日常生活（生活）
明治社会主義運動と女性	
被差別部落と女性	
売娼の実態と廃娼運動	
＊重点	
女性の地位、女性観の考察	生活および役割分担に焦点（男と女の関係）
差別からの解放運動	近代の解放と抑圧の諸側面に注目
	（「家」から「家庭」に重点がシフト）

「家」から「家庭」へ——一九八〇年代から一九九〇年代への女性史研究の転換

「近代家族論のセカンドステージ」と落合が名づけた一九九〇年代という時期は、歴史学、とりわけ女性史研究のなかで、近代の家族をめぐる研究が大きく変化した時期でもあった。そのことは、日本女性史の二つの講座に示された変容からも見て取れる。図1にあげたのは、一九八〇年代の『日本女性史』（一九八二年）と一九九〇年代の『日本女性生活史』（一九九〇年）の近代の巻で取り上げられたテーマである。[8]

女性の地位や女性観、差別からの解放運動に重点がおかれた『日本女性史』では、家族の問題を扱ったのは全七章のうち「良妻賢母主義教育における「家」と職業」と題された一章のみである。タイトルからもわかるようにそれは、良妻賢母主義教育と「家」との関係を問おうとするものであり、近代家族論の視点からなされた小山の研究が、良妻賢母規範も近代家族的規範であるとするのとは視点を異にする。

それに対し「生活」と「役割分担」に焦点をあてた『日本女性生活史』では、全七章のうち四章が、家庭をめぐる問題を扱っている。そこでは、妻・母に求められた衛生や子育てなど近代家族の規範と男女の性別役割分担をめぐる問題、家庭の閉鎖性を保障する住居空間の成立など、様々な視点から近代家族としての「家庭」への接近がはかられている。このように二つの講座は、日本女性史の課題が、「家」の問題から近代家族としての「家庭」の問題へと変化したことを象徴的に物語る。

これらの変化の背後には、「近代」社会そのものの「ゆきづまり」が多くの人々に実感されるなかで、近代社会の構成原理の問い直しが迫られるという現実があった。一九九〇年代には、「近代」社会を支えてきた生産力・個人主義・民主主義という原理が捉えなおされるなかで、家族や女性というテーマが浮上する（倉地　一九九七）。

その後、一九九〇年代から二〇〇〇年初頭にかけては、歴史学や経済史の側から、近代家族規範が、どのように受容されていくのか、近代の「都市家族」、とくに労働者家族、都市貧民家族が世帯を形成し、そのなかで性別役割分担家族を形成していく過程を探った研究（布川　一九九二、千本　一九九〇、一九九五、中川　二〇〇〇）、近代家族規範の受け手であった新中間層家族に生きた子ども自身の教育経験を通し、また都市と農村の比較の視点も入れつつ、近代家族とは何であったのかを照射する研究（大門　二〇一九）など、より広い歴史的文脈のもとで、近代家族を相対化する研究が登場する。

さらに二〇〇〇年代には、近代家族論では取り上げられてこなかった近代家族における男性の問題を父性論のレベルで明らかにしようとする研究（海妻　二〇〇四）や、近代の育児啓蒙家の一人を追うなかで近代的育児観の登場をあとづけようとする研究（首藤　二〇〇四）が登場する。しかしこれらはいずれも、一人の人物の言説レベルに限定した分析となっている。

また近代家族論が陥った閉塞状況を克服する社会学の研究として、東アジアの諸社会との比較のなかで、日本の近代家族の特徴が、近代家族を支える夫婦愛の弱さとその一方で母役割が「特権的な重要性」を持つ点にあることを指摘した研究（瀬知山　一九九六）、近代家族の出現を「文化」の問題、「家族意識」の変容の問題としてとらえ、近代家族論では曖昧に捉えられていた「愛」というものが、具体的にはどのように語られ、人々にとってどのような意味を持っていたのか、当事者側に着目して考察しようとした研究（ノッター　二〇〇七）などが登場してきている。

これらの研究動向からは、次のような課題が浮かび上がる。それは、近代家族論が陥った閉塞状況を乗り越え、近代家族の問題を歴史のなかで相対化するには、より広い歴史的文脈のなかで、生きる場としての家族の歴史的変化とその世帯形成のありかた、「家庭」に生きた当事者に着目し、規範を構成する要素相互の矛盾と「家庭」との関係といった視点から近代家族の問題を把握するという課題である。

近代家族論は終わった？

しかし、近代家族論をめぐる著作が相次いで刊行された一九九〇年代の近代家族論隆盛期以降、当の社会学者自身から、近代家族をめぐる研究はすでに役割を終えたとの指摘がなされるようになる。戦後の団塊世代を担い手に近代家族像が大衆化した一九五五〜七五年までを「家族の戦後体制」と呼び（落合　一九九七）、さらに二一世紀の家族像として「個人化する家族」を展望した落合（落合　一九九四）をはじめ、家族社会学では、家族の個人化や多様化が指摘され、家族それ自体を分析することへの疑問が出されるようになる。(9)

しかし、安丸良夫が指摘しているように、個人化や個人の時代というのは、「事柄の一面」であり、「家族のなかにさまざまな矛盾が皺寄せされ、多くの庶民が家族のなかに現代社会の抑圧構造を内面化することで過酷な現実を切り抜けようと努力しつづける」[10]問題を看過することはできないだろう。

現実の家族の変化のなかで近代家族論はアクチュアリティを失った。家族社会学のそうした認識は、教育社会学の広田照幸にもみられる。一九七〇年代から現代にいたる子育て・しつけを扱った研究を収録した『リーディングス日本の教育と社会3巻　子育て・しつけ』の解説（広田監修　二〇〇六）には、広田のそうした認識が示されている。広田は、近代家族論の視点からの子ども史は、それが登場した一九八〇年代半ば以降の時期には「強烈なインパクト」を与えたが、「〈近代家族〉が揺らぎ、新しい家族のあり方が模索される時代が来つつある中で、〈近代家族〉の形成や変容の歴史的過程を詳細に辿る事や、それを子育て・しつけなどと関わらせて考察したりする事が、現代の状況にとってどういうアクチュアルな示唆を与えることになるのか」と疑問を呈する。そのためだろう。「歴史についての論考」には、近代家族に関する論考は一編も収められていない。

もっとも、広田がこのように述べたのも理由がないわけではない。というのも、定義論に収斂して以降の子ども史研究は、近代家族の「定義」を前提に、「近代家族」モデルや近代的子ども観が、単線的に各階層に浸透していったかのように描き出す、平板な、まさに「近代家族の子育て」研究に陥ってしまう傾向があったからである。西欧家族史の成果から導き出された近代家族の「特徴」を「定義」とし、それを前提とした研究が、日本の現実との厳しい緊張関係を失っていったことは、ある意味で当然の帰結であった。

しかし、一九九〇年代後半以降現在に至るまで、「家庭教育」すなわち家庭における「子育て」の重要性に対する政策的・社会的関心が高まるなかで、母親自身の不安やストレス、就労と育児の両立の疎外といった傾向は、むしろ強まっている。[11]

「子育てに脅迫される母親たち」というサブタイトルを持つ本田由紀の『「家庭教育」の狭路』は、母親たちへのインタヴューを通し、そうした状況をリアルに描き出す。だが、そこに示された「『家庭が大事だ』という観念は過去から現在にわたって日本社会に根付いたもの」（本田　二〇〇八：一四）との指摘は、「家庭」の歴史性への視点を欠く。「家庭が大事」という観念を「過去から」の伝統としてしまったのでは、そこからの脱却の道筋もみえてこない。本田が描きだした現状をふまえつつ、「近代家族と子育て」の問題を、そこに生きた人々が抱えた矛盾や葛藤も含めて歴史的に問い直すこと、そのことが歴史研究の課題として求められている。

三　歴史のテーマとしての近代家族への問い

二〇〇〇年代の新しい視点

では、歴史のテーマとして、近代家族の問題にどのように接近したらよいのか、二〇〇〇年代に登場した研究に目をむけてみたい。このことを模索した歴史学からの近代家族研究の一つに、『近代社会を生きる』に収録された筆者の「家／家庭と子ども」「「家庭」という生活世界」（大門他編　二〇〇三）がある。前者については、国家と近代家族の関係を重視する西川らの構造論的な近代家族論ではなく近代家族の内実に着目し、近世、近代の連続、非連続という歴史的プロセスのなかで、日本近代に固有の家族の姿を描き出そうとしたものとして、後者については、「家庭」という私的領域に生きた個人によりそいつつ「主婦」役割規範の内面化と矛盾・葛藤などを通し、「家庭」が社会から遮断された空間でありながら、決してそのなかでは完結できない矛盾を描き出すことで、近代家族としての「家庭」が持つ構造的問題をリアルに描き出したとの指摘がなされている(12)。これらの指摘は、近代家族という社会から遮断された空間の内実とその構造的問題を、歴史的プロセスのなかで、またそこに生きた個人の側からリアルに描き出すことが、歴史としての近代家族研究の課題であることを示唆するものである。

この点で注目したいのは、最近のヨーロッパ史の動向である。長谷川貴彦は、近世ヨーロッパ史を中心に、内面における感情の変化を記述する「エゴ・ドキュメント」という第一人称で語り執筆された、手紙や日記、旅行記、自叙伝などの史料を発掘する作業が行われていること、それは、何よりも、私的領域＝親密圏に閉じ込められていくとされた女性たちの「主観性」(subjectivity)の分析となって現れてくると指摘している(長谷川　二〇一二)。第一人称で語られた史料に新しい光をあてることが人々の主観性の分析につながり、そのことが、生きた人びとの側から歴史を再検討することになる。この長谷川の指摘は、当事者の側から近代家族の問題に接近するための方法という点でも示唆的である。

また近代家族規範と家族の実態をめぐって、近代家族論ではほとんど取り上げられてこなかった農村部の主婦の問題を取り上げた研究も登場してきた。倉敷伸子(倉敷　二〇〇七)は、近代家族規範が現実化し、近代家族が大衆化した時代とされる一九五〇年代後半から一九六〇年代という時期の農村部の家族規範を検討している。

その結果倉敷は、この時期の農家で起きていた変化は、近代家族規範の伝播・浸透という一方的かつ単線的流れでは把握できないこと、また近代家族規範の構成要素である主婦役割と母親役割を女性たちは温度差を持って受け止め、「子どもが小さいうちは母親は子育てに専念すべき」という規範を、母親が身体的に「子どものそばにいる」ことと読み替えることで、子育て期の家業や内職と規範の溝を埋めていたという興味深い事実を明らかにする。

近代家族論は、「近代家族」という概念を用いることで近代社会を捉える重要な分析視角をもたらしたが、他方で、近代家族に生きる人々を、もっぱら規範を受容する存在として位置づけるものでもあった。しかし倉敷は、規範を受容する側に目を向けた実証作業を行うことで、「近代家族規範の受容を前提とした視点からのみ位置づけることは実体に即していない」と結論づける。

さらに近代家族研究に新しい展開をもたらした研究として荻野美穂の『「家族計画」への道』（荻野 二〇〇八）[13]がある。荻野の研究は、性と生殖に焦点をあてたものであり、近代家族を直接のテーマとしたものではない。しかし、「近代家族」の、しかも今まで隠蔽されてきた「家庭」という内的空間に刻み込まれた性と生殖の歴史的性格を、一〇〇年にわたる歴史的プロセスを通してたどることで、私的空間としての家族内部の女と男の関係性と、国家や社会という公的空間との緊張関係や、近代家族の成立と大衆化が持っていた意味を浮かび上がらせる。注目したいのは、荻野が、具体的な生殖コントロールの方法と、当事者の声を拾うという方法を通し、管理する側とされる側のせめぎあいの様相を、性と生殖のコントロールへの人々の切実な願いとともに描き出した点である。

倉敷や荻野の、近代家族の定義や規範、概念ではなく、人々の具体的経験のなかに、近代家族とは何であったのかを探る視点は、本書の視点とも重なる。それは一つには、近代家族の問題を、そこに生きた一人ひとりの当事者の側から、その生きる現場に根ざし、規範と受け手の関係のなかで読み解く視点である。二つには、近代家族規範は、受けとめる側に一つのまとまったものとして受け止められたわけではないとすれば、女性にとっての妻役割と母役割、男性にとっての夫役割と父役割相互の関係など規範の構成要素相互の関係性や矛盾を問う必要がある。三つには、そうした規範の構成要素の受けとめ方の違いは、世代と性によって構成される近代家族内部の構成員である、女、男、子どもの関係や、構成員相互が抱える矛盾や葛藤と、どのように関係しているのかが明らかにされねばならない。そのことを通して、近代家族とは人々にとって何であったのかを、そこに生きた人々の側から探る糸口が切り拓かれるだろう。

本書の構成

本書では、「近代家族」とは人々にとって何であったのか、「子育て」の視点から、近代家族としての「家庭」という人々が生きた現場と具体的経験に即し、その矛盾や葛藤の過程もふくめて立体的に描き出す。そのために、二部構成とする。

Ⅰ部では、近代家族が人々にとって持っていた意味と、その矛盾に満ちたありようを、近代家族形成の歴史的プロセスと主体の側から問い直す。そのために「家」から「家庭」への近代家族形成の歴史的プロセスを追い（一章）、近代家族モデルとしての「家庭」を形成しようとした一組の夫婦の歴史的経験の側から、女と男の関係のなかで、そこに孕まれた矛盾と葛藤の様相を探る（二、三章）。さらに、家庭という私的空間と学校、国家という公的空間の関係性のなかで、人々は、どのように、近代家族規範や母性・父性という観念に包摂され、あるいは抗っていったのか、子育てに焦点を当てた見取り図を描く（四章）。

Ⅱ部では、近代家族固有の「育児」という子育てのあり方に焦点を当て、「家庭」のなかで「保護される子ども」の「育児」を家族、とくに母親が排他的に引き受けていったことが、どのような局面をもたらすこととなったのか、学歴社会、少産少死社会の成立といった社会的背景のなかで探る。そのためにまず「保護される子ども」の対局にある捨て子の側から「保護される子ども」観がもたらしたものとは何かを逆照射する（一章）。そのうえで、なぜ近代家族そして母親は「育児」に自らの関心を集中させていったのか、「保護される子ども」観の表現でもある童心主義子ども観の内実を母親の育児体験談を通して探る（二章）。さらに「育児」が、なぜ、どのように「教育」としての性格を強め、近代家族は「教育熱心」な「教育家族」の様相を呈していったのかをたどり（三章）、最後に、そうした近代家族と「育児」を問い直し、相対化しようとした模索の試みに焦点をあてる（四章）。

近代家族に生きた人々と、そこでの「子育て」の営みの側から「近代家族と子育て」をめぐる重層的、立体的な歴史像を提示することができれば、それはまた現代の家族、そして子育てへの問い直しにもつながるだろう。本書は、そのための模索の試みである。

注

(1) 下田次郎のこの著書は、一九一三年(大正二)に初版が出て以降、一九二三年(大正一二)には、増訂版が出され、一九二五年(大正一四)年までに四五版を重ねている。この手紙は、増訂版に収録されたものである。なお、本書では、一九二五年の四五版を用いている。

(2) その後の近代家族論の成果と課題については、既にいくつかの研究史整理がなされている。一つは、落合自身によってなされた整理である。落合は、自らが紹介して以降一〇年間の近代家族論の流れを、一九九六年に出された『岩波講座 現代社会学』の一つ『〈家族〉の社会学』に収められた「近代家族をめぐる言説」(落合 一九九六)で振り返り、また「女性史における近代家族と家—女性史のもたらしたものとその陥穽」(落合 一九九七)では、女性学と日本女性史の関わりを近代家族論を中心に整理をしている。もう一つは、近代家族論の成果と課題を、近現代史、女性史研究にとっての意義と課題という視点から再考した、長志珠絵による『『家』から『家族』へ—日本近代家族と女性」(長 二〇〇二)である。

(3) 一九八〇年代以降の「社会史のインパクト」が「子どもの生活史と子育ての歴史研究」にとってどのような意味を持っていたのかという視点から、「近代家族」論という分析視角が持つ意味を整理したものに、太田素子の研究史整理(太田 二〇〇〇、二〇〇七)がある。

(4) これら育児不安をめぐる研究史整理として山根真理の「育児不安と家族の危機」(山根 二〇〇〇)がある。

(5) 社会学の千田有紀は『日本型近代家族 どこから来てどこへ行くのか』(千田 二〇一一)の「はじめに」において、「一九九〇年代以降のグローバリゼーションの急激な進行のなか、家族の変化も著しい。それでは、日本社会の変化と「近代家族」はどのような関係があるのか。実際に日本の「近代家族」はどう変化してきたのか。そのことが「近代家族」という枠組みを使いながら論じられることは、意外に少ないように思われる」と述べている。この千田の指摘は、社会学において一九九〇年代以降、「近代家族」を分析視点として日本の「近代家族」の歴史的変容をめぐる問題を追求する研究はあまりなされていないことを示す。

（6）落合は、『岩波講座現代社会学　一九〈家族〉の社会学』所収の落合論文の注1で「今回の社会学講座のなかで唯一家族を扱う巻であるにもかかわらず、本巻が近代家族論パラダイムでほぼ埋め尽くされていることなどが私の憂慮を裏打ちする」と指摘している（落合　一九九六：四八）。

（7）しかし落合自身は、日本の近代家族を相対化するために、ユーラシア、東アジア、それぞれの家族モデルの多様性と相互比較、日本近世の「家」の歴史人口学的研究、また近代家族が大衆化する家族の戦後体制へと、その研究をすすめ、近代家族の生成を問うという近代家族登場のプロセスや、家族内の性別役割分担、子どもへの態度といった近代家族の生活世界を、そこに生きた人々の側から明らかにするという課題は、近代家族論研究の課題として提示されるにとどまった。その後、近代家族の問題を、近代家族の容れ物である住まいという目にみえるものに焦点をあてて分析するなかで西川が提起した、日本の近代家族は「家庭」家族、すなわち西欧に共通する家父長制と、日本に特徴的な家制度、「家」家族との複合として存在したというのが、とりあえずの、近代家族論の現段階での着地点となっている。

（8）ここでの整理は『日本女性史』『日本女性生活史』の「近世」の巻のテーマの変遷について倉地克直がおこなった整理（倉地　一九九七）に示唆を得た。

（9）「家族の個人化」概念を最初に提唱したのは社会学者の目黒依子（目黒　一九八七）である。しかし、目黒の言う「家族の個人化」とは「シングル化の進行とか家族生活における共食や協業の減少といった現象を指すラベルではなく、独立した社会学的単位としての近代家族がその成立基盤を失うという変化過程の方向性を明示する分析概念」であった。目黒は、むしろ「そのメンバーの自己決定が保障された上で、個人のニーズの充足のために相互に支援し合う多機能性（multi-functional）のある生活共有単位としての家族をつくることが求められている」（目黒　一九九九：一五―一六）と、新たな家族のあり方の模索を提起していたのである。しかし二〇〇〇年以降、社会学のみならずマスコミでも用いられた「家族の個人化」は目黒の意図通りに用いられる場合は少なく、とくにマスコミなどでは家族成員の個別化や「家族の崩壊」を指す用

語として多く用いられるようになる（山田編　二〇〇一：一三三）

（10）　安丸良夫は、落合の「個人化する家族」という展望は、「二一世紀日本の構想」懇談会の「個人の時代」としての二一世紀という未来像へと連なっているのではないか、またそれは家族社会学の研究者の多くに共通する見解だが、選択の主体を個人に求め、それを国家が制度的に援助していくような家族像は、おそらく強い個人にふさわしいイデオロギーであって、事柄の一面に過ぎないと批判し、グローバリゼーションとリストラの現実のなかで、生存維持共同体としての家族に様々な矛盾が皺寄せされる問題を指摘している（安丸　二〇〇四：二二一―二二二）。

（11）　少子化対策、「改正」教育基本法における家庭教育条項の挿入、「家庭教育手帳」の問題など、国家による政策的介入が、家族のあり方とそこでの子育て・家庭教育に何をもたらしたのか、これに教育史研究はどのような答えを用意することができるかという視点から、日本教育史学会は、二〇一〇年「教育史における家族・家庭」というシンポジウムを開催している。そこでなされた報告のうち、日本教育史（太田　二〇一〇）、西洋教育史（小玉　二〇一〇）における家族史研究を振り返った報告では、いずれも近代家族論の問題を重要なポイントとして取り上げている（『日本の教育史学』五三集〈日本教育史学会紀要、二〇一〇年〉）。

（12）　これは日本現代思想史研究会において、二〇〇四年五月八日に行われた大門他編『近代社会を生きる』の合評会における牧原憲夫、藤野裕子の指摘である。藤野の書評については藤野（二〇〇六）を参照されたい。

（13）　荻野のこの著書についての書評は、沢山（二〇一〇）を参照されたい。

I

「家庭」のなかの女・男・子ども

――生活世界としての「家庭」に生きる――

第一章　「家庭」と「子ども」の誕生——「家」から「家庭」へ——

一　「近代家族」への問い

「近代家族」の歴史的意味を問う

近代社会の成立のなかで、人びとが生活し、暮らす場である家族は、どう変化したのだろうか。今まで家族は歴史的に普遍のもの、とりわけ、今、わたしたちが「家庭」という言葉でイメージするような、父と母とその間から生まれた子どもという生物学的な血縁関係からなる家族、夫婦と親子の愛情に基づく家族の姿は、いつの時代にも変わらないかのように考えられてきた。が、序章で述べたように、実はそうした家族の姿や、家族イメージは、近代社会の成立とともに、欧米の「近代家族」をモデルにしながら登場してきた、日本近代に固有の家族の姿であることが家族の社会史研究のなかで指摘されてきた。そこでは、わたしたちが家族に対して抱いている、夫と妻、親と子の愛情に基づく親密な関係、性別役割分担、母性愛による子育てといったイメージは、歴史的に作られたものであること、またこのような「近代家族」モデルとしての「家庭」が、日本で、どのように成立、展開してきたかがテーマとなったのである。

こうした家族への問いは、家族の重要な機能と考えられてきた性と生殖や子どもの社会化をめぐる様々な問題が起きている現代社会の状況を背景に登場してきた。非婚化現象や離婚の増加、また育児不安、育児ノイローゼ、児童虐待、いじめといった子育てをめぐる問題の深刻化、さらには生物学的な親子という概念を覆す急速な生殖技術の展開は、現代に生きる人びとに、強く「近代家族」の揺らぎを印象づける現象である。そうしたなかで人びとが家族に対して抱く意識やまなざしも多様化している。家族の揺らぎの振幅が大きくなればなるほど、家族の過去、現在、未来をめぐって、様々な議論が展開され、家族の社会史研究が展開してきたのである。そこでは、日本における「近代家族」は、いつ、どのようなプロセスをたどって形成されてきたのか、また「家族」は近代国民国家の基礎単位として、どのような機能を果たしてきたのか、国家と家族との関係に注目しながら、「近代家族」の歴史的な意味を問う研究が蓄積されてきた（松村　二〇〇三）。

「家族」と「子育て」を切り口に

これら家族の社会史研究の特徴は、近代以降、家族が「国民国家の基礎単位として把握され」、日本型近代家族が「国民国家の基礎単位として構築された」ことを重視する点にある（小山　一九九五、西川　二〇〇〇）。しかし、人びとが生活し、暮らす場としての家族の側から考えるなら、家族が近代国民国家の基礎単位として「構築」されたことが家族にとってどのような意味を持っていたのか、家族のなかに生きた人びとの側から問い直す必要があるだろう。人びとが家族を通じて、国家に組み込まれていったとしたら、それは、どのようなプロセスを通じてなのか。また、そこには、どのようなせめぎあいがあったのか。その過程で家族が、さらにその構成員である女、男、子どもが抱え込んだ矛盾とは何だったのか。そうした問題を解き明かすことによってはじめて、家族のなかに生きた一人ひとりの生活の側から、近代国民国家と近代社会の成立が持っていた意味を明らかにすることができるだろう。

ところで、近代国民国家の成立に重点を置き、国家と家族の関係に注目する家族の社会史研究では、近世と近代との断絶、その一方で近代と現代との連続を重視する傾向がある。たしかに明治維新による近代国民国家の成立という政治的変革は、家族にとっても大きな出来事であったろう。しかし家族の生活という視点からみるなら、政治体制上の変革のもとでも、家族の生活には連続性があったことも確かである。また、明治政府の産育政策に眼を向けるなら、そこには近世後期に始まる産育政策との連続、継承の側面が見えてくる。だとしたら近世と近代の連続と断絶を、家族の側から問い直すことで、より近代社会の成立が人びとにとって持っていた意味が明らかになるのではないだろうか。

そこで本章では、明治維新によって社会が大きく変化した明治初期から日露戦争後までの時期を対象に、家族に視点を定め、家族の生活の営みの側から近代社会の成立が人々にとって持っていた意味を探ってみたい。その際、とりわけ家族が担う性と生殖、子育てに焦点をあてる。近世末以降、性と生殖の問題、そして、その結果として生まれる子どもという存在は、支配層にとっても、家族にとっても、重要な位置をしめるようになる。「家族」、そして性と生殖によって生まれた子どもの「子育て」を切り口にすることは、家族が国家の基礎単位として「構築」されたということだけでは説明できない、国家と家族の間の、複雑で多様な、一筋縄ではとらえられない関係に接近する一つの手がかりとなるだろう。ひいては現代社会の家族の「揺らぎ」と称されるものや子育てをめぐる諸問題が意味するものを再考する契機ともなろう。

二 近代国民国家の形成と家族

性と生殖の統制

富国強兵を目指す明治政府がいちはやく取り組んだのが、人口の量的、質的強化のための性・生殖の統制である。

その性・生殖統制は、人口減少に悩む諸藩・幕領が人口増加政策の一環として近世末に取り組んだ堕胎《だたい》・間引《まび》き禁止政策を引き継ぐものであった。

堕胎・間引き禁止政策は、家族と、その産育の営みを統制しようとするものであり、民衆の生活や産育をめぐる習俗が監視の目にさらされることとなった。堕胎・間引きを禁止するために、懐妊・出産取締り、堕胎・間引きに対する処罰、養育料を与える出産奨励、寺社・儒者なども動員しての教諭など、さまざまな方法がとられた。民衆に対して堕胎・間引きが悪であることを諭《さと》す目的で作られた間引き教諭書からは、堕胎・間引きを禁止する側の論理を読みとることができる。間引き教諭書で強調されているのは、「家」の存続であり、子どもは、「家」を存続させる子宝としてとらえられる。たとえば「赤子間引取締」政策をとった津山藩の神官が、一八三〇年（文政一三）に刊行した「子宝弁《こだからべん》」（図2）には、「誠《まこと》に〳〵尊《たつと》き神《かみ》より授賜《さづけたまは》る子宝《こだから》」と、その子宝観が説かれる。また、女性の身体は、何よりも、その子宝を産むための産む身体として意味づけられる。

図2　「子宝弁」(1830年)（高橋［1955：767］）

共同体による堕胎・間引きの相互監視が充分に機能しなくなっていた近世末期、藩の側が意図したのは、産育の拠点としての「家」を掌握することであった。そのためには、婚姻を管理し、「家」のなかに女性を囲い込み、出産を通して、女性に心身を自己管理させていく必要があった。女性が身を慎むことは、健康な子どもを産むことにつながるとして、女性の産む身体は、子どものいのち、健康に、さらに「家」の存続に結び付けられていく。また、民衆たちのなかにあった比較的自由な性道徳、とりわけ村における、婚姻外の性・生殖に対して許容的な状況に対し、宗門改帳への記載なく婚姻することが禁じられていく。堕胎・間引き禁止政策は、性・生殖の一致、婚姻内での出産を求めるなど、性・生殖の統制と、「家」を拠点とした、子どもと女性の身体の管理による「家」の統制という性格を持っていた（沢山　一九九八b）。堕胎・間引き禁止政策が持っていたこうした性格は、国家にとっての富として人口に注目する明治政府の産育政策にも引き継がれていくこととなる。(1)

一八六八年（明治元）一二月、明治政府は「近来産婆《さんば》の者ども、売薬の世話または堕胎の取り扱いなど致しそうろう者、これある由相聞《よしあいき》こえ、もっての外《ほか》の事」と、産婆による堕胎薬販売、堕胎禁止の布達を出している。しかし、人びとの性・生殖に関わる習俗・慣習を対象とした政府の方針は、なかなか効を奏しなかった。『府県史料〈民俗・禁令〉』（竹内・谷川編　一九七九）には、明治初年の村落共同体の「民俗」と、それらの慣行に対する「禁令」が収録されている。そこには、禁令によってもなお根強く生き続ける村落共同体の慣行が描き出される。各府県とも、明治初年から、たびたび堕胎・間引き、捨て子に対する禁令、また堕胎を行なう産婆への禁令を出している。しかし、禁令によっても、それらは容易には改まらなかった。

青森県では「堕胎害児の悪習厳禁の儀」という禁令を出したが「全く已《や》まざる」状態であるとして、一八七五年（明治八）、「堕胎を厳禁し、妊娠申告及び救育の法」を設けている。ここでは近世の出産管理の方法を引き継ぎ、妊娠届、死産・早産届を出させる一方で、医師、産婆の管理に、近代になって誕生した警察が大きく関わっている点が注目される。間引いた赤子を川に流すことは、近世にも多く見られた習俗であるが、胎児の死体が川に浮いているのは「醜態悪習」であるとして禁じられている。禁令では、死や生に関わる民俗が「悪習」として統制の対象となると同時に、これらを排除して衛生的な秩序を創り出す役割を担うものとして警察が登場してくる。

　堕胎・間引きにも関わる恐れのある存在として、各府県の性・生殖統制の主要な対象となったのは、産婆である。たとえば栃木県では、一八七四年（明治七）、産婆の「本分」は、「妊婦の腰腹を按摩《あんま》して、胎児の順逆を考察し」、「着帯」や、「初生の」赤子の沐浴《もくよく》に関わることにあり、「猥《みだ》りに手術」や「針灸《しんきゅう》」をすること、薬の調合、投与、「売薬の世話」は、産婆の「職業外」のこととされた。「職業外」のこととは、堕胎・間引きを意味している。山梨県では一八七三年（明治六）に「産婆を戒《いまし》むる令」が出され、「人の生命」に関わるはずの産婆が「売薬の世話又は堕胎の取扱等」をしているのは、もってのほかであり、産婆や産科医は、たとえ依頼を受けても堕胎のような「不仁」の行ないをしてはいけないこと、もし依頼するような者があれば、その者の住所・氏名などを記し、速やかに県に申し出ることとされた。明治政府や府県による禁令からは、禁令が出されてもなお人びとの間には堕胎・間引きの習俗が根強く残っており、地域の産婆が堕胎に深く関わっていたことがうかがえる。

　そのほか、子どものいのちに関わるものとして、捨て子や子どもの葬儀をめぐる禁令も出されている。京都府では、一八六八年（明治元）一一月に「棄児の禁を掲示布令」したにも関わらず、捨て子をするものが少なくないとして、翌年、町の役人層は、もし「出生の小児」が理由もなくいなくなるようなことがあったら、早速申し出るよう通達を出している。また高知県では、一八七四年（明治七）に「赤子死亡の節其《せつその》葬儀の式」を定めている。これにより「初生七日以内に死する者」については葬儀をしない「風習」を改め、七歳未満で死んだ小児と同じように「其児には勿《もち》論《ろん》名を命し幾男幾女」であるかを届け出、近所親族にも知らせ墓地に埋めること、また早産であったとしても、赤子としての形を備えている場合（「胎児形体相備候上《あいそなえそうろううえ》」）は、同様に扱うこととされた。生まれて七日以内に死んだ子どもについては葬儀もしない「風習」であったのは、生後間もない子どもは神の世界と人間社会の境界に位置していると考えられ、「家」と村の成員とは認められていなかったからだろう。これらの禁令からは、各府県が明治維新後すぐさま、子どものいのちに関わる性・生殖統制に乗り出したこと、しかし民衆の生命観に根ざした生や死に関わる慣習や習俗は、禁令によっても容易には改まらなかったことがうかがえる。

明治政府による性・生殖統制は、一方で近世以来の人口増加政策を引き継ぎつつ、一方では、村役人層や共同体によって担われていた堕胎・間引きの相互監視、あるいは赤子や捨て子養育の相互扶助を編成変えし、警察権力を始めとする近代的な権力による統制のもとに置くものであった。またその性・生殖統制は、子どもを産み育てる役割を家族に課す家族統制の意味を持っていた。

子どもの教育の場としての「家族」

性・生殖統制と並行して明治政府が行なったのは、人口の質的統制の一環としての子どもの身体統制である。『府県史料〈民俗・禁令〉』からは、新政府が明治初年から、未来の国民である子どもたちの身体の教化に乗り出し始めたことが知れる。とくに重視されたのは、子どもの遊びの統制であった。地面に掘った穴に貨幣を入れて勝負を競う「穴一」という遊び、あるいは貨幣や物品を賭けて競い合う「紋合わせ」や「めくり」という遊びは、「子供旧来の弊習」「不良の遊戯」と禁止される。禁止の理由は、これらは「賭博に近く、生長するに随い、習ふて性《さが》となり、終《つい》に家産を蕩尽《とうじん》するに至る」（根室県）こと、「小学校を設置し教化を厚くし、風俗を淳良」（広島県）にしようとする際の妨げになることに求められた。

祭礼での「子供手踊」や「演劇」など子どもの手踊りや芝居も「少年習業」の妨げになる（佐賀県）ものとして、また「寒声」と唱え、女の子たちが隊を組んで市中を回る風習も、「一身の健康を害し醜態の弊風」（岡山県）というので廃止される。小正月の賽《さい》の神という行事も、「児童相集往来の者に銭を乞う」のは「幼童の戯《たわむ》れとは言え、「風俗を濫《みだ》」す（神奈川県）ものとされた。

子どもの遊びが禁止される理由は、「教化」や「習業」の妨げになる、「健康を害」する、「不良」の遊びであるなど、さまざまである。しかし、近世には子どもの遊びに対する規制がなかったことを考えれば、危険防止、健康維持などを目的とする身体への介入が、すでに明治初期に始まったことは注目すべきである。こうした規制の延長上に、ルールに基づく競技や体操など、規律、訓練の対象となる遊びが、学校教育のなかで奨励されることになる（成沢一九九七）。

またこうした遊びがなされるのは、「父兄」が、子どもの教育に「不注意」（神奈川県）だからとされ、子どもは「家」の子どもとして「父兄」によって「教育」される存在とされる。と同時に、新しく登場した学校で「教化」される存在とされる。地域共同体に根ざした子どもの遊びを「旧来の弊習」「不良の遊戯」と危険視するこれら禁令の狙《ねら》いは、子どもの身体を地域から切り離し、新しく設立された学校という空間のなかで「教化」すること、また「家」の子どもとして親の管理のもとに置くことにあった。

こうした禁令のなかに置いてみると一八七二年（明治五）の学制公布の持っていた意味が、より明らかになる。学制は、地域共同体のなかにあった子どもたちを地域共同体から切り離し「家」の子どもとして、また学校のなかで教育されるべき「児童」として制度的に位置づけようとするものであった。近代社会の成立のなかで、子どもの教育は、学校と家族が担うべきものとされていく。人口の量的質的強化という観点から、家族は、性・生殖と子どもの教育の場として、重要な位置を与えられていくこととなる。

さまざまな結婚、さまざまな家族

近代社会の成立の過程で、近代国家の基礎単位として重視されたのが「家」であった。明治政府は、いち早く

「家」と婚姻の規制に乗りだす。一八七一年（明治四）四月には戸籍法を制定し、それぞれの「家」の戸主を通じて家族を把握することにより、国民を統制・管理することが意図される。戸籍法は、近世の宗門改帳を廃止して創られた家族の支配・把握のための制度である。近世を通じて人びとのあいだにも広く形成されていた「家」を踏まえながら、国民を統合するための媒介項として「家」を位置づけようとしたのであった（大藤　一九九四）。

もっとも戸籍は、宗門改帳とはその編成原理を異にする。宗門改帳の家族の記載方法は、夫と妻、そして子どもを、その出生順に記載するものであった。しかし戸籍では、戸主と呼ばれる家長を筆頭に、戸主との続柄で、戸主の直系親族、戸主の配偶者、直系卑属、戸主の兄弟姉妹とその家族などの傍系親族の順で記載される。戸主の次に記載されるのは妻ではなく長男である。戸主は、家族を統括・支配し、家産を相続・維持する「家」を代表する主体とされる（金津　一九九二）。一八七二年（明治五）には、戸籍事務の取り扱いのために、行政組織も編成変えとなり、庄屋・名主・年寄といった近世の村役人に代わって、区にわけられた地域ごとに戸長・副戸長が置かれ、戸主、戸長、地方官、中央政府と一元化された行政秩序がつくられる。また一八七五年（明治八）には、「太政官布告二〇九号」により、法律婚主義が採用される。

しかし、このような形で「家」や「婚姻」への統制がなされたからといって実際の家族の姿やあり様が、それを契機にすぐさま変化したわけではない。そのことは、当時の民衆たちの慣習をまとめた司法省版『民事慣例類集』（一八七七年〈明治一〇〉）（司法省編　一八七七）、同『全国民慣例類集』（一八八〇年〈明治一三〉）（法務大臣官房司法法制調査部監修　一九八九）によってうかがうことができる。『民事慣例類集』は、「委員を各地方に派遣し、民間慣行の成例に渉《わた》る者を採録せしめ、之を編集し」たものである。そのため、そこには、支配層ではなく、民衆の、また三都のような中心地のではなく〝地方〟の慣行が集められている（成沢　一九九七）。

現実の家族はさまざまなかたちを持っていた。「婚姻の事」には、「子を生するを待て」(安房国安房郡・平郡)はじめて入籍する場合、あるいは「家内和合の模様を見届」け(美作国西北条郡)、「家風に適し父母夫婦和合の見込み確立の上」(石見国邇摩《にま》郡)入籍する場合、生涯入籍しない場合、婚姻しても母の姓を名乗る場合など、さまざまな婚姻の形が報告されている。また、役場への届出よりも宗門改めの際の届出や名主・肝煎《きもいり》への届出を重視する、村内婚と村外婚では位置づけが異なるなど、民衆のなかには、近世以来の村落共同体による婚姻の承認の機能が残っていた。民衆の婚姻には、共同体の存続という枷《かせ》がはめられ、「家」は村落共同体のなかに包摂されていたことがうかがえる(金津　一九九二、成沢　一九九七)。

また「出産の事」には、「父母婚姻を承諾せざる以前出生」した子どもをどう扱うかをめぐる各地の慣習が記載されている。近世の民衆にあっては、結婚前に子どもを産むことも珍しくなかったが、そうした状況は、明治初年にも続いていたことがわかる。婚姻前に生まれた子どもをめぐる処置もまた、さまざまであった。夫側に入籍する、妻側に入籍する、子の性別により夫側か妻側が入籍する、「祖父母の子」(越中国婦負《ねい》郡)、「親類朋友」(佐渡雑太《さわた》郡)の子にするなど関係者の間で入籍・養育する、「養育料を添《そえ》て他家へ遣《つかわ》し、其家にて出生したる事に取計う」(加賀国石川郡)、婚姻を承諾するといったさまざまな処置が報告されている。

これら婚姻前に生まれた「密通の子」「私生の子」は、「畑子《はたご》」(肥後国球磨《くま》郡)、「庭生《ていしょう》」(越後国古志《こし》郡)、「親なし子」(甲斐国八代郡)、「父なし子」(越中国婦負郡)など、地域によってさまざまな名称で呼ばれていた。そうした子どもを他家が貰った場合、「陰に養い子」(加賀国河北郡)とうわさすることもあったようだが、どのような事情で生まれた子どもであれ、その子どもたちを養い育てるシステムがあった。加賀国河北郡では、「婚姻前、処女にて」子どもが生まれた場合は、産んだ娘の「弟妹として籍に入れ」あるいは「他人へ養育料を添て之を遣し、人別に其貰受《そのもらいうく》るもの丶実子と見做《みな》し其籍に入る丶風習」であることが記載されている。しかも、その場合の養育料などすべての費用は「密通せし男子」が負担し、密通した男が複数の場合は、その男たちが分担して負担することとなっていた。

このように、近代初頭の民衆の世界には、さまざまな結婚と性の世界が存在していた。個人や「家」は孤立して存在していたわけではなく、親族共同体や村落共同体といった共同体のなかに包摂されていたのである。子どもは、「家」のみならず共同体との関係性のなかで育てられる慣習があったが、それは、当時の家族の生活が共同体とのつながりのなかで営まれていたことからすれば当たり前のことであった。子どもは、生みの親以外にさまざまな、いわば仮の親子関係を結ぶことで、そのいのちと成長を保障される存在であった。その背後には、子どものいのちの脆さがあった。

『民事慣例類集』には、宮参りには「実母」だけでなく「乳母《うば》」も「出生の子を抱て氏神に参拝する」（筑後国三潴《みずま》郡）風習や、「児生れて三日の後乳附《チツケ》とて悪疾なき婦人を選て始めて」（筑後国御井《みい》郡）乳を与える風習、あるいは男子は一五歳で「契約親」、女子は一三歳で「仮名親」を定め、家族不和の際に、それらの仮親は実の親子のように人の道を諭す風習（石見国那賀郡）が記されている。性・生殖、そして子どもの養育もまた、家族だけの問題ではなかった。実の親以外にも乳母、乳附け親、契約親、仮名親などとの人間関係の絆をつくり、子どもを取り巻く共同体の絆を強めることで、子どもの成育は保障されるものであった。

離婚した場合の子どもの取り扱いをめぐっても、「男子は夫の方女子は婦の方にて養育する」（甲斐国山梨郡）など子どもの性別で父が引き取るか母が引き取るか異なる場合、乳離れまでは「婦の家に育つる」（甲斐国山梨郡）事もあるなど子どもの年齢によって養育担当者が異なる場合、「母子の恋情に出て連子せん事を希望する時は女子に限り許」す（信濃国水内郡）など親自身の子どもへの愛情が重視される場合など、これまたさまざまであった。注目すべきことは、子どもの養育責任は母だけが担うものではなかった点である。

私生の子・捨て子

明治初期の性、婚姻関係、子どもの養育をめぐる民衆の慣行からは、さまざまな家族と子育ての姿、そして家族の生活と共同体との深い結びつきが浮かび上がる。しかし、こうしたさまざまな結婚や家族のありかた、子どもの養育をめぐる家族と共同体との結びつきは、次第に切断され、否定されていくこととなる。戸籍法は「家」に包摂されない「野合して私生児」となる子どもの存在を浮かび上がらせた。一八七三年（明治六）には「妻妾に非《あらざ》る婦女にて分娩する児子は一切私生を以て論し其婦女引受たるべき事」という太政官布告がなされ、「私生児」の規定が明確にされるとともに「私生児」は、産んだ女性が養育すべきものとされる。

もっとも、法的に規定されたからといって、現実のさまざまな男女の結びつきや家族のありかたは、容易には消滅しない。しかし、すべての国民が「家」に入ると定められたことによって、そこからはずれる者たちの存在が浮かび上がる。戸籍法の創出は、「私生児」とともに「棄児《すてご》」の存在を浮かび上がらせることにもなった。戸籍法が出された同じ年、一八七一年（明治四）には太政官布達「棄児養育米給与方」(2)が出される。「棄児」に対し、一五歳になるまで毎年米七斗《と》（一日当たり二合弱）を給与することが定められ、養育料支給期間は、たとえ養子・養女として貰われたとしても、戸籍に「棄児」と明記することとされた。近世には、共同体が養育の責任を負っていた捨て子は、国家によって直接掌握されることとなる。近代国家は、村落共同体や親族共同体などのさまざまな集団を介せずに、戸主によって「家」が管理されるシステムをつくろうとしたのであった。

このように近代国家は、その成立の当初から、性・生殖統制と家族統制によって、子どもを産み育てる責任を「家」に担わせようとしてきた。しかし堕胎・間引きが禁止され多産を余儀なくされた民衆が、生まれた子どもを育

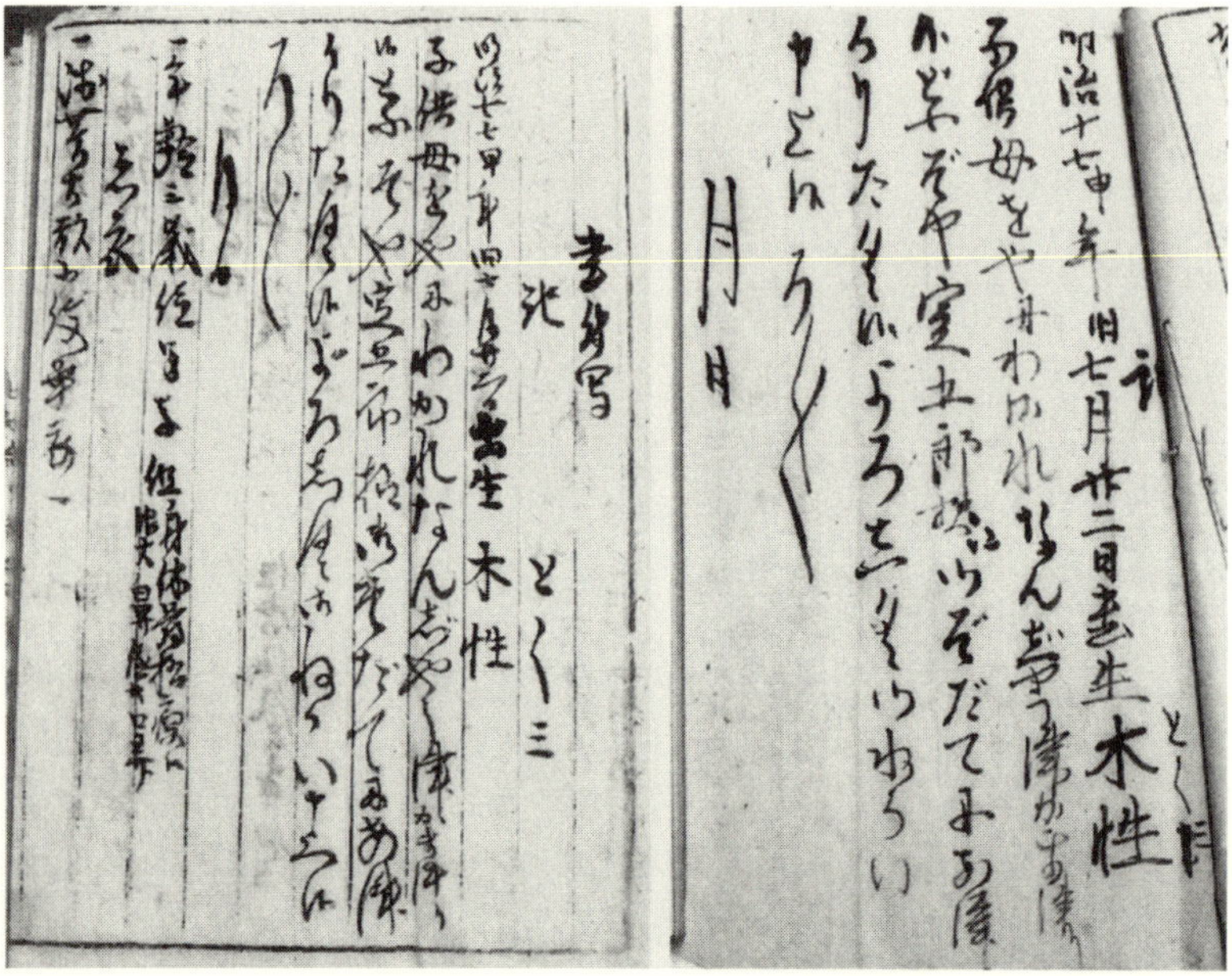

図3 捨て子に添えられていた親の手紙と書付写
(埼玉県立文書館寄託・大熊(正)家文書 422, 1896年)

てる力を持っていないとすれば、できてしまった子どもを捨てるしかない(図3)。都市の貧民たちを描いたルポタージュ、『東京の貧民』(一八九六年)には、区役所や警察によって東京市養育院に送られた捨て子たちとの「問答」や「自白」が記されている(中川編 一九九四)。捨て子たちとの「問答」や「自白」は、固有名詞を持った捨て子たちの生活史とともに、捨て子が生み出される背景を浮かび上がらせる(Ⅱ部第一章)。

近代国家は、共同体が捨て子を扶養する機能を喪失させていく政策をとる一方で、その救済対象を制限し、一八七三年(明治六)には棄児養育米の給与は一五歳から一三歳に引き下げられる。国の政策の不足を補ったのは、民間の児童救済事業であった(3)が、その背後には、捨ててかえりみられない膨大な捨て子の群れが存在していた。

農商務省の調査した大阪・神戸の貧民窟家庭調査(『職工事情』一九〇〇年)には、「主婦が棄児を市役所より預かり一ヵ月三円」の収入を得ている団子細工の家族の例が挙げられている（犬丸校訂　一九九八：二〇七―二〇八）。この家族は主人が胃病で休業中であり、マッチ工場に雇われる一五歳の長女と一二歳の長男が、一日にそれぞれ長女は一二、三銭、長男は七銭を稼いでいる。ただし、工場の都合で実働は一ヵ月に二〇日である。月三円の養育費は、一日一〇銭に当たる。この家族にとって捨て子の養育費は、大きな収入源であったと思われる。都市には、捨てられる子どもと、捨て子を養育することでかろうじて生計を立てる家族とが、ともに存在していた。

文字通りの「棄児」ではないが、戸籍のない子どもたちは、都市貧民のなかに、多数存在していた。都市の木賃宿に生活する人びとの様子を描いた横山源之助の『日本の下層社会』（一八九九年）は、その様子を次のように述べている。

……寄留者多きはけだし貧民窟の一現象なるべし。

しかして一家夫婦なりと称する者を見るに、正式に媒介者を得て夫婦となりたるは極《きわ》めて少なし。実際を探れば一ッの路地数十軒、真実の夫婦は二、三に過ぎざらん。しかして一ト長屋、僅《わず》かに警察の手帳に記名ありて、区役所の帳簿に上らざる児童、それ幾十人ぞ。成人してなお国籍なく、日本人にして日本人民ならざるものまた多かるべし。貧窟に国籍なき児童多きは、けだし野合して私生児産れ中途にして婦女の逃走するもの多きより生ず（横山　二〇〇七：五七）。

「正式に媒酌者を得て夫婦となりたるは極めて少な」く、また「国籍なき児童多き」と横山は述べている。戸籍もしたがって国籍もない子どももまた一種の捨て子であり、学校への未就学児童となる。

横山源之助の『日本の下層社会』が出版されたのは、明治民法公布の一年後であるが、明治民法の公布に至る一八九〇年代は、近代国民国家の基本的な枠組みが整備される時期でもあった。一八八九年（明治二二）には大日本帝国憲法が、一八九〇年（明治二三）には教育勅語が、一八九八年（明治三一）には明治民法が公布される。しかし、近代国民国家の基本的な枠組みが整備され、親子関係中心に編成される家父長的な家族としての「家」制度の理念が固められていくなかにあって、法的な「家」と現実の家族の姿とは乖離していた。明治民法が施行されてもなお、都市下層のなかには、横山源之助が記したように、法的手続きをふんだ「真実の夫婦」は「一ツの路地数十軒」のなかに二、三組しかおらず、法的手続きをふんでいなくても「一家夫婦なりと称する」人びとが数多くいた。しかも明治民法の理念が法的に固められていく明治二〇年代、その一方では「家」とは異なる家族のイメージが「家庭」という言葉で語られるようになる。

三　「家庭」と「子ども」の誕生

ホームとしての「家庭」

ホームの意味での「家庭」という言葉は一八八〇年代に誕生した言葉である。同じ時期、主婦という言葉もまたイギリス・ヴィクトリア朝期のベストセラー家政書、イザベラ・ビートン著『ハウスホールド・マネージメント』（一八六一年）を翻訳した穂積清軒『家内心得草　一名、保家法』（一八七九年）にはじめて翻訳語として登場する（今井一九九二、三鬼　一九九四）。それまでの「亭主」と「女房」にかわって、「主人」と「主婦」が対語として使われるようになるのも一八八〇年代のことであった（上野　一九九四）。

同じくこの時期、family の訳語としての「家族」が社会学者によって、また消費生活の単位という意味での「世帯」が行政官僚によって採用され、「家」にはない価値、意味が与えられていく（森岡・望月　一九七八）。「ホーム、スウィートホーム」という西欧の家庭生活のイメージで語られる「ホーム」に「家」とは異なる理想の家族のイメージを描いた人びとは、日本にもその理想の家族を実現しようとした（図4）。しかしそこには、それまでの日本にあった「家」「家族」「家庭」「家内」、そのどの言葉をあてはめてみても「ホーム」の意味するところを表現しえないという困難さがあった。女性啓蒙誌『女学雑誌』の編集者である巌本善治は次のように述べている。

英米《イギリスアメリカ》の国語《くにことば》にはホームと云《いへ》る文字《もじ》あり、或人之《あるひとこれ》を仏蘭西語《フランスことば》に訳《やく》せんとするに適当《てきとう》の文字《もじ》なしと云《い》へり、吾人《われ〳〵》之《これ》を我国《わがくに》の語《こと》ばに適訳《あてはめ》せんとするに、亦同様《またどうよう》の遺憾《うらみ》なきを得《え》ず（巌本一八八八a、ルビは原文通り）。

図4　「家庭」の情景
「二十四時間家庭双六」の「上り」欄（『婦人世界』1910年1月号付録）

巌本が直面した問題は、「ホーム」を日本に紹介しようとした人びとが一様に感じた問題であった。その原因は、「和楽団欒」という家族員相互の「愛」によって結びつく家族という概念が、それまでの日本の家族とは隔たりがあったことによる。一八九〇年（明治二三）、『女学雑誌』二二七号に発表された若松賤子の『小公子』自序で若松は、「家庭」に「ホーム」のフリガナをつけることで、その困難を克服することを試みた。以後、「家」や「家庭」に「ホーム」のフリガナをつけながら、しだいに「ホーム」は「家庭」の語で表現されるようになる。しかし、この「家庭」と「ホーム」の間にも隔たりのあることが意識されていた。「家庭と言う当節流行の新語は、初め誰かが英語のホームを訳したのなりとか承り候へ共、気の故か、ホームといふと、世間が広くなり、家庭といふと、頓《にわか》にせせこましくて」（『手紙雑誌』一〇八号）といった当時の人びとの言葉からは、「ホーム」の語がいかに、それまでの日本の「家庭」の語では表現しえない広がりと解放感に満ちたものとして受けとめられていたかがうかがえる。

巌本は、「一夫一婦を以て家族の必要素」とみる「和楽団欒」のイメージに照らし、「家督相続」「家名相続」がなされる直系家族としての日本の家族を「和楽なき家族」「不幸福の巣窟」と批判する。親子関係中心の「家」とは対照的な夫婦関係中心の「家庭」の理念は、人びとの間に急速に広まっていった。なぜなら、資本主義の進行と都市化にともない、家父長的家族としての「家」は、実態においては都市中間層的「家庭」に転化しつつあったからである。明治民法の公布について「家」制度の崩壊が鮮明に印象付けられたがために「家」制度による現実の家族の規制が図られた（石田　一九七五、有地　一九七七）とみることも可能なのは、そうした時代状況のゆえである。資本主義化の進行は、小生産者の家父長的家族にかわって、「家」の束縛からも、共同体的規制からも解き放たれ、労働の場と分離した「家庭」を都市の新中間層のなかに形成しつつあった。一八九〇年代という時代は、「家」「家庭」という二つの異なる家族観がせめぎあう時代であった。

「家庭」の家庭らしさ、「家庭」の幸福の象徴とされたのが、「一家団欒」である。女性啓蒙誌や雑誌に設けられた「家庭欄」の果たすべき役割は、日本の家族にはまだあまり馴染みのない「家庭団欒の道を教え」（「家庭欄」〈『太陽』一八九五年〉）ることにあった。そこでは「一家団欒」の理念を説く「家庭の和楽」論と、談話や家族のゲーム[4]、家族旅行など「家庭の和楽」を実現するための方法が説かれる（山本（敏）一九九一）。

このように、「一家団欒」の演出や道具立てもが説かれねばならなかったことからも、「家庭」が、いかにそれまでの日本の家族とは異なる新しい家族のありかたであったかがわかる（沢山　一九九六a）。しかし、従来の家父長的家族としての「家」とは異なる、「真性の愛情」によって結びつきお互いに貞操を守る一夫一婦制の夫婦関係や、家族員相互の「和楽団欒」の担い手としての主婦役割、また「休息、慰安の場」としての「ホーム」の理念は、近代国家形成の急務の担い手とされた男性たち、また家庭内での自立を求める女性たちの共感を得ながら、「家庭」の語とともに急速に普及していく。

「家庭の天使」としての子ども

一八九〇年代という時代はまた、新たな子ども像が編成されていく時代でもあった。一八七〇年（明治三）には、徴兵規則とともに小学校規則が、一八七二年（明治五）には学制、そして一八七九年（明治一二）には「教育令」、一八八〇年（明治一三）には「改正教育令」が出され、義務教育制度が整備されていく。しかし、学校で教育される「児童」とはどのような存在か、が議論されることはなかった。また、はっきりとした「児童」向けの児童書や文化財の類が誕生したわけでもない。しかし、一八九〇年代には、「家庭」の中核としての子どものイメージが立ち上げられていく。その意味で、「ホーム」の意味での「家庭」の語の初出が一八九〇年の『小公子』（図５）であったのは象徴的である。若松は、この自序のなかで、子どもを大人から見て不完全な小さな大人、「不完全な端た物」とみる子ども観を批判し、「濁り世の蓮花《はちす》、家庭《ホーム》の天使《エンジェル》」（ルビは原文通り）という無垢な子ども観、そして年齢に応じた子どもの心理への理解を説く。

新しい「家庭」の理念のもとで登場した、子どもや子ども期に重要な価値を認める新しい子ども観は、子どもをめぐる当時の一般的な認識に挑戦していく。『女学雑誌』をはじめ

図５『小公子』表紙（博文館，1897年）

『婦人と子ども』などの女性啓蒙誌では、それまでの子ども観を批判する。それは一つには、子どもを大人からみて「不完全な端た物」（若松　一九七七）、「子供をして小さな大人の如くならしめむ」（清水　一八九八）とする、子どもを小さな大人とみなす子ども観、二つには、「今の父母は、子どもをオモチャにし、宛《さな》がら之を弄《もてあそ》ぶが如し」（山下　一八九二）という子どもを甘やかし可愛がりの対象として玩具視する子ども観、そして三つには、「実に子供はうるさいもの」（神門　一九〇二）、「生ひ立ちて人となるまでは真に数の足らぬ無益の邪魔物」（若松　一九七七）とする「餓鬼」としての子ども観である。若松は、「家政の細かいことを自分の手一ツに引きうけ子供は邪魔物の様に下女と遊びに出すといふ様なこと、これらは実に親子の間の親睦を破り教育の上に少なからぬ害を及ぼす」（若松　一八九三）と批判している。

子どもに大人とは異なる「無垢」性を求める子ども観は、外の世界に対する慰安の場としての「家庭」観と深く結びついていた。安全で幸福な場である「家庭」のなかでこそ、子どもの「無垢」性は守られ、「人間の徳性」は「遊惰放蕩《なまけほうとう》」な「社会世間」ではなく、「健全清潔《まったくきよらか》」な「家族の中」で「養成」される（巌本　一八八八b、ルビは原文通り）。また無垢な子どもの教育の担い手は、家庭の担い手である母親とされた。

しかし、現実の母親たちの姿は、その期待とは大きく隔たっていた。上、中層の「家」の妻たちは多くの家事を担っており、乳母や下女、子守を雇うことは、ごく当り前のことであった。一方、農民層や都市下層の家族にあっては、子育ては労働や家事といった生活の一部であり、子どもは「多く放置して置」かれた（沢山　一九八七→二〇〇三）。が、子ども中心の「愛の巣」としての「家庭」での母親は「愛育」の担い手でなければならなかった。「愛育」とは、「子供を非常に愛して愛していつくしむの間に之を教え導くの工夫を為すこと」（巌本　一八八六）とされる。しかし、こうした親子の情緒的イメージの一方で、「家庭」の子どもは、養育と教育という投資の対象として、「家庭」の幸福を実現する存在としての意味を与えられる。「英児《えいじ》を挙《あぐ》る」ことが「殖産《しょくさん》の方法《ほうく》」（巌本　一八八七、ルビは原文通り）という巌本の発言は、そうした子ども観を象徴的に示す。

愛育の変容

「愛育」という言葉は、近世にも使われた言葉である。間引き教諭書では「命かきりに働き出生の小児大切に愛育すべき」ことが説かれる（沢山　一九九八b：二〇一）。近世の農民家族は、少ない耕地に家族労働力を集約的に注ぎ込み、農作物を成育させることで生活を維持してきた。こうした生活のあり方と、その子ども観は、連続する。「家」の継承者である子ども、間引かれずに残された子宝としての子どもは、農作物と同じように手間暇かけて育てるべきものとされたのである。いわば働くことと育てることは近世の農民にあっては切り離しがたく結びついていた。「命かきりに働き出生の小児大切に愛育すべき」という間引き教諭書の言葉は、そうした農民たちの生活、子育て意識に働きかけることで堕胎・間引きの悪を教諭しようとするものであった。ここでの子どもの「愛育」は「家」の存続を保障するものとして説かれる。また「愛育すべき」役割は、働く父母がともに担うべきものとされた。

「愛育」の語は、近代的な学校教育制度の出発点となった一八七二年（明治五）八月の学制公布の前日に出された「学事奨励に関する被仰出書《おおせいだされしょ》」のなかにも見いだすことができる。「必ず邑に不学の戸なく家に不学の人なからしめん事を期す」と、すべての国民が教育を受けるべきことを定めた「学事奨励に関する被仰出書」では「人の父兄たるもの宜《よろ》しく此意を体認し、其愛育の情を厚くし、其子弟をして必ず学に従事せしめざるべからざるものなり」と説く。親の子どもへの「愛育」は、子どもを学校に就学させることへ向けられるべきものであり、子どもは、親の私物ではなく国家のものとされる。ここでの「愛育」は、たんに親の子どもへの私的な愛情をさすものではなかった。

しかし「家庭」との関わりで説かれる「愛育」は、近世の間引き教諭書で説かれた「愛育」とも、「学事奨励に関する被仰出書」のなかで説かれた「愛育」とも、その意味を異にする。「愛育」の対象となるのは、「家」の存続を保障する子宝としての子どもでも、国家の子どもでもない。「家庭」という私的な空間のなかで、養育と教育という投資の対象として、家庭の幸福を実現する「殖産」の対象としての位置を与えられる。その「家庭」は、社会とも国家とも切り離された空間に見えて、実は、「権力の意思と利害打算の公私欲望が複雑に隣接しながら渦まきつづけ」（中内 一九九八b）る空間であった。「英児を挙る」ためには、学校との密接な連携が必要であり、「清潔」な空間であるためには、国家が求める衛生規範・衛生実践（宝月 二〇一〇：三七）の拠点でもなければならなかったからである。

新しい家族モデルとしての「家庭」

日露戦争後には、子どもの健康管理、とくに子どものいのちが危険にさらされやすい生後一年までの育児法を説く家庭医学書が数多く登場する。家庭医学書は、子どもを媒介に、医学的・衛生的知識を「家庭」に浸透させようとするものであった。母親に求められたのは、子どもの健康を管理し、健康の維持のために、子どもに規則正しい生活を送らせ、身体の自己規律の態度を内面化する役割である。明治政府による性と生殖統制を担う役割を担ったのは、先に記したように警察であった。一方、警察権力の及びがたい「家庭」のなかに、医学的・衛生的知識を浸透させていく役割を果たしたのが、家庭医学書と、そこで説かれた家庭衛生論だったのである。家庭衛生論は、医学的知識を「家庭」に浸透させる事によって個人の行動を規律化することをめざす装置であった（山本（起） 二〇〇〇）。

一九〇八年（明治四一）に出版され、たちまちのうちに版を重ねた小児科医小原頼之の『親ごころ 育児日記』（図6）は、小児科医の「適切な」助言に従うことで「勝利を得たる苦心の日記」と賞賛される。「自愛深き老母」が綴る「育児日記」という形をとって書かれたこの家庭医学書では、小児科医の助言に従い、家庭看護の方法を学び、教育と衛生と規律を重んじる「老母」が、旧習と旧産婆を重んじる「老母」に「勝利」し子どものいのちを守るに至る過程が描かれる。主体的に医者の助言を受け入れ、子どもの母に伝える役割を果たすのは「老母」である。ここには母がまだ育児の担い手とはなっていない過渡期の状況が示されている。と同時に、旧世代と学校教育を受けた新世代の間で子育てをめぐる対立が生まれていた当時の状況をも示す。家庭での教育を主題とする書物が人びとに迎えられた背景には、新しく定着してきた学校教育にふさわしい家庭教育の登場が求められたというだけでなく、学校教育を受けた世代が親となり、旧世代の祖父母と家庭での教育のありかたをめぐって対立が起きていたという事情があった（小山　二〇〇二）。「家庭」は、学校とともに、子どもと母を媒介に、衛生や身体の自己規律が入り込む拠点とされていく。

にしあれば、同《おな》じくは男《をとこ》の子《こ》をと望《のぞ》みゐし甲斐《かひ》ありと、嬉《うれ》しさ喜《よろこ》ばしさたとへむ方《かた》なし。産《さん》婆《ば》は、下婢《はしため》が運《はこ》び來《きた》れる湯《ゆ》加《か》減《げん》を試《こゝろ》みて、さ

（第壹圖）

二

（獨乙式の消毒衣を着たる産婆産湯を了る）

図6　小原頼之『親ごころ　育児日記』（文陽堂書店, 1908年）

こうした「家庭」観、また子どもへの教育的まなざしが成立するなかで、当時の人びとの家族生活が問題視されていく。そのことは、一九〇一年（明治三四）の『女学世界』（四巻九号）に掲載された都市、農漁村の生活実態の記録からもうかがえる。そこでは「小児の教育などと云ふことは無論考えもしない。年中遊ばせきりで、少し使《つかえ》る様になると何でもかまわずどしどし追ひやる」「東京細民の生活」や、「多くの児女に、不就学者多く、入学せる児童も、……多くは中途退学せる」「漁民の生活」が問題視される。一方「子供の養育の

如きも……母親が中心になって居」り、「一家団欒の楽しみ」を持つ「東京附近農家の生活」が称賛される。母親が子どもの養育を担い、一家団欒の楽しみを持つ「家庭」モデルが普遍的な価値を持つ幸福な家族像として位置づけられるなかで、そこからはみでる家族のありかたは問題視されていったのである。

近代社会の成立のなかで「家」に対立する新しい家族モデルとして登場してきた「家庭」は、「家」には求めることのできない家族員相互の結びつきをもたらすものとしての期待を人びとに抱かせるものであった。しかしその一方で、女性を教育する母親へ、そして、子どもを「家庭」のなかへと新たに囲い込むものでもあった。しかし、こうした「家庭」それ自体が持つ問題は、「家庭」という家族観が理念のレベルで論じられていたこの時期には、まだ浮び上がっていない。従来の直系家族的家制度にもとづく「家」を批判するものとして登場した、子どもや家族成員の間の情愛に価値を置く「家庭」という新しい家族の形が、理念のレベルではなく実態のレベルでその実現の基盤を得るのは、もう少し後のことになる。

注

（1）ここでは「いのち」の語を用いる。日本に古くからあったのは「命」の語であり（岡野　二〇〇四）、「生命」という言葉は、近代になって、Life の翻訳語として登場する（鈴木　一九九六）。そのため、医学史、文化人類学、民俗学の分野では、一般に「生命」は生物学的医学的あるいは科学的意味合いを持つものとして、他方「いのち」は人間的文化的な関係性のなかで、日本人の宗教的世界や人々の生活レヴェルでの伝統的な生命観を表現するものとして用いられている（立川　一九九八、板橋　二〇〇七、岡野　二〇〇四、波平　一九九六）。そこで、本書でも、人々の関係性のなかで、また人々の生活レヴェルでのいのちへの観念を問題にするという意味で「いのち」の語を用いる。

（2）この「棄児養育米給与方」は、一九三二年（昭和七）に救護法が制定されるまで存続した近代の棄児に関する基本的な法令である。

（3）民間の児童救済事業は、一八九〇年（明治二三）～一九一〇年（明治四三）にかけて、おもにキリスト教組織や仏教組織などの宗教組織による育児院、孤児院として開設される（室田　二〇〇九）。これら育児院、孤児院の開設が、「家庭」という家族観登場の時期に集中している点も興味深い。

（4）一九一五年に出版された『家庭文庫』の一巻『家庭の娯楽』（松浦　一九一五）では「トラムプ遊び」「カード遊び」「歌かるた遊び」に「団欒遊び」という、まさしく「家庭」のなかでの「一家団欒」のためのゲームとしての名称が与えられている。カルタやトランプは、もともとは家族内のゲームであったわけではない。尾崎紅葉の『金色夜叉』（一八九七年）の冒頭のカルタ会の場面に象徴されるように、同世代の若者たちの、あるいは上流社会の社交のゲームであった（加藤、前田一九八三：一七一―一七五）。しかし「家庭」の成立とともに、「一家団欒」のための道具として家庭のなかに入ってくる。

第二章　近代家族の妻・母として——三宅やす子の場合——

一　規範としての「主婦」役割

生きられた空間としての「家庭」

「近代家族」としての「家庭」が現実にその姿を現してくるのは、日露戦争後、より本格的には第一次世界大戦後のことである。男女の性別役割分担にもとづく「家庭」にあって、公的な空間とは区分された私的な空間としての「家庭」を中心的に担うのは、「主婦」である女性の役割とされた。では「家庭」とは、どのような生活世界であったのだろうか。人びとは、男（父）と女（母）と子とのつながりによって支えられている「家庭」という空間のなかで、どのように生き、生活していたのだろう。

生活の営みもまた、歴史的社会的に規定される人間の活動であり、生活の諸相や、その意味もまた歴史的に変化する。「家庭」とは何かという問いに答えるためには、「家庭」という「生きられた空間」に刻みこまれた歴史的性格が明らかにされねばならない。そのためには、「家庭」における出産や子育てといった具体的な日常生活の営みに即して、女と男、親と子という、性差と世代差を背負った女、男、子どもという家族内の人間関係をリアルに直視していく必要がある。

一九九〇年代半ば以降、社会的文化的性差と家族との関係を問うジェンダーの視点を取り入れることで、家族の内部という今まで隠蔽されてきた空間の問題を歴史の主題とし、家族内部の関係性を明らかにするという課題が提起されるようになった（木本　一九九五、中嶋　一九九九↓二〇〇一）。さらに、家族内部の関係性を、同時代の社会的文化的状況と関連づけて把握することで、国家や社会という公的空間と「家庭」という私的空間との緊張関係や、統合と抵抗のせめぎあう関係を明らかにする必要がある。そのことを通じてはじめてわたしたちは、近代家族としての「家庭」が人びとにとって持っていた意味に接近することができるだろう。

そのためにはここでは、「家庭」に生きた一人の女性に焦点をあてることで、「家庭」という生活世界内部の女、男、子どもという家族成員間の関係性と生活世界の構造に接近してみたい。女性を「家庭」と一体化した存在としてみるのではなく、一人の個人としてみたとき、どのような問題がみえてくるのだろう。女性個人を通してみえてくる問題には、「家庭」という生活世界の持つ構造的な問題が深く刻み込まれていると思われる。「家庭」に生きた一人の女性と、その「生きられた空間」としての生活世界に焦点をあて、「近代家族」としての「家庭」とは何かを考える。それが本章のねらいである。

「若き主婦の一日」

ここにあげたのは、一九一一年（明治四四）六月号の『婦人之友』に掲載された「若き主婦の一日（理学士三宅恒方夫人）」と題する写真（図7）である。まずは、九枚の写真にそえられた説明によって、この「若き主婦」の一日をたどってみよう。若き主婦は、（1）女中を相手に、お掃除を済ませ、（2）三十分ほど読書をする。（3）肴屋がきたので、何か思ひつきそうなものはないかと、台所に出て見る。（4）今日は珍しい五月晴れ、こんな日にこそ張物をと、襷がけ甲斐甲斐しく庭に出る。これが、主婦の午前の日課である。そして午後。（5）静かな昼すぎ、花をいけ、（6）お隣の奥さん、ぼつちやんをつれて見える。（7）モー四時、ソロ〳〵晩のしたくにかかる。（8）夜は裁縫を

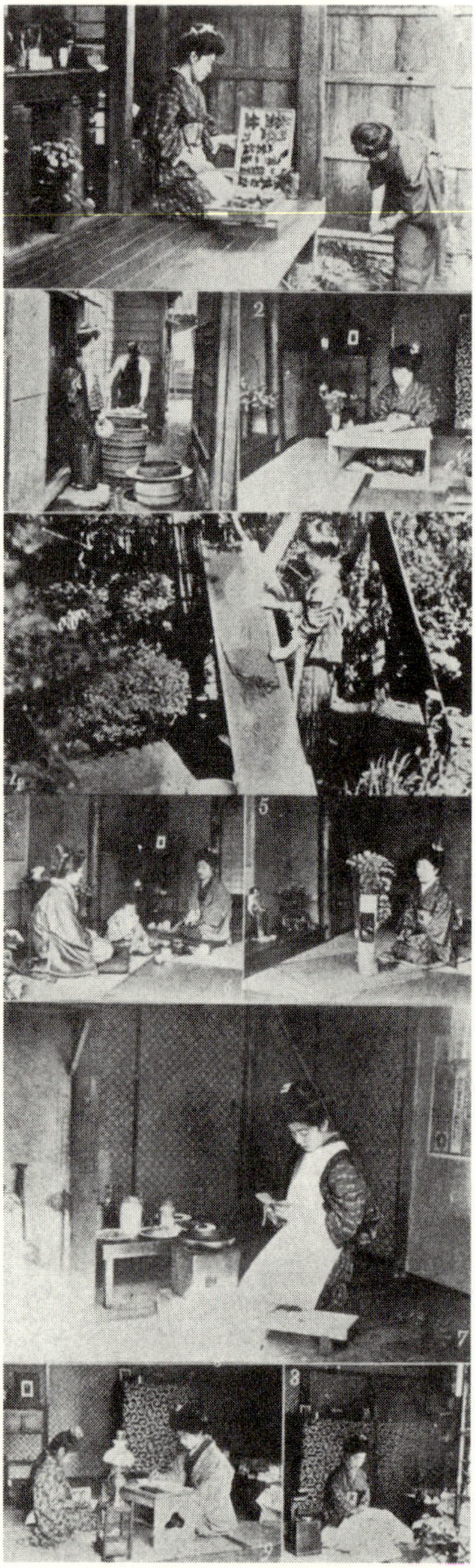
図7 「若き主婦の一日」(『婦人之友』1911年6月号)

少しして、(9) 家計簿と日記をつける。一九〇八年(明治四一)に創刊された『婦人之友』は、「家庭」モデルの啓蒙を意図した女性雑誌であり、「若き主婦の一日」には「家庭」での「主婦」役割が示される。では、「主婦」役割とはどのようなものか、写真と説明文の意味するところを読み解いてみよう。

この主婦は女中を一人使っている。平均的な「家庭」とは、「女中」「下女」などと呼ばれた家事使用人を一人かかえているような家族であった。主婦は女中とともに掃除をすませたあと、「三十分ほど読書」をする。日露戦争後には、家事や育児といった生活についての記事を掲載する女性雑誌が数多く創刊され、発行部数を増やしていく。『婦人之友』の前身である『家庭之友』は一九〇三年(明治三六)に創刊され、一九一四年(大正三)には『読売新聞』が日刊紙として初めての婦人欄「よみうり婦人附録」を創刊し、一九一七年には『主婦之友』が創刊される。これら女性雑誌や婦人欄の創設は、「読書」する女性層の広がりを背景とするものであった。

また、この「家庭」には、「肴屋」が御用聞きにやってきているが、「家庭」の主婦の日常の買い物は、御用聞きを介して行われる。「家庭」とは、地域共同体に対して閉ざされた空間でもあった。「隣の奥さん」が「ぼっちゃん」を連れて遊びにきているが、「家庭」の主婦の交際範囲は、ごく限られたものだった。女性雑誌や新聞の婦人欄は、閉ざされた「家庭」に生きる主婦たちに様々な情報を提供するとともに、主婦たちを結びつける媒介項として、あるいは「家庭」をめぐるさまざまな悩みに答えていく役割も果たしていった。

「奥様」という言葉も、この時期に広く使われだした言葉である。世帯主は外で働き妻は主婦として家事育児一切を引き受ける性別役割分担家族としての「家庭」の妻をさす言葉、それが「奥様」という言葉であった。「家庭」という小宇宙のなかで生きる「奥様」としての生活は、その関心を「家庭」のなかの人間関係に集中させることともなった。そうした女性たちの「家庭」内の人間関係への関心の高まりと呼応する形で、これら女性雑誌には、夫との関係をめぐる身の上相談、子どもについての育児相談の欄が設けられる。

よく晴れた五月晴れのこの日、主婦は、植木のある庭に出て襷がけに前垂れで張物をする。また主婦が読書をし、花を活け、隣家の主婦を迎えているのは居間である。夫婦二人に女中を加えた「家庭」の生活は、居間、台所、縁側、そして植木のある庭つき一戸建ての家で営まれている。夫は家にはいない。職場とは切り離された空間、それが「家庭」であった。そして四時、夕食の支度にかかる。夕食の支度をする主婦の装いは、袖なしの割烹着姿である。襷がけに前垂れから、割烹着へ。主婦のスタイルは、「家庭」の誕生とともに、女中と同じ襷がけと前だれというスタイルから割烹着へと変化する。

一九〇〇年はじめの発明品である割烹着は、母から娘へと伝えられる料理（総菜）ではない、もっと高級な料理（割烹）を家庭のなかに取り入れるという経緯のなかで、また女中たちの作業着とは異なる主婦のステイタスを示すかった。

身繕いとして登場する。割烹着は清潔と衛生の象徴でもある白。「家庭」は、清潔で衛生的な空間であらねばならなかった。

主婦が夕食の支度をする台所は、すでに三和土《たたき》や土間ではなく床上に上がっている。そこに見えるのは、箱膳ではなく、ちゃぶ台の一種である四角い座卓と、丸い皿。おそらく主婦が腕を振るっているのは「家庭料理」だろう。「家庭料理」とは、女性雑誌にその調理法が載せられた西洋風料理、もう少し正確に言えば母から娘に伝えられる伝統的な料理ではなく、和洋折衷の、栄養やカロリーに留意した料理であった。主婦が「何か思ひつきそうなものはないかと」毎日献立を考えて、夫や家族のために作る愛情表現としての料理。それが「家庭料理」であった。夕食の準備をする主婦の割烹着、ちゃぶ台、「家庭料理」、これらはすべて「家庭」の登場とともに新しく登場した家庭文化であった（沢山　一九九六a）。

「若き主婦の一日」の最後に登場するのは、「裁縫を少しし」、「家計簿と日記をつける」主婦の姿である。『婦人之友』が「家計簿」を発刊したのは一九〇四年（明治三七）のことである。家計の管理のために「家計簿」をつけることは、性別役割分担家族の妻にとって重要な役割であった。『婦人之友』の前身である『家庭之友』では、一九〇七年（明治四〇）、主婦が自分で家事の予定を立て、それを能率よく運営していけるよう、家事の予定帳である「主婦日記」を考案し販売している（伊藤　二〇〇一）。ここで主婦がつけている「日記」は、おそらく、この「主婦日記」であろう。『婦人之友』の一九一一年（明治四四）二月号に掲載された「主婦の時間割」では、「早朝」「午前」「午後」「夜」のそれぞれに主婦は何をすべきかが述べられている。「家庭」という生活世界のなかで主婦が果たすべき役割を、写真という眼に見える形で具体化してみせたのが、この「若き主婦の一日」であった。

主婦に求められていたのは、「モー四時、ソロ〳〵晩のしたくにかかる」という説明文に示されるように、規律ある生活を送り家事役割を主体的にこなすことであった。また規律ある生活により「三十分ほど読書をする」、主婦としての修養の時間を作り出すことが望ましいあり方であった。『婦人世界』（一九一〇年一月）の付録「二十四時間家庭双六」には、主婦が担うべき家事、育児が時間決めで記されているが、そこにも新聞を読む主婦の姿が描かれる（図8）。家事の時間を短縮し「自分自身の時間」を確保することは、女性自身の切実な願いでもあったろう。(1)

図8　新聞を読む主婦の姿
（「二十四時間家庭双六」『婦人世界』1910年1月号付録）

主婦がお金と時間の配分を行うための「家計簿」と「日記」をつける傍らでは、娘と思われる少女が本を読んでいる。机をはさんで向かい合う母と娘の姿は相似形である。それはまるで「家庭」での女性役割は、母から娘へ、閉じた円環のなかで継承されること、母は娘を育てることで自己実現し、娘は将来成長して母と同じ役割を果たすことを示すかのようである。

「若き主婦の一日」には、そのモデルが、理学士、三宅恒方の妻、やす子であることが記されている。では、「若き主婦の一日」は、やす子のある日の一日を、そのまま写しとった「現実」の姿だったのだろうか。やす子が自らの「家庭」生活について述べた文章と照らし合わせてみると、実は、ここに写し出されているのは、「現実」ではなく、「主婦の一日」という選ばれた「主題」にそって「主婦」モデルとして構成されたフィクションであることが明らかとなる。その意味でこの写真には、家庭の内部に社会の規範や文化が侵入していく様子が映し出されている。と同時に、モデルとして写し出された像と語られた実生活とのズレを通して、やす子が「主婦」モデルであろうとし、「家庭」の「主婦」としての規範を内面化しようとするなかで、どのような矛盾を抱え込むことになったかもみえてくる。モデルとしての三宅やす子という一人の女性が抱え込んだ矛盾は、同時代の主婦が抱え込んだ矛盾でもあった。

「主婦」役割という規範

やす子が結婚したのは、一九一〇年（明治四三）、やす子二一歳のときである。夫は、一〇歳年上の理学士、三宅恒方であった。「若き主婦の一日」が掲載されたのは、新婚一年目、まだ娘は生まれていない。このこと一つとっても、「若き主婦の一日」は、主婦役割を明示的に示すためにつくられたフィクションであることがわかる。

「若き主婦の一日」が掲載された一九一一年という年は、『青鞜』が創刊された年でもある。平塚らいてうは、創刊号に掲載された「元始、女性は太陽であった」のなかで、女性が天才の可能性を「空しく潜在」させてきたのは「久しく家事に従事すべく極《き》め付けられていた」ため「精神の集注力を全く鈍らしてしまった」からにほかならず、それゆえ「私は、家事一切の煩瑣《はんさ》を厭《いと》う」と断言した（堀場編　一九九一：一八―一九）。このらいてうの言葉は、女性を家事役割に拘束し、「家庭」のなかに囲いこむ、性別役割分担をその本質とする近代家族としての「家庭」の存在基盤を揺るがすものであった。性別役割分担という規範に正面から挑戦し、自己解放を求めるらいてうの主張は、先駆的であったがゆえに、非難の意味を込めた「新しい女」の呼称とともに語られ、男たちはもちろん、女たちからの非難にもさらされることとなる（岩見　二〇〇二）。

しかし、らいてうの主張は「〝石をもて追〟った人びとのうちにも、いまだ明確に自覚されないまま兆しはじめていたかも知れぬ規範への違和感の、最初の言挙」であった（鹿野　一九八三）。らいてうはさらに、一九一三年、「世の婦人達に」（堀場編　一九九一）のなかで、現在の結婚制度は「一生涯に亘る権力服従の関係」となると結婚制度を批判し、結婚制度からの脱却こそが「新しい女」の道であることを打ち出す。しかし多くの女性たちは、結婚という制度のなかで、「主婦」役割という「規範」を内面化し、その内面化の過程で新たな矛盾や葛藤を抱え込むこととなる。では「新しい女」として生きるのではなく、「主婦」役割を内面化することに自己実現の道を求めた三宅やす子という一人の女性に即してみたとき、そこにはどのような矛盾や葛藤がみえてくるだろうか。

らいてうの発言は、近代社会に登場した「家庭」と「主婦」役割への異議申し立てであった。それに対し「主婦」役割を内面化しようとしたやす子が抱え込んだ矛盾は、近代家族としての「家庭」が構造的に抱える矛盾と深く関わっていた。やす子が結婚生活を送った時期は、日本において「家庭」という新しい家族像と「主婦」役割が形成されていく時期でもあった。その意味で、やす子によって生きられた軌跡は、「家庭」と「主婦」の規範を受け入れようとした人びとが抱え込んだ矛盾をリアルに示す。

「安穏な結婚」

やす子は、一八九〇年（明治二三）京都に生まれ、京都の御所のほとりの師範付属小学校で過ごした後、一家とともに東京に移り、麹町の番町小学校に入学する。一九〇三年（明治三六）、一三歳のときに第二高等女学校に入学、三年次からお茶の水高等女学校に通う。やす子によれば、幼少のころは「女子の学問熱が盛」んだったが、「女学校に入った頃からは、婦人が独立生活を送るのは不自然であるとか、天職を完うしないものとか云ふ思想が遺憾なく普及されて、女学校で教える教科も只、日常の台所向きに学課を平易に、実用的にされ、どんな才能を持って居ようと、大望を抱いて居ようと、皆十把一からげに世帯女房を作るように骨折られたものであった」という。やす子は、「其時代に成長した事」は「かなり損失」（三宅やす子「私の修学時代」）だったと述べている。高等女学校令が出されたのは一八九九年（明治三二）、やす子が高等女学校に入学したのは、その四年後のことであった。

高等女学校の時代、やす子は、当時唯一の少女雑誌『少女界』に投書して賞を得て以来、『女学世界』『女子文壇』など様々な少女雑誌に投稿する。これらの少女雑誌は、高等女学校令によって誕生した「女学生」と呼ばれる階層を対象とするものであった。やす子は、自らの自己形成に少女雑誌が果たした役割について、女学校の教育では満たされない「やむにやまれぬ要求からの心の響きをも伝える」、「知らない人同士思想の上で理解し共鳴していた」少女雑誌は「恩人」であったと述べている。高等女学校の教育は、「世帯女房」の枠内に女性たちを押し込めるものであった半面、文章によって自己表現する女性たちを生みだすものでもあった。日露戦争後に女性雑誌の創刊が続いたのも、これら高等女学校卒の女性たちの登場を背景とする。

しかしやす子は、「文章に深い興味と執着を持ちながら平凡に台所に収ま」る。それは、「女が独立するのは一通りの苦労ではないから」という「打算」からであった。やす子は「私が結婚したのは、つまり大した苦労をしたくなかったから」だと述べる。そうした女性は、やす子だけではなかった。やす子によれば、当時の「良妻賢母主義全盛時代に女学校教育を受けた」女性たちは「「夫」と言う訳の分からぬ偶像をボンヤリと皆頭の中に描き乍ら、機械的にそれに奉仕してゆく妻というものに自分の姿を置き換えてみたりして」「誰もが「安穏な結婚」を目指した」という。「安穏な結婚」とは「生活費に足るだけの月給を貰う人と家庭を作ること、欲を言えば、大学出身で姑のいない処というのが、当時の娘の唯一の理想」であり、「真面目な主婦となると云ふ事は、月給四五十円で（当時の物価でそれで新家庭が作られた）米代味噌代をやりくりする事であった」（三宅やす子「私の修学時代」）。

やす子が「月給を貰う人と家庭を作る」と述べているように、「家庭」を形成したのは、「月給」によって生計を立てる「俸給生活者」、「月給取り」などと呼ばれた新中間層の人びとである。この時期は、求職の条件に学歴を明記することが求められ、学歴によって賃金に歴然と差がつき始める。ちなみに俸給生活者の初任給は、「大学出身」、つまり官立大学が三五円から四〇円、高等商業学校出が三五円、私立大学出が二五円から三〇円であった（南　一九六五）。やす子が結婚した時期にあたる一九一〇年（明治四三）から一九二〇年（大正九）にかけて平均結婚年齢（初婚）は、夫二七・〇歳から二七・四歳へ、妻二三・〇歳から二三・二歳へと上昇を見せる。その理由は、都市化のなかで「家が互いに知ること」が困難になったこと（柳田　一九七六）だけではなかった。夫の給料のみで家計を維持することが可能な年齢が二七歳程度であったことも、その理由の一つである（沢山　一九九六b）。

これら新中間層の家族の多くは、地方の農山漁村の共同体から離脱してきた旧士族層や中農層の次、三男が都市に形成した家族であり、「姑のいない」核家族を構成する。やす子もまた、親たちの勧める縁談により、「形式の上では希望通り無難な家庭を作ることができた」。しかし、実際に家庭を持ってみると「自己を滅却してしまわなければ、家庭を形作って行かれない様な場合が寡くない」。それが、やす子が直面した結婚生活の現実であった。「自己を滅却」しなければ「家庭を形作」れないという、女性主体と主婦であることのせめぎあいとは、一体どのようなことを意味していたのだろう。やす子が語る生活の現実と「若き主婦の一日」を重ね合わせながら、さらに考えてみたい。

団欒の内実

二人が住んだ新婚当初の家は、叔父の家の隣にある、夫が学生時代から二〇年近く住み慣れた家だった。夫の帰宅は毎日正確に五時一五分過ぎと決まっていた。やす子は「その時刻が一分でも遅れぬように毎日変化の多いお菜や珍しいお菓子を整える」ことに心をくばり「夫の嗜好を中心に平日の午後を老碑相手に台所で食物ごしらえに過ご」し、「着物」やお化粧の出来ばえを鏡にたずね、「数々の皿を並べて手料理で待ちうける」。食事は、妻の愛情のしるしとして、「変化の多い」しかも「珍しい」ものでなければならなかった。

しかし、「若き主婦の一日」には、幸福な家庭の象徴であるはずの肝心の「一家団欒」の様子が写っていない。実は、やす子が、夫婦の間のズレを感じたのは、他でもない団欒の時間であった。団欒の時間、夫の話は「多く其日の外での見聞」であり、「先輩や友人から受けた不平を洩らす事も度々だった」。しかし、妻の側は「家の中に起こった些細な事は耳に入れてはならぬ事になつて」いた。また「経済上に関する話も聞くのは厭だとことわられた」。そのため、やす子は、「きいて貰ひ度いこと、相談し度いこと、それを皆心一つにとぢこめて」、「夫の話の唯一の聴手となる事に甘んじ」る（三宅やす子「自叙伝の一節」）。それが団欒の内実であった。

夫は「外」の世界の「見聞」を語るが、仕事の中身については語らない。語るのは職場での人間関係に対する「不平」である。そして妻は、「夫の話の唯一の聴手」となることを求められる。なぜなら夫にとって「家庭はよき慰安所」でなければならなかったからである。一方、夫にとって「家の中で起こった些細なこと」は聞く価値のないことであり、家計に関することは、妻の役割として処理すべきことであった。

ここには性別役割分担家族の夫と妻の現実が如実に示されている。性別役割分担家族は、男女が家庭の外と内での役割を分担し葛藤が少ないようにみえて、実は、本質的に夫婦の断絶を孕む家族であった。やす子にとって「夫の留守」は「心安い時」であり、また「其の時だけ自分に帰れるような気」がした。夫とともにあるときは「苦しいだけで、くつろぎがなかった」。外で働く夫と、家事、育児役割を担う妻との間で、共通の話題がない、互いに理解しあえない悩みは、やす子だけのものではなかった。女性雑誌や新聞の婦人欄に掲載された身の上相談では、結婚生活のなかで生じてくる夫婦間の悩みが数多く語られる。

やす子は、夫と理解しあえないことに悩み、「自己」へのこだわりと、妻としての役割とに深く切り裂かれるなかで、「家事に没頭」し、「生活の目標」を、「夫を中心として、自分の家庭のために、己の凡てを犠牲にして惜しくない」ことに置こうとしていく。やす子にとっての自己実現の道は主婦であることにしかない。それが現実であった。

しかし、主婦役割を内面化しながらも、「寂しい心」であることは否定しえない。そんなふうに「思ひなやむ時に、只、自分の自由になる可愛らしい姿を想像して、心から、「私は母といふ名に生き度い」と希」った、そうやす子は述べている（三宅やす子「自叙伝の一節」）。母となることは、やす子にとって、悩みや葛藤からの脱出を意味していた。やす子が『婦人之友』の「お手伝い」をするようになったのも、この頃のことである。夫との距離を感じるなかで「自分の自由になる」存在として、子どもを望んだというやす子の心情に注目したい。なぜなら、そこには、子どもを自己実現の対象として捉える兆しを見出すことができるからである。

妊娠が決まったときやす子は「遂に完全な家庭をつくり得る喜び」を感じ、「母と云ふ希望に許り《ばか》生きようとした」という。「完全な家庭」は、子どもがいてはじめて実現するものであった。やす子は、子どもを中心とする「完全な家庭」をつくろうとしたが、それはやす子だけの考え方ではなかった。そうした動向を典型的に示すのが育児書である。明治末年には、その書名に「家庭」の語を付けて刊行されていた育児書の多くは、大正期になると、その書名に「我が子」「愛児」の名を付けるようになる。子育ては、まず「家庭」の中心的役割に位置づけられ、さらに「家庭」のなかの「我が子」「愛児」に対する密度の濃い営みとして意味づけられていく。「家庭」という空間は、子どもを中心に構成された空間であった。そして主婦の関心は、「家庭」のなかに夫との共同の空間を作り得ない疎外感の代償としても、「我が子」へと収斂していくこととなる。

二 「家庭」という空間の形成

妻と母のはざまで

一九一二年（明治四五）、やす子は、長女艶子《つやこ》を「市谷のＳ病院で」出産する。核家族を形成する新中間層が選び取っていったのは、産婆の手によってではなく病院で出産するという新しい出産の形である。しかし夫は、子どもが生まれたときに「一寸覗《ちよつとのぞ》きにきただけで」入院中の三週間の間、一度も姿を見せなかった。子どもができて「家庭の空気は其日から全く一変」するが、夫は「私達母子《おやこ》を扶養する為の人と云ふ気より何もしなかつた」し、「家庭を子供の王国とする事は許されなかつた」。しかも、妻であることと、母であることの間には、たえず葛藤が生じてくる。近代国民国家は、まず子どもを育て教育する母役割を、次いで家事を遂行する妻役割を強調し、女性に妻・母役割を求める良妻賢母思想を説いた。しかしその担い手である女性たちにとって、妻としての役割と母としての役割は、ときに矛盾するものとして受け止められたのである。そのことを象徴するかのように、身の上相談では「妻」としての不幸の告白が、他方、育児相談、体験談では「母」としての自己実現の様が語られる。

やす子は、自分が「真に夫の内助者としてのみ送ろうと云ふには」「あまりにも母らしい心になつてい」ること、そして「側にあつて温かい慰安の言葉をむけるべき」自分が「よき妻となることと、よき母となることが両立しないような疑い」にとらわれていることに気付く。「家庭を柔らかな、美しい慰安所」とすることを求め、赤ん坊は「随分世話のかかるもの」「やかましいもの」と言い「家では研究もこれではもう出来やしない」と不平を訴える夫と、「子を思う愛情となれぬ務めの心配とで一杯」で、「子供の事以外に何も考える余裕」のない妻とのズレ（三宅やす子

「自叙伝の一節」)。そのことについて、やす子は次のように述べている。

幼児を持つと、妻といふ時よりも母として過す日と、母として費《つひや》されて了《しま》ふ心が大部分になつてしまう、それ故に職業上疲れて帰つて、又家で専門の仕事をしようと云ふ人の為には、家庭はよき慰安所でなくて、子供の泣声や、其他のうるさい事の多い苦しみの場所である(三宅やす子「科学者の妻として」)。

他方でやす子は、外で働いて家族を扶養しなければならない夫の側もまた「家庭生活の楽しみというものよりも、むしろ妻子と云ふ係累が大きな負担と考えられる事もないでもない様」だとも述べている。性別役割分担家族の妻として夫としての規範を内面化するなかで妻と夫双方に生まれてくる葛藤に、やす子は無自覚なわけではなかった。「一家を扶養すると云ふ職業の観念に左右されて居る」夫に対し、「安全に保護されている」自分を「すまない」という「感じを強く持たないでは要られない」妻でもあった。しかし、外部の社会から閉ざされた「家庭」のなかに生きるやす子の認識は「感じ」にとどまり、外の社会と無関係に、「家庭」のなかだけで男と女の対等な関係を築きえないことをリアルに見抜くには至らない。

やす子は長女に続いて、一九一四年(大正三)に長男、恒雄を出産するが、一九一六年にはその「愛児の死」を経験する。「いかなる病も、母親の熱心な看護で癒し得るものと思つて居た」やす子は「深い嘆き」にとらわれる。夫は恒夫の死後、「凡てを、犠牲にして児の為に注意を払うように」とやす子に告げ、皮肉にもやす子は「初めて、安心して子供の世話にかかられるよう」になる。育児はあくまでも、母の役割であった。恒雄を失った同じ年に次男、恒二が誕生、さらに一九一八年には、三男三郎が誕生する。しかし脳に先天的な障害を持って生まれてきた次男、恒二は、一九一九年に死亡する、次男の死は、「現在の住宅に建増」をし「新しい小さな明るい部屋を得た」、その「部屋が出来て喜んで、其処で走つて遊んで」いて倒れ、頭部に怪我をしたことが直接の引き金であった。

子ども中心の空間

次男の誕生以来、子どものために「安全な遊び場を与えた」い、「子等の健康の為にも今少しゆとりのある所に住ひ度」いというやす子と、「家なんかどうでもよい」という夫との間で「家」のことはしばしば「一家の平和」を乱す話題となっていた。「現在の日本家」の「一寸した用事にも外出することができない不便さ」、「家さえ便利に建てたら」と「住みよく造られた家の必要」を主張するやす子と夫との「心の衝突」。やす子は「現在の境遇に適応していく方法を講ずればよい」という夫の考えは、「日常の生活には、凡そとつてあてはめる訳にはいかない」と、夫の論理が日常生活の論理とは異なることを指摘する。

「家」の問題がしばしばやす子と夫とのあいだに衝突をもたらした、ちょうどその時期、『主婦之友』『婦女新聞』『婦人公論』などでも、家庭改良、生活改善に関する論説が多数掲載されていく。そこでは従来から行われてきた生活のやり方が、それを「問題」と見るまなざしによって、改良すべきものとみなされる。そのひとつが客を中心に設計され、掃除に手間のかかる家の造り、戸締りのしにくい家屋構造と、その結果もたらされる女中や御用聞きの存在、健康や子どもの発育を損ない、動作が緩慢となる畳中心の生活であった（小山 一九九九）。

家に対するやす子の「改善」の要求も、生活改善を求める時代状況のなかで生まれてきたものであった。住宅改善の中心にすえられたのは子ども部屋である。やす子が住宅の改善を要求する理由の一つも、子どもの「安全な遊び場」と「健康」のためにあった。もう一つの理由は、「無知な、趣味生活の異なつた女中というものを置かないで済む」という、家族のプライバシー重視と文化的な生活への志向にあった。そこには、子どもを家庭の中心に置き、家庭のプライバシーを重視したい、家庭を文化的なものにしたいというやす子の願いがあった。やす子が建て増しをした「小さな明るい部屋」というのも、子ども部屋であったのだろうか。「家庭」の中心にすえられた子どもたちは、子ども部屋という子どもの領域を持つこととなる(2)。「家庭」という生活世界を具体的な間取りの形で具現化した文化住宅では、部屋の構造や間取りにおいても、子ども部屋が重要な位置を占め、子ども部屋の管理も主婦の役割の一つとなっていく。

しかし、やす子の結婚生活は一一年で終わりをつげる。夫は、一九二〇年（大正九）二月、やす子が三二歳の年、享年四二歳でチフスのため急死する。やす子は、夫の死の三年後に書いた「自叙伝の一節」のなかで「夫の為の妻」として生きた一一年間の「結婚生活というものは」「「解けざる謎」のようなものであった」と、述べている。やす子に残されたのは一〇歳の娘と三歳の息子であった。やす子が、生活のために執筆活動を始めるのは、夫の死後である。

三　「家庭」という世界と子ども

純粋無垢な「よい子」

天国のお父様へ。

お父様、天国で面白く暮らしていらつしやいますか。私たちは今年も御宿に参りました。今度は家をたてましたから、いつでも気持ちがようございます。おえんがわは広くして、そこで御飯を食べますから、大へんにおいしく食べられます。ブランコもスベリダイもありますから、たいくつしません。私は大へんおよげるようになりました。これもみんなお父様が初めによくおしえて下さつたからでございます。三郎は大へんこのごろゐが上手になりました。じようろのしや生なども上手にいたします。今居る家もベランダがありますから、朝起きてしんこきうすると、秋風がそよそよふいて来て、やなぎの葉がそのたびにベランダにおちて来ます。そうすると大へんに気持ちがよくなつて来ます。お母様もずゐぶんよくなりました。……お父様……どうぞ私たちをおまもり下さいませ。恒雄や恒二と一しよに……さようなら。

十月廿一日　つや子

天国で楽しくけんきうをしていらつしやるお父様へ

この手紙は、一〇歳になる長女の艶子が、学校で「誰にでもあげる手紙を書きなさい」と言われ亡き父親にあてて書いた手紙である。この手紙から浮かび上がってくるのは、亡き父親の教えを守り、母親にも弟にも配慮し、自分の健康にも気をつけ、食事を「おいしく食べ」、「しんこきう」して「気もちがよくな」る「よい子」の姿である。やす子は、この艶子の手紙について、「微妙なやさしい心のはたらきをもつて、温かさをもつて、育つて居る事を大変嬉しく思」っていること、そして、「其デリケートな心持をいつまでも失はないで」ほしいと述べている（三宅やす子「我が子へ送る」）。

しかし、『我子の性教育』（一九二四年）に記された艶子の言葉から浮かびあがるのは、好奇心に満ち、「赤ちゃんはお母さんのお腹に居て何処から出てくるのだろう」「何でもよいから、赤ん坊が「何処」から出て来るかそれだけでよいから知らせて」、「お父さんの細胞とお母さんの細胞がどうして一緒《ママ》になるの」と、親を問い詰める、知りたがりの子どもの姿である。[3] 純粋無垢という子ども観は、現実の子どもの姿の反映というよりは、近代社会が生み出した子どもをめぐる観念であった。やす子の言葉に示されるような、子どもの「やさしい心」や「デリケートな心持」を価値あるものとする親の心性は、近代社会に固有のものであり、「家庭」の子どもに期待されたのは、純粋無垢な心を「失はない」「よい子」であることだったのである。純粋無垢とは、社会から隔離された「家庭」という小宇宙のなかで、注意深く保護され育てられるなかで培われるべき子どもの特性に他ならなかった。

やす子は、一人の娘と三人の息子をもうけたが、娘と息子では、その将来への期待は異なっていた。やす子は、「女の子にはまだ見ぬ此子の良人の姿を想像し、男の子は、中等高等学校と進んでゆく、其子自身の姿を描い」たと述べる。性別役割分担家族の妻であるやす子の子どもへのまなざしは、性別で区分するジェンダー意識に色濃く彩られている。娘の幸福な未来は良人によって、息子の場合は学歴によって保障される。もっとも娘の場合も、この時期には、高等女学校卒という学歴が、幸福な結婚の条件となりつつあった（沢山　一九九六b）。

このように近代社会の子どもは、「家庭」という社会からも性からも隔離された空間のなかで純粋無垢な子どもとして育つことを期待される一方で、学歴によって保障される未来を切り拓き、不安な資本主義社会を生き抜いていくために、学歴と能力を身につけることを期待される存在であった。しかしやす子は、「前途の希望」を託した息子二人を、それぞれ数え年三歳、四歳で亡くす。やす子は、一人だけ残った三男の三郎を「どうか無事に成長して、丈夫で就学させたいだけの願い」で「手数と労力」をかけて育てる。亡くなった「上二人が幼稚園で伝染病ばかりをしよつて来たのに懲りて」、三郎は幼稚園にも行かせず家庭のなかだけで育てる。「こんな面倒な子供でもよく気をつけて伸ばしてくださるであろう」（三宅やす子「三郎就学日記」）とやす子が選んだのは、二〇世紀の初頭に登場した、子どもの個性と能動的活動の尊重を説く「新学校」の一つ、一九一七年（大正六）に開校した成城小学校である。成城小学校に入学させるためやす子は、入学の「二三年前から居を通学に都合のよいところに移して、其日に備える」。やす子が転居したのは、「小田原急行沿線」の郊外である。

やす子は、入学試験の際、「幼稚園にも参りませんし、それに人中へ出た事がなく、お友達と遊ぶ事も存じませんから、どうぞ、そのおつもりでねがひます」と「幾度も受持の先生や他の先生に説明と願ひをくり返す」。学校に入学してからも、やす子は、子どもに付き添う。「三郎就学日記」と題する日記のなかで、やす子は「もう三日目になるのに、やはり共同的の動作がどうも出来ない。お友達と遊ぶと云ふ事もなく、「お友達とブランコしてらつしやい」と云ふと、ブランコの処にゆくが、ぢき一人で遊ぶ」、「誰にもなじまないし誰にも羞《はにか》まない」、並んで教場に入ることもしないので「私が教室に連れて行つた」と記す。子どもの入学のために転居し、学校のなかにまで入り込んで子どもを観察し導く教育熱心さは、やす子だけのものではなかった。新学校に子どもを入学させるために転居したり、あるいは父親と別居して母と子の生活に入ったという事例は他にもある（中内 一九九八a）。「家庭」を形成する新中間層の家族は、学歴を生活向上の手段とせざるを得ないという家族の性格からしても、「教育家族」としての性格を濃厚に持つこととなる（Ⅱ部第三章）。

子ども観の二面性

やす子は、一九二四年（大正一三）、三郎が六歳、艶子が一二歳のときに『母の教育』『我子の性教育』を出している。そこでは、母の役割とは「まづ第一に、子の健康状態に注意し、悪い疫病にかからぬ用心をし、よい学校に入れて、正しい学習をさせ、性の教育を間違いなく与えてよい青年として成人させ」ること、「子の性の純潔を保障」することにあるとされる。そのためには「私達の今日住む世界は、かなり偽りの多い世界であるので、母は子供の住む世界を純な美しいもの」とし、「透明な家庭」という家庭の無垢性を保障する必要がある。なぜなら、「子どもの心は純粋」だからである。また、やす子は、「よい子供を、よく育てあげようとならば、みだりに大勢の子供を持つ事を遠慮しなければなりません」、「子女を十分に教育も出来ないようでは、生存競争の劣敗者となつて、不幸な生涯を終わらなければならないやうになります」と述べる。新中間層は、子どもの教育のために、他の階層に先駆けて少子化を選び取った階層でもあった。

「子供の世界」や「子どもの心」の純粋無垢を守ろうとする子ども観、「よい子供」を「よく育てる」という子ども観は、一面では、子どもの独自性と個性を重視する。しかし、その子ども観は、一面では、優生学的側面を濃厚に持っていた。新学校は、子どもの自発性を尊重する学校であると同時に、能力主義の学校でもあったのである。成城小学校は、その開校にさいして「能力別学級編成、能力本位の上下学級間の移行」をかかげている。やす子の子ども観にも、子どもの可愛らしさ、無邪気さへの着目と同時に、子どもの非凡さ、能力への着目が見られる。

やす子は、「頭にうつるものは、単純に素直な、物事の其ままの姿」である「子供心」を価値あるものと見、「ブランコにのつておもしろかった」「僕は今日おきて朝遊びました」などと記した三郎の尋常二年の夏休みの日記を抜書きしている（三宅やす子「小学校の頃」）。しかし、子どもは「単純から複雑へ」導かれねばならない。尋常小学校の六年生になった三郎は、「新聞広告を見て、売薬をあつめて比較研究をし」、「たえず小田原急行電車に乗つて、各駅の勾配による速力を研究」する「研究心」旺盛な子どもに成長する（三宅やす子「断片」）。成城の卒業生たちが編集した『成城文化史』（小口編　一九三六）によれば、小、中学校の開設初期には、「小天才」が出現したとあるが、その教育は、共同体から自立した教育家族としての新中間層家族の期待に応える英才教育の側面を持っていた。

母と子の空間

三郎が誕生した一九一八年（大正七）、「子どもの純性を保全開発する」ために発刊された子どもむけ雑誌『赤い鳥』の支持者は、「新学校」の支持者でもある新中間層の親たちであった。一九二八年（昭和三）以降、『赤い鳥』には、「家庭の雑誌」というサブタイトルがつけられるが、『赤い鳥』は文字通り、「家庭」という生活世界に生きる人びとに支持された雑誌であった。『赤い鳥』に掲載された広告を見ていくと、「家庭」という空間がどのような世界としてイメージされていたかが見えてくる。広告に描かれる図像の多くは、母と子の図像であり、父の図像はほとんど現れてこない（柏木博　二〇〇〇）。資本主義社会の進行のなかで成立してきた「家庭」は構造的に父親不在の空間であっ

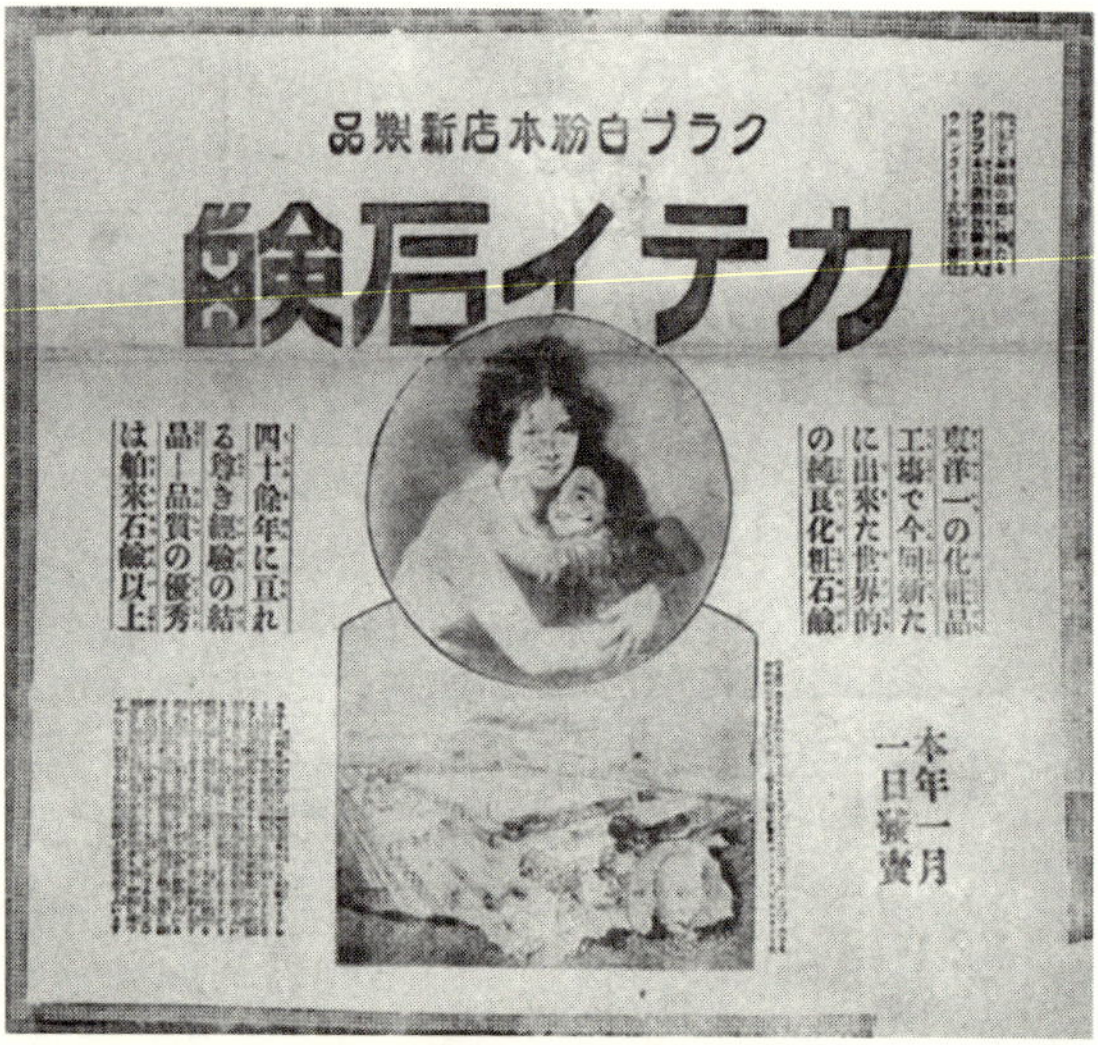

図9 「カテイ石鹼」の広告（『赤い鳥』6巻1号，1921年）

た。

『赤い鳥』に掲載された広告の一つに「カテイ石鹼」の広告（図9）がある。ここには、「母性愛」を強調する、フランスの女性画家、ヴィジェ＝ルブランの自画像が巧みに取り入れられている。このヴィジェ＝ルブランの自画像は、すでに一九〇一年（明治三四）九月の『女学世界』に「泰西名画」として紹介され、下田次郎の『胎教』（一九二五年）でも母性愛を象徴する図像として掲載されている（Ⅱ部第四章）。「家庭」とは、「石鹼」のイメージと結び付けられるような清潔で衛生的な、そして何よりも母と子の空間であった。

さらに『赤い鳥』の広告の文面をつなぎ合わせてみると、そこには、次のような「よい子」の姿が浮かび上がる。

「暑中休暇」には、「衛生に注意し、身体を健全にし、そうしてよく勉強」し（三越呉服店の海水着やスケッチブックや絵の具などの広告、一九二二年八月）「学校が始ま」ると「大いに勉強し」（三越呉服店の課外読本、復習の仕方などの本の広告、一九二二年九月）、また「運動の前後には、きつとライオン歯磨きでうがひ」をし、そのために「体が丈夫になり頭脳もはつきりして学校もよく出来る」（ライオン水歯磨きの広告、一九二二年三月）子ども。

ここに描き出される「よい子」の姿は、艶子の手紙とも重なり合う。しかも、「よい子」像は、「海水着」「スケッチブック」「課外読本」「歯磨き」などの商品と結びつけて語られる。『赤い鳥』は、そこに掲載された広告まで含めてみるとき、純粋無垢な子ども像だけに彩られた雑誌ではなかった。子どもは純粋無垢な存在として「家庭」という母と子の空間に囲い込まれるとともに、資本主義社会のなかで、市場の目にさらされ消費の対象となっていく。「家庭」に市場経済が入り込む入り口の一つが子どもであった。「家庭」は、「よい子」を育む空間であるために、外部から隔てられた空間でなければならなかった。しかし、「家庭」は小宇宙として自己完結することはできず、市場経済と学歴社会のシステムのなかに呑み込まれていく。

「矛盾の中に住む」

今まで見てきたような矛盾した構造を持つ「家庭」の担い手とされた女性たちもまた、「矛盾の中に住む」(三宅やす子「矛盾の中に住む」)存在であった。妻たちは、主体としての自分と妻であることのせめぎあいのなかで生まれてくる疎外感を、母として生きることで克服しようとする。自己実現し得ない閉塞感は、母であることに自己の存在証明を求めざるを得ない心情を生み出したのであった。しかしそのことは、子どもを自己実現の対象として、やす子の言葉を借りるなら、「我子」を「自分の自由になる可愛らしい姿」、純粋無垢な「よい子」のなかに囲い込むこととなった。性と世代で結ばれた「家庭」は、女、男、子ども相互の葛藤をはらむ家族であったが、それは「家庭」が社会から隔絶した小宇宙として自己完結し得ないことの反映でもあった。

夫の死後、文筆で生計を立てようとしたやす子は、自らの経験をもとに一九二四年(大正一三)、『母の教育』(三宅やす子　一九二四→一九九七)と『我子の性教育』(三宅やす子　一九二四→一九九九)という二冊の子育て書を著す。やす子はそのなかで、近代社会において女性に与えられた「母性」という女性性を強調し、「純粋な思想で真の恋愛を得るまで聖く身を持すること」こそが「母の性教育の」目指すところと説く。主婦役割や母性愛が強調される近代社会のなかで、さまざまなハンディキャップを背負った寡婦としてのやす子が世に出るには、社会が期待する女性役割を逆手にとり利用する必要があった。

二冊の著書は、やす子が、主体であろうと苦闘しながらも、生きていくために性別役割分担、男女の非対称な性、「母性」イデオロギーといった近代社会のジェンダー規範を内面化し、また利用もしながら、その規範に幾層にも深く絡めとられていかざるを得なかった様を示す。と同時に、「女の一番正しい力強き働きは妻として母として、本当に生きると云ふ事」をことさらに強調している点に、妻、母としてしか自己実現が図れなかったやす子が抱え込んだ潜在的不安をうかがうことができる。しかし、この自らが陥った自己矛盾をみつめるには、やす子の生涯は短かすぎた。やす子は、一九三二年（昭和七）、四二歳で世を去る。

「家庭」と、その担い手としての主婦が抱え込んだ矛盾が表面化してくるのは、やす子の孫の世代になってからのことである。「家庭」と、そこでの女と子どもが抱え込んだ矛盾は、「家庭」が大衆化し、労働者や農民家族の「新中間層化」と教育家族化があらわれる、戦後のしかも一九八〇年代初頭にいたって、「妻として母として」生きることが「本当に生きる」ことなのかという妻たちの苦悩の吐露として（斉藤　一九八二―一九九四）、また能力主義社会のなかでの「子供たちの復讐」（本多編　一九八九）として、劇的な形で噴出してくることとなる。

注

（1）西本郁子は、近代社会は家事にも能率を求める社会であったことを、羽仁もと子を対象に考察している。もと子は、先の見通しを立てながら、家事に時間を割り振り、お金の配分は『家計簿』で、家事の時間配分は『主婦日記』で行うことで「自分自身の時間」を確保することの必要を強く訴えた。西本は、なぜ家事の所要時間を短縮しなくてはならないのか、その根本的な理由を問うこと自体が、多くの女性にとっては思いもよらなかったことだったと指摘しているが、家事の短縮により自分自身の時間を持つことは、高等女学校を出た女性たちにとって魅力的な訴えだっただろう（西本　二〇〇六：二三九〜二五四）。

（2）神野由紀は、中流家庭における子ども部屋が中廊下型住居により生み出されたことは確かだがとしつつも、生活改善運動の中で子ども部屋に関心が集まった背景として、子どもを独自の存在として認める児童研究の動き、子どもを尊重する大正デモクラシーの思潮のなかで「子ども本位」の概念が生み出されていったことが大きいと指摘している（神野　二〇一一：一五二）。

（3）三宅やす子は『我が子の性教育』のなかで、まだ異性に対する関心のない、性的に無関心である幼児期から、子どもを性から隔離し、子どもの世界に性に関する事柄を持ち込まないことで、子どもの性への関心の芽生えを封じこめてしまう、あるいは、「極めて根本となる生物学的な知識だけ」を教え、子どもの性への好奇心を満足させることで、子どもが母親の監視の眼の届かないところで性的な知識を得ることを防ぐべきことを述べている。三宅は、特に女の子どもが男女の性的な関係への好奇心を抱くことで、未婚の女子は「純潔」であるべきとする制度的〈性〉から逸脱することを恐れていた。その意味で彼女がもっとも子どもの眼から隠蔽したかったことは夫婦の性生活である。しかし、子どもにとってもっとも興味のある疑問もまた、夫婦の性生活に関わる、子どもはどうしてできるかという疑問に他ならなかった。三宅の『我が子の性教育』のなかでもっとも興味深いのは、この夫婦の性と生殖についての艶子とのやり取りが記された部分である。そこからは、自分の疑問を解こうと親を問い詰める艶子と、ついには「それはね」と言ったきり、答えることができないやす子の姿が浮かび上がるとともに、無垢な子どもという子ども観がいかに現実の子どもの姿とはかけ離れた観念的なものであったかが見えてくる（沢山　一九九八ａ）。

第三章　近代家族の夫・父として――三宅恒方の場合――

一　姿のみえない男たち

家族の肖像

ここに、「肖像某氏の家族」（一九一九年〈大正七〉）と題する一枚の絵（図10）がある。石橋和訓《わくん》の手になるこの絵には、某氏の家族といいながら「某氏」本人の姿は見えない。美術史家によれば、これら大正期から昭和初期にかけて描かれた家族肖像画や家族団欒図の特徴は、父であり夫でもある人の姿を欠く場合が少なくないことにある（有川一九九五）。そこでの男は、「某氏の家族」（傍点引用者）と家父長であることは明示されるものの、「某氏」という匿名で登場する。そのことは日本の近代家族史研究の状況を考えるとき、二重の意味で象徴的である。一つには、日本の家族史研究のなかで、近代家族における男の問題は、長い間空白のままであったという意味で。二つには、近代家族のなかに生きた、匿名ではない具体的な固有名詞を持った男たちの実像に迫る研究は、いまだ未開拓の領域であるという意味で。

近年の家族の社会史研究は、序章で述べたように近代家族に強い関心を寄せてきた。なかでも関心がよせられたのは近代家族の規範や理念、構造である。そこでは男の問題は、後景に退くこととなった。なぜなら、公共領域と分離した家庭という私的領域は、女と子どもの空間であったからである。

ようやく最近になって、近代家族における男性の問題を、父性論という言説のレベルで明らかにしようとする研究（海妻　二〇〇四）が登場してきた。しかし近年の「父性の復権」論から「父性の喪失」論まで、「相変わらず近代家族の枠内で語られる父親論」（寺崎　一九九八）を相対化し、現代の男たちが抱える矛盾の由来を探るには、父性論という言説のレベルでみるだけでは不十分であろう。言説と現実の男女関係を対応させ、男たちが抱えた矛盾の構造を、父としてのみならず、夫として、職業人としての側面をも含みこみ、また父、夫、職業人としての側面相互の関係性の問題として考える必要がある。

近代家族に生きた男

近代家族における男が歴史的に抱え込んだ矛盾とは、家族の社会史研究が規範のレベルで明らかにしたところによれば、近代的性別分業、公領域と私領域の分離という近代家族の構造（落合　一九八九、西川　一九九〇）に由来する。なぜなら社会という公的な空間での職業人としてのあり方と私的な空間での家庭人としてのあり方、夫としての側面と父としての側面とは互いに矛盾する内容を持つからである。公領域の担い手である男たちは、稼ぎ手としての役割を果たし、家父長として家族を統率する権力を持つ

図10　石橋和訓『肖像某氏の家族』
（日展史編纂委員会編『日展史5　文展編五』1981年）

一方で、妻に対しては愛情で結ばれた夫、子に対しては慈愛に満ちた父であらねばならないという二律背反的な構造に身を置くこととなった（海妻　二〇〇四、寺崎　一九九八）。

しかし近代家族の規範や理念のレベルではそうだとしても、一人ひとりの男の側から見るなら、その矛盾は一つの典型的な形に定型化されるようなものではなかったであろう。男性性と女性性という規範を特化する近代社会のなかで、職業人であることと家庭人であること、夫であることと父であることは一人の男のなかで複雑にせめぎあい絡まりあっていたと思われる。とするなら、そのせめぎあいや絡まりあいの様相が明らかにされねばならない。

現実に生きた男性の具体的な経験の側から、その妻や子ども、社会との多様な関係性のなかで、近代社会に生きた男に具体的に何が起きていたかを考える必要がある。近代家族の当事者である夫と妻の語り、そこに浮かび上がるズレやすれ違い、男と女の間の捩《ねじ》れ。そうした当事者のリアリティにこだわり、近代家族の現実を再構成するなかで、近代家族における男性の問題を考えること、それが本章の課題である。

もっともそこには大きな困難がある。というのも近代家族の女たちが身の上相談、体験談、さらには随筆や小説にいたるまで、さまざまなメディアで自らの妻として母としての矛盾を語っているのに比べ、男性たちの、私的な事柄についての語り、夫として父としての語りを見出すのは難しいからである。しかし、近代家族が男と女の性別役割分担関係から成り立つ家族であることを考えるなら、その男と女、夫婦関係の実態に迫るには、男と女、双方の当事者の語りをつき合わせて考える必要がある。なぜなら、妻の語り、夫の語りをつきあわせてみたときに見られるズレやすれ違い、矛盾や葛藤のなかにこそ、近代家族の男と女の現実の姿があると考えられるからである。

さて第二章では「家庭」に生きた三宅やす子という一人の女性に焦点を当て、「生きられた空間」としての生活世界のレベルで「近代家族」としての「家庭」とは何かを考えようと試みた。その意図は「家庭」に生きた一人の個人

表1　三宅恒方・やす子関連年譜

西暦	和暦	恒方	やす子	関連年表
1880	明治13	石川県金沢に生まれる. 評論家三宅雪嶺の甥		
1890	明治23		のちに京都師範学校長となる加藤正矩の娘として生まれる	女子高等師範学校成立, 「教育に関する勅語」発布 大日本帝国憲法施行
1903	明治36		13歳で第二高等女学校に入学，三年次から御茶の水高等女学校に通う	堺利彦『家庭雑誌』創刊
1905	明治38	東京帝国大学理科大学動物学科を卒業後，大学院で昆虫学を専攻		夏目漱石『吾輩は猫である』発表
1907	明治40	東京帝国大学農科大学の助手となる		
1910	明治43	恒方31歳，やす子21歳のときに結婚		
1911	明治44		『婦人之友』掲載「若き主婦の一日」に登場	大逆事件，『青鞜』創刊
1912	大正 1	長女艶子，誕生		
1914	大正 3	長男恒雄，誕生		第一次世界大戦（〜1915）
1916	大正 4	二男恒二，誕生，恒雄，没		『婦人公論』創刊
1916	大正 4	農科大学助手から農商務省農事試験場昆虫部主任となる		
1917	大正 6	『昆虫学汎論』上，恒雄の一周忌に刊行，朝鮮出張		成城小学校開校
1918	大正 7	三男三郎，誕生		米騒動，鈴木三重吉『赤い鳥』発刊
1919	大正 8	恒二，没		世界的インフルエンザ（スペイン風邪）流行
1919	大正 8	農学部講師となる		
1921	大正10	チフスのため41歳で急死		羽仁もと子，自由学園創立
1922	大正11	『旅と私』発刊	『自叙伝の一節』執筆 『未亡人論』発刊	サンガー夫人来日
1924	大正13		『母の教育』『我子の性教育』発刊	
1929	昭和 4	『学者膝栗毛』発刊		
1932	昭和 7		やす子，42歳で死去， 『三宅やす子全集』発刊	

としての女性の側から見たとき、その個人を通して見えてくる問題には「家庭」という生活世界の持つ構造的な問題が深く刻み込まれていると考えたからに他ならない。

そして本章では、やす子の夫、三宅恒方《つねかた》を取り上げる。表1に、二人の年譜を示したが、恒方は、結婚生活一一年目にチフスで急死し、その死後に何冊かの著書が刊行される。そのなかには自らの夫婦関係について語る随筆や、恒方が生きていたら刊行されなかったであろうやす子に宛てた書簡も含まれる。それらは決して多いとは言えないが、近代家族における男の貴重な語りと言える。他方、夫の死後、文筆で生計を立てようとしたやす子は、自叙伝を始め、自らをモデルとした小説や評論、教育論など、多くの文章を残し、それらは『三宅やす子全集』として刊行されている。そのなかには自伝の執筆を勧められたものの一字も書くことなく世を去った「夫との生活の始終を」書いた、やす子の「自叙伝の一節」も収められている（三宅やす子　一九三二）。

その意味で、恒方とやす子は、夫の語りと妻の語りをつきあわせてみるための格好の素材を提供してくれる。また娘の艶子が父親について書いた文章も残されている。そこで本章では、恒方とやす子の日常生活を横軸に、二人の夫婦生活の歴史を縦軸に、妻、そして子どもをネガとして夫、父である恒方の姿を浮かび上がらせることで、近代家族の男の実像に迫ってみたい。

二　理想としての「家庭」

男による「家庭」イメージの啓蒙

二人は、日露戦争（一九〇四〜〇五年）と第一次世界大戦（一九一四〜一五年）に挟まれた一九一〇年（明治四三）、恒方三一歳、やす子二一歳のときに結婚、第一次世界大戦終結後の一九二一年、恒方の死によって一一年の結婚生活を終える。やす子の自叙伝には「約婚《エンゲージ》」時代の一九一〇年三月七日に恒方から受け取った手紙の一部が掲載されている。

私の貴嬢より聞かんとし、否書状にて受けんと希望するは「我は永遠の妻なり」とか「一生苦楽を共にせん」とかの数語である。……貴嬢にして真に私を愛せらる、ならば宜しく全力を注がれたき事である。

ここに示された「家」のためではなく「私」個人の意思を重視する恋愛は近代に新しく生まれ普及した観念であった。『夫』と言う訳の分からぬ偶像をボンヤリと皆頭の中に描き乍ら、機械的にそれに奉仕してゆく妻というものに自分の姿を置き換えて」（「私の修学時代」）「安穏な結婚」を目指す一人であったやす子は「私は之を読んだ時に可なり驚かされた」と述べている（三宅やす子「自叙伝の一節」）。恒方が理想としたのは、当時の新しい家族像としての「家庭」であり、その中軸にすえられたのが恋愛にもとづく結婚、愛に満ちた夫婦といった、夫婦の情緒的結合であった。

親子中心の「家」に対し夫婦中心の「家庭」イメージを人々に浸透させていく啓蒙的役割を果たしたのは「家庭」をタイトルとした雑誌である。なかでも徳富蘇峰《とくとみそほう》の『家庭雑誌』（一八九二～九八年）、『家庭雑誌』の終刊五年後に始まった堺利彦の『家庭雑誌』（一九〇三～〇九年）、羽仁《はに》吉一《よしかず》・もと子の『家庭之友』（一九〇三～一一年）の果たした役割は大きい（西川　一九九五）。徳富は主婦役割に一定の権限を与えようと「主婦日記」を勧め、その書き手は家長ではなく主婦であることを求める（西川　一九九〇）。

しかし『家庭之友』が家事の予定帳である「主婦日記」を考案、販売した一九〇七年（明治四〇）になると「主婦日記」をつける主体が主婦であることはもはや自明のこととなっていく。日本における「家庭」イメージの浸透がい

図11　恒方とやす子，結婚まもない頃の結婚記念日の撮影（『三宅やす子全集2』1932年）

かに早く、また家政の担い手が家長から主婦へ急激に変化したかがうかがえる。そのことを象徴するかのように一九一一年、『家庭之友』は『婦人之友』と名称を改め、家庭イメージ普及の主体は家庭雑誌から女性雑誌に移っていく。

徳富の提案は、主婦がまだその権限を持たない時期にあっての提案であり、「家庭」イメージを啓蒙する主体は男性、女性は啓蒙の対象であった。その関係は、恒方とやす子にもあてはまる。新婚旅行で生物学者としての夫から性に関する多くの話を「真面目に聞かされ」、「性的生活が単に好奇心、遊戯心、さうした軽佻なものでない事を知った」やす子は「両人が将来覚悟すべき箇条」を記した「誓いの書」への署名を夫に求められる。その後、「毎月二一日（注、二人の結婚記念日）」には、「誓いの書」を必ず読み、「いつもよりは賑やかな食卓を整えて待つ」事が習慣となる（図11）。

結婚後半年位した頃のことである。忙しかったやす子は、その日が結婚記念日であることを忘れ、いつも通りの食卓にしてしまう。食後、机の上には「忙しいと見えて二一日を忘れるようになつたが、これからはなるべく注意してほしい」と書いた恒方からの手紙片がおいてあった。やす子は「身を攻められる思ひがし」「女は次第に家事に没頭して来ると、夫婦の美しい情といふやうなものを等閑にしてしまひ易いのに、男はいつまでも家庭を柔らかな美しい慰安所とするのであらう」と思ったという。記念日を設け、夫婦の情愛という不確かな絆をたえず確認しなければならない家族。それが恒方の求める「家庭」であった。
恒方は自らが求める「家庭」イメージを妻が共有し、妻が自らの意志で主体的に「家庭」イメージの実行に努めるべく、妻を教育していく。では夫である恒方が「家庭」に求めたものとは何であったのか、そしてやす子の求めたそれとは。「家庭」「夫婦」の二つを切り口に、探ってみることにしよう。

「家庭」への理想

二人は「家」から「家庭」への過渡期に生き、「家庭」に自らの理想を託した。それは二人の生い立ちによるところが大きい。一八八〇年（明治一三）に生まれた昆虫学者、恒方は、東京帝国大学理科大学動物学科を卒業し、一九〇七年（明治四〇）、二七歳のときに同大学農科大学の助手となり、農商務省西ヶ原農事試験場技師を兼務した後、講師となる。学究の傍ら「丁夢閑人」と号し随筆や社会批評を発表するが、一九二一年（大正一〇）二月、四一歳でチフスのため急死する。恒方は家庭的に恵まれた生い立ちではなかった。恒方の叔父三宅雪嶺《せつれい》は、その死後に刊行された『第六感を交えて』（一九二二年）の「序にかえて」で次のように述べている。

丁夢閑人は不仕合の人と謂《い》ふべきであらうか。三歳で母に離れ、祖父母の手に育ち、八歳で祖父を失ひ、十六歳で父を失ひ、四十二歳で自ら没し、三男一女中の二男が夭死した。三十三まで祖母と共にしたのが切めてもの事。

他方、やす子は恒方より一〇歳若い一八九〇年生まれ、父は、のち京都師範学校長となる加藤正矩《まさのり》である。やす子の母は、父が盛岡中学に赴任したときに「恋した」三〇歳年下の女性で、正妻ではない。やす子は「幼いころから乳母だと思ってなじんでいたおちか小母さんの子」と知り「小母さんが私のお母さんだなんて考えると、いつでも直ぐに顔が赤くなった」という（三宅やす子『奔流』）。
父は、やす子がお茶の水高等女学校在学中の一六歳のときに亡くなり、母と正妻、娘二人は、伯父の枢密院顧問官である加藤宏之の世話を受ける。加藤という父の名を冠した帰るべき生家を失ったやす子にとって現実世界を生きていく途は結婚することであった。女学校卒業の二年後に恒方と結婚する。妻と妾が同居する「家」、そこでの母と娘の複雑な関係は、やす子の「家庭」への憧れと、それゆえに失望もまた強めるものであったと思われる。幼くして母と別れた恒方、生みの母を乳母と思って育ったやす子の生い立ちは、「家庭」の形成を自らの理想とさせるものであった。恒方は一九一八年（大正七）一月五日、旅先の伊東から妻に出した手紙で、次のように書く。

夫婦といふ関係は親に別れた人などは、それ丈絶対であるべき筈だ。自分も親がなく、始めて妻を得て家族が造られた以上は絶対のホームで、我々は妻を除いて家が形づくれず、夫を離れて帰するべき處のない筈である。此意味に於て吾々両人は一般世間の夫婦以上に親密であり相倚らざるべからざる筈だ（三宅恒方 一九二二a）。

二人の結婚生活をめぐるそれぞれの語りは、「絶対のホーム」である「家庭」、「相倚らざるべからざる筈」の夫婦という理想と現実の間を揺れ動く。

三 夫の語り、妻の語り

家長として、稼ぎ手として

恒方はしばしば、農商務省の命により蜜柑蠅《みかんばえ》調査で九州に、また朝鮮総督府の命を受け害虫の調査で朝鮮に出張するなど家庭を留守にすることも多かった。その旅先からやす子にあてた書簡の一部が死後に刊行された『旅と私』（一九二二年）に「旅信ところ〴〵」と題して収められている。手紙は四二通。結婚した年の一九一〇年（明治四三）七月一七日にはじまり、急死する三年前の一九一八年（大正七）一月八日まで、一一年間の結婚生活のうちの八年間に出されたものである。

そこには、家庭や妻、子への私的な感情や自らの仕事をめぐる鬱屈した思いが綴られ、私的な心情を表すことの少ない近代家族に生きた男の心情に接近する貴重な手がかりを与えてくれる。他方やす子の「自叙伝の一節」には、恒方の手紙が出された時期のやす子の状況が記されている。家庭の理想を意識的に実現しようとした男と女の関係とはどのようなものであったのか。夫の語り、妻の語り、双方の語りをつきあわせてみることで、近代家族の現実とはどのようなものであったのか、その謎にせまってみたい。

恒方の手紙の末尾には必ず子どもや家のことを頼む一文が書き添えられる。そのことがまず眼を惹く。恒方とやす子は、一九一二年（明治四五）には長女の艶子、一九一四年（大正三）には長男恒雄、一九一六年には二男恒二、一九一八年には三男三郎と四人の子どもをもうける（図12）。しかし、一九一六年には恒雄を、一九一九年には脳に先天的な障害を持って生れてきた恒二を亡くす。恒方の手紙には、これらの子どもたちの名が登場する。たとえば「戸じまり、つや子恒雄心せよ」（日向延岡より、一九一四年）といった具合に。

図12　やす子と子どもたち，左から艶子，恒二，膝の上は三郎（『三宅やす子全集 2』1932年）

ときには「つや子に靴を買ってやるべし」（鹿児島より、一九一五年）、「子どもに気をつけ、天気よき日には郊外へゆくのもよいだろう」（日向より、一九一六年）など具体的に妻に指示する場合もある。近世末の父親の手紙にも、子どもに気をつけよと妻に命ずる家長としての文面をみることができる。(1) 恒方のそれも家長としての振る舞いといってよいだろう。また、出張中の夫が仕事に打ち込めるよう「夫に余計な手数をかけぬ様に機転を利かせる等常に心掛けられたし」と命じ、それができないと「況や出張中に於ておや、此忙しい時一枚にても余計な手紙を書かさぬがよい。……けしからん」と妻へのいらだちをぶつける。

二、三日ずつ各県を旅する出張中の恒方は「絶えず電報で居場所を知らせてくる」夫であった。それに対しやす子からの手紙は、恒方が「諸所をとび歩くので片便り」であったり、恒方の手紙に比して簡単なものであったようだ。一九一六年夏、九州からの手紙では「津組《つぐみ》へ柯椽酸《くえんさん》製造の講習に来て居る新しい××の農学博士、非常に甘い家庭、聞くと細君はお茶の水ださうな、毎日の様に手紙が来る、何れも西洋の封筒にインキ……之は不幸にして自分は受取った事が無い、いささか羨ましい」と書いている。妻の手紙に慰安を求める夫に対し、妻は日常生活に追われていた。

男性本位の妻像

恒方が気管支カタルのため伊豆の伊東に転地療養した一九一八年（大正七）一月五日の手紙には、「家を離れて六日目にやつと四行のハガキを受取つた」、「かかる四行のハガキを得て一時は非常に腹が立つたが、しかし腹を立つべき筈ではない。努力してより以上を書かしむべき筈だと思つた」とある。葉書には恒二病気とあった。しかし恒方にとっては、子どもの病気よりもやす子が四行しか書いてこなかったことが腹立たしかったらしい。「恒二病気との事宜しく看護頼む。新年であり用事も多いから手紙も書けぬかも知れぬが、あれ（四行しか書いてこなかったこと——引用者注）には一方ならず驚かされた」と書いている。

このときやす子は六歳の艶子、三歳の恒二、二人の子どもを抱えたうえ三月出産予定の身重の身であった。そうでなくとも疲れやすく眠りの必要な妊娠の身である。そのうえやす子は、脳に先天的な障害を持って生まれた恒二の毎夜「一時頃から一時間毎位」の夜泣きに苦しんでいた。が恒方は、そうした妻の大変さには思い至らない。恒方は時々、旅先から研究材料を送ることもあった。一九一九年（大正八）の紀州からの手紙では「「大切」と書したるものは、研究材料故散らぬ様、別箱に入れ保存されたし。……お得意の「箱を開ける時、三郎がいたづらをして手が離せぬ為散ばした」などの弁解はだめ」と書く。この時三郎は一歳。しかし恒方は、留守宅で一歳の赤子を抱えた妻の大変さとは無縁である。

手紙からは、妻としてよりは母として生きるやす子、他方家長として振舞い、妻に慰安を求める夫とのズレといった家庭の現実が見えてくる。恒方は手紙は「インキで西洋封筒」が良いといい、やす子が求めに応じて西洋封筒で出すと「夫の要求する如く西洋封筒を用ゆるよき妻は。夫の望む如く常に恋語のワサビを加ふるのを忘れてはならぬ」、「安（やす子のこと――引用者注）は矢張り男のあつかひ方を知らぬ。愛して居るとか恋しいとか云ふ云はゞ紋切形であるが、女が男を殺す文句がほしい」（伊東より、一九一八年一月八日）と書く。

彼は自分は「一風変わつた男で、或点に於ては夫としてでなく、単に男性として交際者の位置で考へても――若し多少平凡でない女子ならば――好きになるべき筈で、たしかに非凡のつもりだ」とも述べる。近代社会は「平凡」ではなく「非凡」が価値となる競争原理に基づく社会であった。「非凡」な自分を「多少平凡でない女子ならば――好きになるべき筈」という言葉。そこには、近代社会に生きる男の男性本位の考え方が垣間見える。

近代社会は男女の不平等の上に成り立つ社会でもあった。恒方は「安の大欠点は常に云ふ如く、頭脳の不敏捷なるにあり……家の平和の乱るゝは常に頭脳の愚鈍のみより生ず、気をつけられたし」（熊本研屋より、一九一四年）と妻の「頭脳の愚鈍」が「家の平和」を乱すと述べる。その背後には、男よりも女は劣る、家庭の平和の担い手は妻とする社会の規範がある。家庭という空間は社会のジェンダー関係の縮図でもあった。男性本位の妻像は、次の文面からもうかがえる。

旅行中に考へる妻と、実際の妻とは大に違ふ、第一安は所謂旅行の話等に興味を持たぬ女だ。それだから帰って食卓で話す旅行談もこちらから注入的に話す事以外、何等質問的に誘ひ出された事は嘗て無い、朝鮮は暑かった……左様でしたらう……朝鮮の山はハゲ山だ……左様ですか…沈黙……終。もう少し誘ひ出しを上手にする様にせねばならぬ、（朝鮮からの音信の中より、一九一七年七月二四日）

男性本位、自分本位でありながら「努力してより以上を書かしむべき筈」、「誘ひ出しを上手にする様にせねばならぬ」と、命令ではなく男自身の努力によって女性が自らの意志で男の理想にあわせるよう導こうとする。求められるのはあくまで男が求める女であった。だから「旅行中に考へる妻と、実際の妻とは大に違ふ」。そうした夫のもとで妻は「左様でしたらう」と答えるのみで、自らの考えを語る主体であろうとはしない。やす子が語る主体へと変貌していくのは夫の死後のことである。

恒方は旅先では「家庭団欒」「家庭を中心とするのが至楽である様に思はれ」家庭に帰る日を待ちこがれながら、家庭に帰る日が近づくと「最初程楽しくない」。その理由は「あまり其日を希望したのと」、「家庭其のものに対する大不愉快」そして「心配な愛児の病気、移転問題」などにあった（朝鮮からの音信の中より、一九一七年）。

稼ぎ手としての苦悩

恒方が家庭と妻に慰安を求める背景には、稼ぎ手として役所勤めに生活の大半を奪われ自らの生きがいである研究に時間が避けないことへの苦悩があった。手紙のなかで彼は「自分は今回の旅行は全然不適任なるをさとりたり、飽くまで学者として立ちたし」（日向より、一九一四年）、「自分はかかる官吏に対して押し利かず。あまりに学者なり」

（大分津組より、一九一五年）など、仕事と自己実現の乖離、自己が空洞化する不安を妻に訴えている。他方「自分の家では、妻は××円の金は天からたゞ振つた様に考えて居る。いやはや之程高い給料は無い。暑いのに異郷で西ヶ原（注、農事試験場）より多く働かねばならぬ。なるべくどうかしてやめ度い」（朝鮮水原より、一九一八年）など、稼ぎ手であることの不自由、官僚としての仕事になじめない悩み、またそれを妻が理解していないことへの不満をもらす。

同じ時期、妻のほうは、戦後の物価高のなかでの苦労や「日常の不便」への不安、「よき妻となる事とよき母となる事が両立しないやうな疑い」を抱えている。しかし恒方は、自らも仕事によって自分が消費されることへの疎外感、仕事のなかに自分の存在価値を見出せない苦悩を抱えているにもかかわらず、妻の不安にも、また自らは自己実現を求めながら妻に対しては夫のために存在することを求める矛盾にも気づかない。

恒方は、恒雄が生まれた一九一五年（大正四）、『昆虫学汎論』の執筆に取り掛かる。毎日朝から午後の四時まで過ごす職場には「著作をすることを卑しむ傾向」があった。そのため帰宅後、寝るまでの時間を執筆に費やすことでようやく『昆虫学汎論』上は、一九一七年（大正六）、恒雄の一周忌に書物となり、亡児にささげられる。そこには、「此本を寄稿した時生まれた長男が、碌々愛してもやらぬ中に可愛い三歳で死んだなどは非常に遺憾な事の一つ」（三宅恒方「我が子の解剖」一九二〇）との思いがあった。一九一八年には自ら発見した新種に「Daus Tsuneonis Miyake」と恒雄の名をつけている。

恒雄が死んだ一九一六年という年は、やす子によれば「重ね重ね……不幸な年であつた」。恒方はこの年、農科大学助手から農事試験場技師に変わり、昆虫部の主任に、つまり世間的には「判任官から高等官」に出世した。しかしそれはやす子によれば「科学者として立つべき夫にとつて……致命的な打撃」であった。

「どれ程物質の報酬は少なくとも、研究に多少便宜を得る位置と、或る程度までの自分の時間といふものが絶対に必要である夫にとつて、無意味に事務を扱はせられる官省の勤務が、どれ程辛い事であるかと云ふ事は、私にすら充分察しのつく事であつた」とやす子は述べている。「断然辞表を出さうと思つたけれど、それは妻子と云ふ事を冷静に考慮してやめた」と語る夫。その顔を「平気で見ている訳には行かな」いものの「暫く辛抱して下さい」といわざるを得ない妻（三宅やす子「自叙伝の一節」）。それが近代家族の夫と妻の現実であった。

「「面倒な、慣れない事務に一日追われて、研究も何も出来やしない」そふ云つて、嘆息し、憔悴して帰宅《かえ》る人をどうして慰めたらよからうと途方に暮れる日も多かつた」やす子に、ある日恒方は「あんな所に五年勤めたら自分は死んで了う」と真面目に訴えたという。恒方は、この言葉の通り、「主任後五年にならうとして」この世を去る。やす子は「上に恭しく下には威張る官省の空気の中に住む事は、他人の想像以上に苦しい事に相違なかつた」「死ぬと思ふ程厭なところに、私は毎日送り出して居た。そして専心に研究といふ事に志す夫が幾多の犠牲を払つた月々の俸給を、何心なく受取つて家族の生活の料に費やして居た」（三宅やす子「自叙伝の一節」）と後に悔やむこととなる。

恒方の死後、一〇歳の艶子は「天国でたのしくけんきうをしていらつしやるお父様へ」の手紙を書く（I部第二章、三宅やす子「我が子へ送る」）。艶子には父が亡くなる直前の忘れられない光景がある。ある寒い晩のことであった。雑誌に発表された恒方の論文を読んだドイツ人の昆虫学者の夫婦が東京まで会いにきたのである。

番地も何も知らずに、ニッポンのトーキョーのツネカタ・ミヤケといって方々に訊いてやっと探して来たのだという。どんな論文で、何を話しに来たのかはつい知らないでしまったが、何しろその夜の父は嬉しそうだった。「ねえ、こういう人もいるんだよ。仕事をすれば見て呉れる人が世界中にいるんだよ」父はそういう意味のことを幾度も母に云っていた。母も興奮した顔できいていた（有馬他　一九八九）。

恒方は官僚である自分の職業や「腐敗した学界」と自己の生きがいである研究との狭間に引き裂かれていた。近代家族に生きた女が、妻、母としてしか自己実現がはかれず自立を阻まれたのに比べれば、男は女よりは選択肢が広かった。とはいえ、稼ぎ手であることを強いられ、自己実現とは程遠い職業空間のなかで、働くことと生きることが分離した状態に置かれた男もまた自己実現を阻まれていたのである。

夏目漱石の書簡集を愛読し、妻にも「面白いだろう」と同意を求めた（三宅恒方「はしがき」一九二三b）恒方は、夫の不満を「自分のものに消化して」書けといって、やす子に漱石の門をくぐらせる。孫の菊子は、母の艶子から次のようなことを聞かされた。家族を養うために働いていることが不本意な恒方は、あるときやす子に「作家として身を立てて、一家を養っておくれ」と頼んだ。やす子は、家計を支えるために女が働くことは「嫌でございます」と言下にはねつけたが、後にそのことを悔やみ「お父様に申し訳ないことをしたわ、というようなことを言い言いして」いたという（三宅菊子　一九九七）。未亡人となったやす子が文筆で生計を立てるようになるのは夫の死後のことである。

男と女、二つの居間

近代家族を形成した新中間層と呼ばれる知識層、サラリーマン層の住宅は、「家長支配の家庭生活を入れる器という性格」を持ち「表――接客空間：玄関と洋風応接室あるいは床・棚つきの座敷（家が小さい場合は主人の居処をかねる）、書斎など――と、内――家族の居寝室、食事室（茶の間）、女中室、台所――などの二つの部分で構成され」（西山　一九八九）ていた。そのなかで茶の間と居間は家族の一体感を、書斎兼応接間である洋室は家長の外部に向ける顔（西川　一九九〇）を示していた。「家庭」の容器としての住まいは、間取りのうえで、「表」「内」という男女の性別役割分担を形にする一方で、家族の一体感を確認する団欒の場を持つ空間であった。

その典型は、家の真ん中を貫く廊下によって各部屋の独立性が与えられ、書斎という公的空間と、家族の居間、茶の間などの私的空間を分離する「中廊下型住宅様式」とよばれる住宅であった。ではそれは、先行研究が指摘するように、男の空間である書斎と女の空間である茶の間に区分されたジェンダー化された空間（西川　一九九〇、石谷・天野　二〇〇八）であったのだろうか。男にとって書斎とはどのような空間だったのだろう。

娘の艶子にとって書斎は、父の存在そのものを象徴する場であった。

家にいる時の父は、食事のためのほんの一寸の時間だけ家族のものと一緒にいて、いつもは二階の書斎に籠っていた。小さかった私は、勿論父の勉強中に書斎に近寄ることは許されず、だから書斎にいる父がどんな風に仕事をしていたかは知らないのだが、それでも父というと回転椅子に腰かけて何か書いている姿が眼に浮かんでくる（有島他　一九八九）。

書斎は父の居場所であり、家族の団欒という私的空間とは切り離された、幼い子どもが「近寄ることは許され」ない場、「勉強」という公的空間での仕事につながる場であった。父の書斎をめぐる艶子の記憶は、明治、大正、昭和の日本近代を生きた三七人の『父の書斎』をめぐる子どもたちの思い出とも重なる。父たちの多くは食事のときだけ居間に登場し、食事がすむとまた「一人書斎へ帰って行く」（有島他　一九八九）。

では当の男にとって書斎とはどのような場だったのか。『父の書斎』には一つだけ、男自身によって語られた言葉が記されている。一九二五年（大正一四）の記事に載った「これは僕の書斎兼応接間兼居間ですよ」と語る大町《おおまち》桂月《けいげつ》（一八六九～一九二五）の言葉である。書斎は男にとっての居間でもあった。家族の団欒の場であるはずの居間には食事のときだけ登場し、自らの居間である書斎に戻る父。とすると家庭のなかには女の居間と男の居間、二つの居間が存在していたことになる。この居間をめぐる捩《ねじ》れは一体何を意味しているのだろう。その意味を解く鍵を、恒方が頭を悩ます問題の一つとしてあげた「移転問題」に探ってみよう。

「移転問題」とは男の空間である書斎と女の空間である子ども部屋をめぐる諍《いさか》いを意味していた。子どもの「安全な遊び場」と「健康」のために「今少しゆとりのある所に住」みたいと求める妻と「家なんかどうでもよい」という夫。二人が住んだ家は、恒方が学生時代から住み慣れた家であった。しかし艶子によれば「せまくて日当たりが悪かったので、母が何度か他に越すことをすすめても断然聞かなかった」という。子ども部屋の建て増しをめぐる二人の諍いは、艶子の記憶にも鮮明に残っている。

父が引越しをどうしても承知しないので、母の発案で、私が八つぐらいの時、庭に私と弟の部屋を建て増しした。すると父が二階で机の前に座って窓から眺めていたほんの小さな庭の景色が全然見えなくなり、その代わりにトタンの屋根がぎらぎらしてしまった。父がそれを随分気に病み、厭がっていたことは後に母の書いたもので詳しく知ったのだったが、当時子供心にもそれが良く解った。「ああもう緑が見えないから頭が休まらない」「だってせまいんだから仕方がないじゃありませんか」などと、私の前で諍いなど決してしたことのなかった父と母が云い合っていたのを覚えている（有島他　一九八九）。

子ども心にも鮮明な記憶として残った父母の諍い。それは、女が管理する場である子ども部屋と男の居場所である書斎を巡る諍いであった。と同時に、「家庭」という私的空間の管理者である妻と、家庭に慰安の場を求める夫との諍いでもあった。それだけではない。性別役割分担が進むということは実は家のなかに男の居場所がなくなることを意味していた。家の問題が二人の諍いとなった時期は、『主婦之友』『婦女新聞』『婦人公論』等の女性雑誌に、家庭改良、生活改善に関する論説が多数掲載されていく時期でもある（小山　一九九九）。家庭改良の担い手は主婦であり、改良の重点は、子ども部屋と台所におかれていた。

恒方はこれら「家庭に関する改良の設備は自分から見ると比較的不必要な点に重きをおかれ、最重要視すべき点」、つまり書斎の改良は等閑に付されていると批判する。書斎は「主人が世界的奮闘をなすべき、云はゞ本陣とも云ふべき」場であるから、「台所同様に書斎の方の御苦心も拝見し度い」、そう恒方は述べる（三宅恒方「現今の居宅改良研究家に与ふ」一九二三b）。彼によれば男達が、書斎が「西洋風になることを望」むのも、「西洋の人」との「生存競争に負けない様にする」ためであった。競争原理に深く関わる男の仕事場としての書斎は「主人」が一人で「奮闘」する場であった。

艶子は父の書斎は小さな借家の二階の六畳で、実に粗末なものであったと述べている。その書斎は男の居場所という以上にさまざまな意味を持っていた。「ああもう緑が見えないから頭が休まらない」という恒方の言葉は、仕事場であると同時に居間でもある居場所が狭められていくことへの吐息として読むことができる。書斎は家族の団欒の場であるはずの居間に対するもう一つの居間、家族からの男の逃避の場でもあり、家庭のなかでの男の不在をさらに進める場でもあった。

子どもへのまなざし

恒方は、妻にあてた手紙のほとんどに子ども、とくに、長女艶子への一文を書き記す父親でもあった。艶子への手紙は、一九一五年（大正四）夏、大分県津組から出した次のような手紙に始まる。

ツヤチヤンハオトナデオリコウデスヨ、オトウサンガカヘツタラヰノカシラトパウリスタニユキマセウ。

艶子は、このとき三歳。「オトナデオリコウ」な艶子に恒方はしばしば「オトナシクシテイマスカ」と呼びかける。ここには、「オトナデオリコウ」で「オトナシクシテイ」る純粋無垢な子どもを理想とする子ども観が示される。子どもが「オトナデオリコウ」になって初めて彼は、父親として娘に対するようになったのである（図13）。

艶子が赤ん坊の時代には、赤ん坊は「随分世話のかかるもの」「やかましいもの」と言い、「家では研究もこれではもう出来やしない」と不平を訴える夫であった（三宅やす子「科学者の妻として」）。このときやす子は「よき妻となることと、よき母となることが両立しないような疑い」にとらわれている自分に気づいたという。艶子の娘、やす子の孫の菊子は、「（恒方は）研究ばかりが大切で、赤ん坊を泣かすな、などと無理も言う夫だった。夜、赤ん坊を抱いて（泣き声が聞こえないよう）外に出て家の回りを歩きながら「涙がこぼれちゃった」こともある」という祖母やす子の言葉を母から聞かされたという（三宅菊子　一九九七）。

「赤ん坊を泣かすな」という要求は恒方だけのものではなかった。『主婦之友』（一九一七年三月）には、女学校卒業の妻と高等教育を受けた夫たちそれぞれの「注文二〇箇条」が掲載されている。夫は「子供を泣かせる妻は夫に可愛がられぬ」「子供のために夫のことを忘れぬやうに」と妻に注文する。他方妻は夫に「一家の大黒柱」であること、そして「子供と一緒に遊んで下さい」と注文している。子ども、とくに幼く手のかかる子どもは、夫にとって時にその夫婦関係を侵害する存在であった。また妻の要求に示されるように、家族を養うことを基礎とした家父長権と父であることは矛盾する関係におかれていた。

図13　1917年6月25日撮影の家族写真，子どもは左が艶子，右が恒二（『三宅やす子全集3』1932年）

潜在的別居生活

外で働く夫と、「家庭」という空間のなかで家事、育児を担う妻は、時間のうえでも空間のうえでも共通の意識を持つことが困難な状況に置かれていた。毎日五時一五分過ぎには帰宅する恒方であったが食事時を除けば書斎に閉じ籠る。また艶子と恒雄、二人の子どもの世話に追われるやす子を残し「遣り場のない不平の訴え処を」探し「日曜毎に近郊近県に写生に出て」「一切の不平不満を忘れる事を無上の事」としたうえ、出張も多かった（三宅やす子「自叙伝の一節」）。夫婦として生きた年月のうち、ともに過ごした時間よりも空白の時間のほうがはるかに多い。

やす子と恒方が結婚した一九一〇年（明治四三）、夏目漱石の『門』（夏目 二〇一二）が発表される。『門』は、日曜日と休日と正月休み、そして夜の出来事しか書かれていない、休日と夜だけの小説である。それは「近代資本主義社会の中で「職業」についている男と結婚した女とが抱える宿命」であった。江戸時代までは、労働・生産の場と生活の場は、ほとんどの場合一致していたから、結婚した夫婦は、朝昼晩、労働日でも休日でも、否応なく共に生活した。しかし、近代の資本主義社会における給与労働者の場合、労働・生産の場と生活の場とは分離しているから、通勤する男はウイーク・デーの大半を家の外で暮らす。小森陽一は「どんなに強く「愛」しあったことで出発した結婚生活であっても、都市の給与労働者の夫婦は、潜在的別居生活におかれていることが『門』ではあばかれている」（小森 一九九九：八七〜八九）。と指摘する。近代家族は、当人たちが意識しない間にその「愛」を次第に風化させていく潜在的別居生活を必然的にもたらす家族のありかたでもあった。

二人の間で交わされた手紙はこの空白の時間の堆積による意識のズレを埋める意味を持っていた。しかし、皮肉なことに手紙は二人のズレを浮かび上がらせる。この夫婦のズレや断絶を緩和する存在として位置づけられたのが子どもであった。やす子が旅先に手紙をよこさないことについて、恒方は、六歳の艶子に次のように問いかける。

ツヤチヤントウキヨウハサムイカ、オカアサンハナゼオテガミヲクダサラナイノデス、ツネチヤンハドウデス、
モウジキカヘリマス（伊東より、一九一八年、傍点引用者）。

なぜ手紙をくれないのか。本来なら妻に向けるべき言葉を恒方は娘に向ける。夫と妻の対立や双方が向き合う息苦しさをやわらげる存在が子どもであった。子どもは二人の愛の関係性の象徴でもあったからである。

艶子によれば、「最初の読書」は一九一七年（大正六）、『子供之友』の〈センソウガオハッテヘイワニナリマシタ。セカイノコドモガミンナナカヨクシテヰマス〉というような文章を、一字一字たどって読んだことだという。この年「片仮名や平仮名を幼稚園に入る前から読みかじっていた」（三宅艶子　一九六二：一二）という艶子は五歳。「ぜんぶ自分で読んだ」ことが得意だったというから、六歳の艶子はこの手紙を自分で読んだのだろうか。だとしたら艶子が声に出して読む夫の言葉は、やす子の耳に、どのように響いたのだろうか。

四　近代家族の実像

つかのまの団欒

恒方は艶子が三歳のときの手紙に「ヰノカシラトパウリスタニユキマセウ」（一九一五年〈大正四〉夏）と約束している。「ヰノカシラ」とは、月給取とも呼ばれたサラリーマン層の日曜日の娯楽の場として一九一七年に開園した井の頭公園、「パウリスタ」とは「銀座のカフェ・パウリスタでブラジル珈琲を飲む」という、「銀ブラ」の語源になったといわれる、銀座のコーヒー店のことであった（森　二〇〇四）。恒方が『新小説』にはじめて発表した随筆「私の電車観」（三宅恒方　一九二九）には三歳の艶子を連れて電車に乗ったときの体験が記されている。休日には、電車に乗って公園や銀座といった娯楽の場に気晴らしのために外出する。それが当時の近代家族の団欒の一つの典型的な形であった。

しかし艶子にとっての「忘れられない時」、それは日曜日の外出ではない。父、母、子が卓を囲み、母は紫の地にバルノバという、父の博士論文の題材となった虫を刺繡した着物を着て、三人がそれぞれ書初めをする正月の光景である。艶子が記憶する、あたかも近代家族の象徴でもあるような家族の風景。それはやす子の自伝によれば、一九二〇年（大正九）正月のことであった。また艶子は「その書初めを書いてすぐだったか、その翌晩だったか私は初めて父と母に教えられて花合わせをした。それから十六六指《じゅうろくむさし》というのをした。……。父は何時でも二階にとじ籠って勉強ばかりしていると思っていたので、そんな風に笑ったり遊んだりする父を見るのが珍しくて不思議で仕方がなかった」と記している。

艶子はさらに、次のように続けている。「母が私のことを見ながら「こんなに一緒に仲間に入れて遊べるようになりましたねえ」と云った。父も「ほんとうに、もうそうなったねえ」と云って、私を沁み沁みと見た。私は照れてそれとなく横を向いて辺りを眺めると、北側の壁に一本ずっとひびがあるのが眼に這入っ」た（有馬他　一九八九）。この光景には、やす子も自叙伝のなかでふれている。しかし艶子の記憶と異なり、それは翌年の一九二一年の正月のことであった。やす子にとっては「子供にわずらはされた幾年かが、いつしか過ぎて、その結果は、かうして成長した子と共に楽しむまでになつたのかと嬉しい」元旦であった。また恒方のほうは「苦しい官吏生活」をやめ「丁夢閑人」と号して新しい道に生きようとの決意のなかで迎えた元旦であった。その二ヵ月後、恒方は急死する。

凝縮した形で子どもの記憶に刻み込まれた家族の団欒の光景。裏返せばそれは、その団欒が束の間のものであったことを物語る。団欒の風景を構成する父であり夫である男、母であり妻である女の間には、艶子の目に映った壁の「ひび」のように、本人たちにも明確には意識されない生活の襞に隠れた微細なズレが生じていた。こうした男と女のズレを埋めるためにも「一家団欒」という装置とその道具立てとしての「団欒遊び」をはじめとする「家庭文化」

を必要とする家族、それが近代家族であった（沢山　一九九六ａ）。

夫として、父としての自己像

恒方は、結婚一〇年目に「（夫婦問題は）決して小生対妻の私的問題ではないと信ずるから、思ひ切つてこんな題で書いて見ようと思ふ」と「妻と小生」と題する一文を書いている。（三宅恒方　一九二〇）。彼は結婚当初の自分の「夫婦問題」に関する知識は呆れるほど「幼稚」であり、それは知人たちにも共通する「弱点」だったと述べている。親子中心の「家」から夫婦中心の「家庭」への移行期に生きた人々にとって「夫婦問題」は大きな課題であった。なかでも恒方にとって問題だったのは、夫としてのあり方、「夫道」である。小学校から高等学校に至るまで、「子としての教へ、臣としての教へ」はたびたび受けたが、「夫としての教へ、親としての教へは一度も受けた事がなかつた」。そのため大学を卒業しても「夫としての資格は幼稚園以下であつた」と恒方は述べる。

然も大学を卒業してからは実世間に活動しなければならぬから、専門以外の夫の道を教すはる余裕などは到底なかつた。又教すはり度くも教へて呉《く》れる所もないのである。だから我々は結婚すれば、妻に対しては単に本能から出立した愛情で向かつて行くより他は知らなかつたのである。

近代社会の形成期に生きた恒方にとって、公的な場で社会人として職業人として自己を確立していく時期と、私的な家庭という場で夫として父としての自己を形成していく時期とは重なりあっていた。恒方のこの文からは、さまざまな役割間の矛盾のなかで夫として父としての自己形成をしなければならない、その困難さがうかがえる。

夏目漱石に深い共感を寄せ、自らを「何処か苦紗彌《くしやみ》(2)の様」（伊東より、一九一八年一月八日）と評した恒方は「丁夢閑人」と号して随筆や社会批評を書いている。それらは死の一ヵ月後に恒方自身による序を添え刊行された『第六感を交えて』（一九二一年六月）以後一九二二年三月にかけて三宅雪嶺や友人、やす子の序を添え『旅と私』『新坂町から』

として、何れも実業之日本社から刊行されている。また一九二九年（昭和四）には、このなかから六編を収録した『学者膝栗毛《ひざくりげ》』が刊行されている。なかでも評判となった「私の電車観」「私の汽車観」（三宅恒方　一九二九）には、汽車という「個々人を詰め込んで走る箱に近代という時代のリアリティー（現実）を見ていた」（佐藤　二〇〇二）夏目漱石にも通じる近代批判の視線がみられる。

夏目漱石の「漱石」という筆名と「金之助」という本名との分裂と揺らぎは、「趣味に生きる私人と、御上＝国家の命に従って生きざるを得ない公人といった二重性の表象」（小森　一九九五）でもあった。恒方もまた私人としての「丁夢閑人」と公人としての「恒方」の分裂と揺らぎのなかに生きた人物であった。私人と公人の分裂という問題は、漱石や恒方だけの問題ではなく、近代社会に生きる男たちが抱え込んだ矛盾でもある。それは、公と私の分離する近代社会のなかで生まれた私的空間としての家庭が抱える矛盾でもあった。

「家庭」という理想と現実

吾々は矢張り一家屋を構成される煉瓦の一つの様なもので、其置かれた位置が運命でどうすることも出来ないのである——社会を一つの有機体と考えれば猶よくわかる。よき妻の得難き事、よき夫のなき事それも同様であろう（伊東より、一九一八年一月八日）。

「家庭」という理想の実現を意識的に求めた恒方がやす子に向って吐露する手紙のなかの言葉は、近代家族とはもともと挫折を運命づけられているとの告白にも読める。今までの家族の社会史研究では、近代家族の理念は日本ではいつごろ登場し、それが実態を伴うようになるのはいつかという理念と実態の関係がおもに議論されてきた。しかし、性別役割分担家族としての近代家族は、実現したかに見えたとたんに矛盾を露呈してしまう家族だったのではないだろうか。恒方とやす子の姿は、理念が現実のものとなりつつあったまさにその時期に、当事者の間に、早くも葛藤が生まれていたことを物語る(3)。

とはいえ、ここで取り上げたのは、近代家族を実現しようとした一人の男、一組の夫婦の場合にすぎない。それは近代家族における男や夫婦の典型と言えるか、あるいは恒方、やす子の場合をどこまで一般化できるかと問われれば、今の私には、それに答えるだけの準備はない。しかし、多くの事例を取り上げれば、近代家族の夫婦、そして男、女が抱え込んだ矛盾の構造が明らかになるというものでもないだろう(4)。

では恒方、やす子という当事者に焦点を当てることで何が見えてきたのか、また解けない問いとして何が残ったのか。

恒方にとって矛盾として意識されていたのは、働くことと生きることに引き裂かれた自己、働くことと自己実現との乖離であって、働くことと暮すことの矛盾ではなかった。彼が家庭に求めたものは、自己実現のための時間と妻による慰安である。恒方は夫として父としての役割からの逃避であるかのように書斎にこもる。それは暮らす場である家庭での男の不在をもたらすものでもあった。では、やす子はと言えば、家庭という空間のなかで夫を慰安する妻、子を育てる母としてしか生きることができない閉塞感を、母であることに生きがいを求めることで埋めようとしていく。

二人は情愛で結ばれたはずの夫婦であり、それぞれ一人の人間として生きることを希求していた。しかし、その希求の方向が交わることはない。男と女がそれぞれの役割を果たすことで存立が可能となる近代家族に生きる二人の間には、それぞれの役割を果たすためにも、空白の時間が堆積されていく。「近代家族」は構造的に男の不在をもたらす家族であり、役割によってしかお互いを理解できない家族であった。その意味で「近代家族」は、夫婦の絆を深めていくための基盤そのものが脆弱な、挫折を運命づけられた家族だったのではないだろうか。

現代社会に眼を転じてみると、働く場が厳しさを増すなかで、働くことと生きることの矛盾をどう克服し、暮らす場をどう充実させていくかという問題は、男女ともに課題となりつつある。そんななかで、夫婦がいかに暮らしの場で時間と空間を共有するか、生活＝「暮らし」の視点からとらえ直すことが課題となっている（倉地　二〇〇〇）。近代家族における男と女の関係史を、そこに生きた当事者である男と女の側から辿りなおす作業は、現代社会の家族と夫婦の問題を考えていくうえでも一つの糸口となるのではないだろうか。

注

（1）　一例を挙げるなら、陸奥国一関藩の医者、千葉理安が華岡青洲のもとに医学修行に出かけた折に妻にあてた一八一四年（文化一一）三月二六日の手紙には「三人の倅共は随分な満けぬ様そだて可被成候」とある。（花泉町教育委員会編　二〇〇一）。

（2）　漱石の小説『吾輩は猫である』（一九二五年）の主人公の猫の飼い主、中学校の英語教師、珍野苦沙弥のこと。

（3）　中谷文美（二〇一一）は、「日本における『近代家族』の形成と夫婦の葛藤」を示す典型例として三宅夫妻を取り上げている。

（4）　そのことは、近代の有名人夫婦を数多く取り上げた著書（林　二〇〇五）が、様々な事例の羅列にとどまっていることからもみてとれる。

第四章　育児を担う母・消える父

一　近代の子育てへの問い

男と女の関係のなかで

実際の子育ての担い手はたとえ母親だったとしても、子どもへの教育機能の発揮という点での男＝父親と女＝母親の役割分担といったものは、いつの時代にも存在している。その意味では、それぞれの時代の男と女の関係のなかで子育ての問題を考える必要があるだろう。その際、三つの視点が考えられる。一つは、子育てに男親と女親がどう関わるべきとされたかという規範や理念と、実際にどう関わったかという現実との関係である。二つには、男と女の関係、夫婦関係が、子育てにどのような影響を及ぼすかという問題である。とくに性別役割分担の夫婦関係において、女が母としてもっぱら子育てを担う状況は、男が父として子どもへの愛情を発露できない状況でもあるという表裏の関係にある。三つには、男、あるいは女が、自分のあるべき姿をどう描くかという自己像と子どもに対する態度や子ども観は密接な関係にあるという点である。

子育てというと、今までは女性や母親のみを対象とする研究が多かった。しかし、一九九〇年代以降、男と女の関係性を視野に入れた研究が登場しつつある。とくに近代の子育てを相対化するものとして着目されているのが江戸時代の子育てである。下級武士の日記を素材とした研究（真下　一九九〇、太田　二〇一一、二〇一七）では、江戸時代は理念のうえでは「父親が子どもを育てた時代」であり、子育て書の多くは、男性が男性読者に向けて書いたものであったこと、父親には、子どもを「家」のよき後継者とするための理性的判断や配慮をする役割が、母親や祖母には、手ずから育てる実際的な役割が求められたことが指摘されている。また日記からは、家事負担を担う妻に代わり、子育てに細やかに関わる父親の姿も浮かびあがる。

しかし、だからと言って、江戸時代の父親たちが、子育てによく関わっていたと理解するのは誤りであろう。江戸時代の父親たちは単に子煩悩だったわけでも、また単婚家族であったために子育てを手伝わざるを得なかったわけでもない（小山 一九九五→二〇〇二）。父親が子育てに関わるのは家長としてのつとめであった。子育ての問題を考えるには、こうした理念と実際の両面を考え合わせねばならない。

本章では、母親一人に子育ての負担が負わされがちなことからくる問題など、現代家族の教育集団としての問題の起源が表出する日本の近代家族の成立期に焦点をあて、性別役割分担にもとづく夫婦関係がどのような子産み、子育ての意識を生みだしたかを探る。そのことによって、従来の母親や父親の側からのみの研究に対し、より親と子の関係性や子育てのあり様に迫り得るのではないかと考える。なぜなら、性別役割分担という夫婦関係は家庭内の夫と妻の心理や父母と子どもの相互作用の量のみならず、質をも規定すると考えられるからである。

ところで、日本の子育ての特徴に焦点をあてた先駆的研究に『しつけ』（原・我妻 一九七四）がある。そこでは、子育てを男と女の関係のなかで考えるにあたって、注目すべき三つの事が指摘されている。一つは、「「育児」とか「しつけ」というと「母親のすること」という常識があるためか、「嬰児の世話は女の仕事で男が手をだすものではない」という感覚がある」こと、二つには、日本の近代化過程とは、職業と家庭の分離によって父が子に働く姿をみせる機会が減少していく過程であったこと、三つには、「父親がどんな役割をもつものであるかというイメージを子どもに植えつけるのは母親」であり、「日本の家庭において父親の存在は母（妻）の支持の上に初めて成立」したという点である。

だとしたら、「育児」は母親のすることで男が手を出すことではないという「常識」や「感覚」が、日本の近代化過程でどのようにつくられたのか、またなぜ母親たちは父役割を「子どもに植えつける」役割を担おうとしたのか、父親不在とは、どのような意味で不在だったのかが問われねばならないだろう。

「明治、大正から父親不在であった」と指摘するのは有地亨である（有地　一九八六）。有地は、父親は「子の教育に関する限りあまりタッチしておらず、その意味では今日に劣らず当時から父親不在」だったと指摘している。しかし他方で「そのような父親でも子どもと接するときには、いまの父親とはまったく様態を異にし」「子どもに話をしたり、本を読んでやったり、また、子どもと戯れたり」していたという。

この指摘からもわかるように、有地の言う「父親不在」とは、父親と子どもたちとのさまざまな交流や身体的接触ではなく、「子どもの教育」に関する父親の「不在」を意味する。しかし、これは近代社会がつくりだした「教育」のカテゴリーに囚われた分析といえよう。その意味では「父親不在」論そのものが、近代的な教育概念や近代家族規範に強く縛られたものであったと言える。

では、子育てが近代的な「教育」のカテゴリーで覆われていく過程で、父親たちが子ども達と行っていたさまざまな交流が、どのようにして子育ての範疇から排除されていったのだろう。また子どもの「教育」には関わらなかったとしても、子どもとの接触の時間や手段を持っていた父親が、その接触そのものも失ったとするなら、そのような父親不在が生み出された時期や背景が明らかにされねばならない。その意味で、近代の子育てを男と女の関係のなかで問うことは、日本の近代における男と女の関係を問うことにもつながる。

子育て史の画期としての一九一〇〜二〇年代

ここで対象とする一九一〇〜二〇年代という時期は、日本の子育てと子ども観の歴史の上で、重要な画期である。なぜなら、現代の子ども観、親子関係の直接の起源ともいえる、子どもを「つくる」技術と思想が一部の階級で現れはじめる時期、日本における少産少死型社会への胎動と始発の時期だからである。自ら受胎のメカニズムを支配して子どもを「つくる」という、「授かる」という意識とは明らかに異なる子どもへの新しい心性、その背後にあった、子どもにより良い教育を与えることで生活水準を引きあげようという願いの中心にいたのが、新中間層の人々であった。

第一次世界大戦を契機に日本の資本主義は急激な発展を遂げ、農村から都市に人口が集中する。こうした変化のなかで注目すべき現象は、当時「俸給生活者」「中等階級」などとよばれた技術者、サラリーマンおよび自由業者といった人々が増加したことである。これらの人々は、資本家と賃労働者の中間の位置に新しく生まれた階層という意味で新中間層とよばれる。彼らは、生産手段を所有せず、学力によって生活を切り開くことを自らの生活スタイルとする階層であった。この時期は、日本における学歴社会成立の時期でもあり、新中間層の人々にとっては、子どもに教育、学力をつけることが、家族の生活向上の鍵として意識されたのである。これら新中間層家族の成立と少産少死型社会への出発、そして子どもへの新しい心性とは密接な関係にあった。

また、少産少死への変化の背景として、女性たちの意識の変化も見逃せない。女性たちは、家事、育児の担い手としての役割を内面化すればするほど、子どもの教育と家計の困難をもたらす頻産、多産を避けたいとの願いを強めていった。女性たちは、「産児制限」の語で、避妊や計画的妊娠への意思、また「家庭」のなかで出産、育児の負担を一人で引き受けざるを得ない負担感を語り始める。「主婦」を対象に最大の発行部数を誇っていた『主婦之友』などの女性雑誌には一九二〇年代半ば頃から、読者の「産児調節」をめぐる体験談（図14）をはじめ、避妊の仕方についての記事が数多く掲載されるようになる（荻野　二〇〇八：四八）。

この一九一〇〜二〇年代の子育てを特徴づけるキーワードは、「母性」と「母性愛」である。「母性」の語は一九一〇年代の最初の一〇年間に翻訳語として登場する（沢山　一九七九）。しかしその歴史の浅さにもかかわらず、「愛」の語と結びつけられ「母性愛」の語で広く社会に流布していく。「母性愛」の語が広まった大きな要因は、母性愛の保持者、育児担当者として母親の権威を高める点で母親の支持を受けたこと、少子化のなかでの母親の我が子意識の高まりに適合的だったことにある。そこでは、母性愛をもって、衛生などにも注意しながら我が子の育児に専念する母子関係が正当モデルとされ、現実の多様な母子関係のあり様は否定されていくこととなる（I部第一章）。

では、母役割肥大化の陰に隠れてしまったかに見える父親達は、本当に子育ての場から消えてしまったのだろうか。

図14 『主婦之友』に数多く掲載された「産児調整」の体験談の中で最も読者の反響を呼んだ「うめ子」が考案した「産児調節器」の広告（『主婦之友』一九二八年六月号）

二　母役割の肥大化と消える父親

育児日記、体験談を書いたのは誰か？

育児日記、体験談をみる限り、父親は執筆者としても、また育児日記の内容のなかからも消えていく。表1にあげたのは、当時の代表的な育児雑誌であり、育児の啓蒙を意図した『児童研究』（一八九八年創刊）、『婦人と子ども』（一九一〇年創刊）に掲載された育児日記である。そこからみえてくるのは、育児日記の最初の書き手は男性であったという興味深い事実である。母親による育児日記が初めて登場した一八九九年（明治三二）の『児童研究』（二巻五号）に掲載された文章は、そのことを裏付ける。

従来本誌に現はれたる日誌は概ね男子の手に成りたるものなる。婦人の手に成りし者《ママ》は関氏のを以て嚆矢とす。……吾等は観察の機会を有する婦人が関氏の例に倣はんことを望むものなり。（傍点引用者）

『児童研究』に掲載された育児日記は、ほとんどが男性の手になるものであった。ここでは、女性が育児日記の書き手となることを推奨しているが、その後も父親による育児日記は消えてしまうわけではない。父による育児日記が両誌から姿を消すのは、一九一二年（大正元）のことである。同年の『児童研究』は「母親が子どもの日記を作ることは近来余程盛んになった様である」（十五巻九号）と指摘している。父親の育児日記が消えていくのと並行して現れてくるのは「遺伝ハ父カラ多ク来ルカ、母カラ来ルカ」（六巻五号）、「小学校ノ優等生及ビ劣等生ト其生レシ時ノ父ノ年齢トノ関係」（一八巻一〇号）といった、育てるものとしての父親への期待を欠いた父親の遺伝形質と学力の関係をめぐる論考である。

育児日記の執筆者の大半は、新中間層の典型ともいえる教員やその妻であった。「嬰児発育の記」を記した父親は、執筆の動機を「嬰児を育つるに方りてつら〳〵成長の後を観るに心身発育の力盛んなる」を驚き「又興味を感ずべきものもある」ことによると記している。

表1　『児童研究』『婦人と子ども』掲載の育児日記（年代順）

日記名	執筆者	掲載誌
嫩葉の松（児童観察録）	父（教員らしい）	『児童研究』2巻3～4号（1899年）
児童養育日誌	母	〃　2巻5号
児童養育日誌	父（教員）	〃　2巻6号
女児の観察日記	父（教員）	〃　2巻9号
嬰児発育の記	父	〃　5巻5号（1901年）
或母の日記	母（父は小学校教員）	『婦人と子ども』1～2巻（1901～1902年）
小さき日記	母	〃
富士ちゃんの日記	母	〃　3巻（1903年）
幼児の運動及び言語調査	父（小学校教員）	『児童研究』7巻12号（1904年）
貞一の日記	母（教員）（父も教員）	『婦人と子ども』4～6巻（1904～6年）
謙ちゃんの日記	母（父は医者）	『児童研究』7巻12号（1904年）
謙二日記	母（父は医者）	〃　9巻4～12号（1906年）
幼児発育日誌	父	〃　10巻4～12号（1907年） 11～14巻（1908～11年）
色鉛筆，緑の家他	父（教員）	『婦人と子ども』12～16巻（1911～12年）

父による育児日記と母による育児日記が並行して現れる、いわば父から母への育児日記の転換期にあたる一九〇〇～一〇年の育児日記は、内容の面でも興味深い。というのもそこには、父母がともに子育てにかかわる様子が記されているからである。執筆者が父の場合、「執筆者の若き父と校閲者の若き母」の言に示されるように、父親は実際に育児に関わり直接観察した子どもの様子と、自分が仕事で不在中の子どもの様子を母親に代わって記す。また、執筆者が母の場合は、父親の育児に関する意見が「貞一の栄養法は何処までも規則的なりき……（父記す）」として載記される。

しかし、『婦人と子ども』『児童研究』という当時の子育てをリードする立場にあった雑誌上に父親達の育児日記が掲載されているからといって、当時の父親達が子育てに積極的に関わっていたとみるのは早計に過ぎるだろう。「児童観察の興味を、世間人口に吹聴し、同士の智の益々多くならんことを希ふのみ」(「嫩葉の松」)という父親の言葉に示されるように、「同士」はごくひとにぎりであった。しかし、父親の育児日記が啓蒙の役割を担う雑誌上に登場したということは、読者たちにとって、意識的に子育てに関わる父親像が魅力あるものとして映ったからだと言えよう。

父親による育児日記からは、子どもに「沐浴」や「散歩」をさせ、夜目覚めて泣いたときには「襁褓を更へ又抱き」、「爪をとりて」やり、「粥を食べさせ」、子どもが病気のときは病院に連れていく父親の姿が浮かび上がる。なかには、おんぶやだっこという「身体的苦痛」を感じることで「人生の努めの大部分を果したと云ふ自信を持つ」という記述もみられる。父親達はまた、歯が生えた時期、歩きはじめた時期、言葉を話しはじめた時期を記録する。

これら父親たちによる育児日記執筆の動機は、「児童研究資料の一端ともならば幸甚」といった児童研究への素材の提供、あるいは児童研究の専門家から「養育上教育上に批評を請」う点にあった。父親達の育児日記のこうした性格は、家族の子育てが、心理学者や教育学者達の育児論に吸収され、家庭教育も学校教育の下請けとして位置づけられていく、その後の流れを予測させる。しかも雑誌でみる限り、育児日記の執筆者が父から母へと移行する期間は一〇年と短く、父親は子育ての援助者の位置にしりぞいていく。

例えば、東京市社会教育課が募集した育児体験談の記録『愛児の躾けと育て』(一九二四年〈大正一三〉)では、父親達は、自らの育児体験談ではなく、妻のそれを述べる。父親たちは「妻を娶るにあたり女に育児の才能ありや否やは、他のすべての点に先んじて重きを成す第一条件」であり、夫は「育児中にある母親に対して」「最大の援助と敬意を払」うべきだと述べている(「子供を善く躾けたる実例」の第五例「我子の学齢まで」)。

しかし、父親が育児日記の執筆者から消え、育児方針の提供者から協力者に変わったからといって、父親達が子育てに関わらなくなったとみるのは誤りであろう。そこには、父親達の子育てや子どもとの関わりが、「育児」や「子の教育」とみなされなくなるという、子育てをめぐる意識の変化があった。そのことを、新中間層の母親たちに大きな影響を与えた鳩山春子の育児体験談『我が子の教育』(一九一九年〈大正八〉)のなかにたどってみたい。

「家庭教育」概念の登場

鳩山は、日本における欧米の良妻賢母観の忠実な体現者とされる(高群 一九五八→一九七二：八三)。鳩山の理想は、欧米的な夫婦と子どもからなる家庭の形成であった。とするなら、そこには、妻、母の理想とともに、夫、父の理想も語られているはずである。鳩山の欧米的良妻賢母観における夫、父親像とはどのようなものだったのだろう。

その夫、父親像は家父長制下の「家長」ではなく、「家庭」における「夫」であった。そこには「夫権」の登場を指摘できる(舘 一九八四)。鳩山が述べるのは、自ら実践したという自信に裏付けられた明確な性別役割分担の思想である。その家庭づくりは、妻選びから始まる。妻選びの「第一」の条件は、「財産」や「容貌」ではなく「我が子を十分に教育することが出来」ることであった。また妻に対する「真に正しき賢き夫の最初の注意は、妻であり母である所の権威を十分に與へる」ことでなければならなかった。なぜなら、「教育」の担い手である妻に対し、父親が子供の面前で「母親を侮るが如き言動」があったなら、「父親の留守中に於て到底如何なる家庭教育をも施すことが出来ないから」である。ここにはすでに、父親の不在を前提とした母による「家庭教育」が説かれている。

さらに鳩山は夫に、「寧ろ母としての私のほうが厳な位であっても、父としての貴下は特に慈愛を注がれる様にしていただきたい」と、「慈父厳母」であることを求める。なぜ父親が「慈父」で母親が「厳母」でなければならないのか。その理由の一つは、「母の愛は絶対なるもの」であるから、父親が「適宜にその子供を愛さないと」いけない点にある。二つには、「母親の方は厳に過ぐるやうな傾きがあったと致しましても、母親は子供に接近する時間の多いもの」だからという点にある。

「慈父厳母」論は、母親の愛、母と子の結びつきを、父のそれとくらべて絶対的なものとみなし、父親が現実に家庭にいる時間が少ないことを前提に説かれたのであった。不在がちの父親を尊敬させるのは妻の役目であった。鳩山は、「子供が片言を言ひ得るやうになりますと同時に、父親に感謝の言葉を述べる事を教へ」「何時も外出の折は「家族の為に勤労さるる事を子供に思はせるやうに注意」したという。ここには典型的な性別役割分担思想が述べられている。

しかし、夫の和夫は、子どもと可能な限り接し「日曜日又は大祭日には、必ず本日不在といふ札を掛けて」子どもを動物園や郊外への散歩に連れだす父親であった。こうした父親の関わりは、少なくとも鳩山の意識のなかでは、「教育」にとって二次的なものと捉えられていた。「専ら子供の勉強の相手を致す」のは「私」で、夫は「子どもの遊び相手」、「親と申します中にも、子供の教育上にとっては特に母の方がたいせつ」なのである。

では、鳩山にとっての教育とは、どのようなものか。それは、「人格の完成」を目的に、「隔離」された教育的世界のなかで、子どもの「頭脳を明晰にする」ことであった。「遊戯」すら「頭脳を明晰にする」ための手段となる。子どもの産育権の所有者が父から母へ交代する過程は、「教育の概念を人間だけに固有のこととし、悟性、言語の使用能力や自我の属性をひきだすこと」（中内　一九八七a）とする近代的な「教育」概念が登場していく過程でもあった。

鳩山によれば、この時期は「家庭教育と云ふ言葉」が「比較的新しい言葉」であり「学校の教育と共に家庭の教育が甚だ大切であること」が意識され始めた時代だった。鳩山は最初の子どもを一八八三年（明治一六）に出産するが、その前年の一八八二年には文部省示諭のなかに初めて「家庭教育」の定義が登場する。そこでは「家庭教育ト云フ是レ即チ学校教育ニ対スルノ称ニシテ必シモ一家団欒ノ間ニ行フ所ノ教育ヲ指スニ限ラザルナリ」と、「家庭教育」は、家族が学校の代理として行う教育とされたのである（中内　一九八八）。

「家庭教育」が、学校教育の下請けとして位置づけられる時期、鳩山は、近代家族の産育権の所有者、「家庭教育」の担い手として自らを位置づけたのであった。「家庭教育」の担い手は母とされる一方で、父親たちの子どもを育み太らす行為は「教育」とみなされなくなっていく。父親たちが子育ての表舞台から消えていく理由の一つはそこにあった。

鳩山の「慈父」論は、共同体からの自立を図った近代家族においては、家父長権も愛によってしか支えられないことの表現であった。他方、家族が学校の代理装置になるという文脈のなかにおいてみると、その「慈父」論は家長の家族員に対する権限を弱め、国家・公教育の側に吸収しようとする国家・公教育の意図にそうものだったのではないだろうか。

鳩山のわが子への強い関心と成功への期待は、国家・公教育の意図を代言するものとして機能したと考えられる。実際、その後公教育は、父親に代わって知育はもちろんのこと職業技術教育をも含めてその教育機能を肥大化させ、一方、母親は学校教育の下請け、「家庭教育」の担い手としてその役割を肥大化させていくこととなる。このような学校教育の下請けとしての「家庭教育」概念の成立と普及のなかで、父親たちは子育ての表舞台から消えていく。

子どもの身体、健康の価値化と父親の排除

父親達が消えていくもう一つの理由は、「家庭教育」概念の普及と連動してすすめられた、心理学、生理学、医学の分野での父親排除の動きに求められる。心理学や医学でのあるべき母親像の提示は、あるべき子どもの健康や成長の提示、子どもの身体と健康の価値化でもあった(1)。子どもの身体、健康の価値化は、妊娠、哺乳という点で子どもの身体、健康と強い結びつきを持つ母と子の結びつきを価値化する。その一方で乳房を持たない父親は排除されていく。

この時期、母乳は単なる「人乳」でないどころか「母乳」ですらない。「実母哺乳」（塚本　一九〇〇→一九七〇）の名称を与えられ、「実母」つまり産みの母親に特定される（2）。

健康の価値化が、乳幼児の扱いの専門家として男性の小児科医をクローズアップさせる一方で、同じ男性でありながら父親が排除されるというのは大きな矛盾であった。しかし、この矛盾は「公」の場での専門家は男、「私」の場、つまり「家庭の衛生を完全ならしむる事は、当然主婦の責任」（下田歌子　一九一五）という公と私、男女の性別役割分担の図式で覆い隠される。

生物学的に子どもの身体を説明するのであれば、女と男の性行為があってこそ妊娠、出産が成り立つのであり、女と男の関係なしには、種としてのヒトの再生産もありえない。その意味では、女と男は、子産みにおいて同等な役割を担う。しかし知能と深い関わりを持つものとしての子どもの身体の価値化と医学化の動きは、母親の授乳機能を重視することで、父親を排除する。

生理的に父親は母親にかなわないという言説は、この時期の育児書、高等女学校の教科書、さらには育児相談に至るまで満ちあふれている。例えば高等女学校の教科書『家事教本』（一九〇〇年〈明治三三〉）には、次のようにある。

母親は分娩、乳養の如く、天然に子女養育に就きて、直接の関係が多く……父親は其の務め多く家外に在りて、常に子女の保護監督を成す能はざる事情もあり、且つ天然に男子の性質が育児に適さざるが如き傾きもあるべければ、ただ母親の相談相手として、其の主義、方針を一致し、命令の二途に出ざるように注意すべきなり（塚本　一九〇〇→一九七〇）。

また育児相談では、次のような回答がなされている。

世には父が在っても実際に無いのと同様父子の間に何等交渉無き境遇の人も沢山在ります。父は子供の起きる前に勤めに出て彼らの寝て後帰宅するという生活は都会に沢山あります。子供を育成するのは殆ど全く母の力です（『児童研究』二四巻七号、一九二二年〈大正一〇〉三月）。

これらの言説からは、資本主義の発展にともない父親であることを阻む労働、生活条件がうまれ、構造的に父親不在が生みだされている様がうかがえる。と同時に、女親こそ親という観念の登場を認めることができる。この女親こそ親というテーマは、以後、高等女学校の教科書や育児書が繰り返し説くテーマとなる。

三　新中間層の夫婦関係と子育て

夫の期待、妻の期待

資本主義化の進行は、夫、父親への期待の変化をもたらした。そのことは、配偶者の選択のあり方の変化からもみてとれる。配偶者選択の条件や夫婦像のイメージが時代によって変わることは言うまでもないが、この時期、新中間層の娘達のなかで、結婚の条件が意識され始める。性別役割分担家族を形成しようとする女性たちにとって、結婚は生涯を決定づける重要な出来事であり、「身も心も綺麗な」処女として恋愛結婚し「スイートホーム」をつくることが憧れとなっていった。一九二二年の『主婦之友』の「恋愛と結婚号」の表紙は、処女を思わせる純白のヴェールとドレスで飾られた花嫁の姿（図15）で飾られている。

しかしこのことは、男女の愛にもとづく結婚観の登場のみを意味しない。同じく『主婦之友』の「私の理想の夫」（一九一八年四月）には娘たちの求める結婚の条件が述べられている。娘たちは夫選びにあたって、互いの愛情以上に、稼ぎ手としての将来性を求めている。「理想の良人」の条件は、「官吏なれば判任官以上、又会社員なら一般に認めら

図15 『主婦之友』恋愛と結婚号表紙
（『主婦之友』1922年7月号）

れて居る会社の本社員」や「真面目な初等教員」、「勤勉努力家」や「刻苦勉励」の人、「高等教育を終えて間もない」「無一文の中から多少なりとも財産を作り上げ」ることのできる「財産といふよりは、技量のある」「自分の腕で相当の地位に達する能力」がある「将来有望の青年」であった。

　ここには、「財産」や「家柄」を持たない新中間層の娘たちのなかに、常に没落の危機にさらされる資本主義社会において生活向上の鍵となるのは、財産や家柄よりも学力、学歴との認識が現れてきたことが読みとれる。しかも、生活水準上昇の期待を夫に託すことは、稼ぎ手としての夫権を強め、家庭の経営主体は夫という家父長的秩序を受け入れる基盤ともなった。新中間層の娘たちが理想とした核家族は、共同体から自立した一方で、地縁、血縁の援助に頼れない、夫の稼ぎのみが頼りという点で、その家族の経済は決して豊かな安定したものではなかった。性別役割分担家族にあっては、家計の維持は夫に託されねばならず、そのことは夫の家父長としての権威を強めることにもなったのである。

　『主婦之友』（一九一七年三、四月）には、女学校出の妻と高等教育を受けた夫それぞれの「注文二〇箇条」が掲載されている。そこには外で働く夫と内で迎える妻という明確な性別役割分担の構図が示される。夫と妻は、お互いを役割で見ている。妻は夫に「家庭の王」「一家の大黒柱」としての稼ぎ手役割を期待し、夫は妻をとくに母としての能力で評価する。曰く「子供を泣かせる妻は夫に可愛がられぬ」「子供の病気は多く母親の不注意から来るため、子供を病気させると母親の信用は下落したものと覚悟せねばならない」。妻は夫を家庭の経営主体とみなし、夫は妻を妻、母役割で評価する。しかも、家族を養うことを基礎とした夫権の優越の一方で、父権は、むしろ不在である。妻は夫に「子供と一緒に遊んで下さい」、夫は妻に「子供のために夫のことを忘れぬやうに」と「注文」し、互いの要求はすれ違う。

新中間層の妻たちは、生活向上のために夫に稼ぎ手役割を期待し、むしろ自らすすんで家父長的秩序を受け入れたように思われる。しかし、彼女達のなかで、夫との関係と、子どもとの関係はその性質を異にする。彼女たちが進んで選びとっていったのは妻役割ではなく母役割の方であった（I部第二章）。

そのことは、新中間層の女性たちの自己告白の場であった身の上相談からもみてとれる。そこにあるのは、「夫」との関係での「妻」としての不幸の告白と相談であり、「子」との関係での「母」としての不幸の告白ではなかった。その告白の内容は、大別すれば、昇進しない、稼ぎや働きのない夫への不満と、働きはあっても忙しく夫婦が別々の世界に住み心が通じ合わない不満とに分けられる。これらはともに、性別役割分担に起因する、また、妻達が夫との人格的、精神的つながりを求めるがゆえに出てくる不満でもあった。しかも身の上相談での「妻」としての不幸の告白と、育児相談、体験談での「母」としての自己実現の表明とは並行して現れる。では、女性たちにとって、妻であることと母であることとの関係はどうなっていたのだろうか。

『母性愛日記』にみる「妻」と「母」の関係

この問題を女性自身の心性の記録としてみせてくれるものに『母性愛日記』[4]（室井 一九二九）がある。『母性愛日記』は、那須の旅館の女主人、室井きさ子の一九一三年（大正二）一〇月一〇日から二〇年（大正九）五月七日までの育児の記録である。しかし、育児の記録としては特異な記録である。なぜなら室井は娘が三歳のとき「家風にあわぬ」という理由で離縁されており、都市の新中間層家族の理想——一家団欒や子どもを中心に夫と妻が向き合う——とはほど遠い、「女手一つ」で、今の言葉で言うならシングルマザーとして娘を育てた記録だからである。

当初、この記録は、一九一五年（大正四）、東京日日新聞に「民子の母」として連載される。東京日日新聞記者が書いた『母性愛日記』の巻頭言によれば、連載当時は、「母性愛などといふ言葉……あまり使われず、又新聞にも母性愛についての記事の尠なかつた頃」だという。しかしこの連載に対し、「母性からの熱烈な投書をずいぶん受け取った」ため、同年『嫁ぐ娘へ』と題して単行本にまとめられ、さらに、きさ子死去後の一九二九年（昭和八）『母性愛日記』と題を改めて出版される。この経緯からは、母性愛という言葉が社会に流布し、母性愛への関心が増大するなかで、『母性愛日記』という書名が選びとられたことがうかがえる。

それだけではない。「お前一人をよき婦人に育て上げたいばかりに、この母は凡ての社会を捨て、婦人の慾を絶ち、老ひたりと云へども二十六の色香も残る老桜の後半生をお前の為に犠牲にしてお前を育てる」（室井　一九二九：二）という育児にすべてをかける自己犠牲のメッセージが母親たちに受け入れられたことを示す(5)。

この記録を見出し、出版を勧めた東京日日新聞記者は、この記録の価値について次のように述べる。

世の母が思ひ、よろこび、泣き笑ふ、思索、感情、母性としての全部をさらけだして、包まず、飾らず、正しく自己の心を見つめて書き記してゐることが尊い。きさ子さんほどのことは、誰も思ひ誰も為す——とさう人はいふであらうが、誰も思ひ誰も為すことを、かく正直に書きあげるといふことは容易でない。此点だけでも世のあらゆる母性を代表した記述者としてえらいと思ふ。

もともと出版を意図して書かれたものではないこの記録の意義は「誰も思ひ誰も為すこと」を表現しえていること、それゆえ「母性を代表」するものとなっている点にあるという。しかし、室井の著書が女性たちに歓迎された理由はそれだけだろうか。

読者である女性たちは、「母」としてだけでなく「妻」としての自己告白の部分も含めて共感をよせたのではないか。そのように考えないと「妻の道を捨てて親の道を歩んで来た」という子育て環境の正当モデルからははずれた記録が、女性たちに広く受け入れられた理由が見えてこない。

室井によせた女性たちの共感、それは当時の家父長的秩序に対する抵抗を室井が身をもって示したことにあった。室井が離婚という道を選んだのは「不徹底な不快な何等希望もない家庭に囚はれて、沢山の子を産んで心ならずも生きて行く事は耐へられない事だから」であった。また室井は、「夫婦差向への家庭などで雨後の竹の子のやうに生まれるのは、たしかに一種の苦痛だ」と少産への意志も述べている。室井が、「家庭に囚はれ」ることを拒み、離婚によりみずからの運命を切り開いたことへの共感が、女性たちにはあったといえる。

しかも彼女は、家父長的秩序における女性の無能力者的位置づけ、子の後見に対する法的差別、「現代の不完全な法律に拘泥」し「法律を楯に取って」子どもの籍を渡すことを拒む夫に「自然」すなわち母の「愛」をもって対峙する。「親が子を愛するのは自然である。法律や経済の上に立って、私はお前を育てたのではなく、愛の上に立ってお前を育てて来たのだから其つもりして此の母さんに、最後の勝利と満足とを与へてくれたら」と彼女は言う。夫、父の権利を保障する「法律」に、室井は、母と子の自然的結びつき、「愛」をつきつける。「妻」としての地位の不安定さが、室井をより「母」としての役割に結びつけることとなった。

子どもを育てることは「生きる可き意義」を持つとする室井にとっての「最後の勝利と満足」とは、子どもを「全甲の成績」の学校優等生にすることであった。法律をはじめ「公」の世界が男性に独占されているなかで、女性が「公」の場で勝利を得る手立て、それが室井にとってはわが子を「公」の学校教育の場での勝利者にすることだった。

そのなかで室井の目標は、娘を良妻賢母にするという国家の教育目標に従属させられていく。こうした自己実現のありかたは、女性たちの置かれていた状況の一つの帰結でもあった。室井はそのことを次のように述べている。

もう学校を出てから一三年の其間に、私は人として社会の為に家庭の為に何をしたであらうと考へ来れば、未だかつて自ら満足して会心の笑みを漏らす程の仕事をした事がない。唯其中に聊か誇るは一人の子供を設けた事である。

室井によれば夫は、「父らしい事もなさらない」人物であった。室井は「今日になる迄お前のお父さんと云ふ人より銭一銭、布一尺受取ってお前を育てゝ居るのではない」と述べている。父であることは、何より家族の生活を保障する役割を担うことを意味していた。しかしそれは、父親の経済上の役割を第一義とすることで、父であることの意味を矮小化するものでもあった。

このように室井の記録は、夫の「法律」に、母としての「自然」を対置させ、家族の生活保障を父の役割として求め、子どもを公教育での成功者にすることに自らの役割を見出すなど、女性の自己主張の記録でもあった。そこに女性たちは共感を寄せたのだろう。しかし、こうした形での自己実現の希求は、家庭での子育てを公教育の価値に従属させることともなった。

四　消えまいとする父親達

ファザーグースの世界

今までみてきたような新中間層の夫婦関係と母親による育児に対し、新中間層の父親自身のなかから二つの批判の系譜が現れる。彼らは、いわば消えまいとする父親達であった。では、彼らはどのようにして消えまいとしたのか。

ここで取り上げるのは、鈴木三重吉、野村芳兵衛という二人の父親である。

新中間層の親たちから子どもにふさわしい文化財として支持された雑誌に『赤い鳥』(一九一八年〈大正七〉創刊)がある。主宰者は鈴木三重吉、日本のファザーグースの一人とされる。ファザーグースとは、この時期わが子への父親としての愛情を主軸に児童文学に関わった人々をさす。児童文学史によれば、「日本の創作童話は、マザーグースならぬファザーグース」であることに、日本の近代化の特色が示される。その理由は「男女同権は画餅としてすらも与えられ」ず「近代日本の女たちは自らを表現することを許され」なかったことにあるという(上 一九七六)。育児日記の最初の書き手は父親であった。同様に、児童文学の最初の書き手もまた、父親であったのである。

三重吉をはじめとする『赤い鳥』の作品は「童心主義文学」とよばれる。学力や学歴による社会的成功やステイタスの向上をめざす「教育」熱心な新中間層は、他方で、子どもの心や内面という子どもの存在そのものに価値を置く童心主義の支持者でもあった。その意味で、三重吉にとっての童心主義とは何であったかを明らかにすることは、新中間層のこの矛盾した心性の解明にもつながるだろう。

三重吉による『赤い鳥』創刊の理由は二つある。一つは、現実世界を避けた小世界に埋没する小説しか書けないという創作上のゆきづまりから作家としての筆を折ったこと、二つには長女すずを得た喜びである。この創刊の事情は、三重吉と童心主義の関係を考えるとき重要な意味を持つ。なぜなら童心主義は、現実社会から逃避し子どものなかに安らぎを見出す側面と、子どもという存在の普遍的価値を認める側面の両面を持つと考えられるからである(横須賀編 一九七四)。

三重吉は、その書簡でわが子への情愛を公言してはばからない。彼は、親しい友人達への書簡に、しばしば子どもの成長ぶりや、その病気、子どもへの情愛を記し、「子供のために生きてゐるのだよ」と、子どもを生き甲斐とする心情を語る（鈴木三重吉　一九三八）。しかし一方で三重吉の童心主義は、おろかしい現実社会に幼児の無垢をもって対峙するという現実社会への批判、不満と結びついていた。

それは、三重吉の日本認識に起因する。彼は、日本文化の伝統は子どもに与えるにたる「水準」を持った散文の主題を欠き、またその文体も持たないと考え、西欧ものの翻訳、翻案に終始する。ファザーグースたちの作品は「一夫一婦制にもとづく家庭生活において女性が家事育児を担当するシステム……父親が直接育児にたずさわらぬという事情に起因し、実体を欠いた抽象的なもの」（上　一九七六）と評価される。しかし、三重吉の抽象性の原因は、むしろ彼の現実認識にあったといえよう。また三重吉の父親、夫としての側面に眼を向けると、それは性別役割分担にもとづく近代的な父親、夫像とは言いがたい。

二人の子ども、すずと珊吉の語る父親の思い出は、家父長としての姿に他ならない。珊吉によれば、父としての三重吉は「食べものについての注意とか栄養剤をのませることとかの方法と並行して……学校の勉強に関しても徹底した主義を断固として……とった」（鈴木珊吉　一九六四）。また、すずは、自らの子ども時代をふりかえって、洋服の色まで細かく指示し、「いつも白や黒やまたお納戸色（ロイヤルブルー）などの限られた地味な色の服ばかりしか着せてもらえず、よそかたのように桃色（ピンク）のくつ下や赤い洋服が着たくてたまらなかった」と述べている（鈴木すず　一九八二）。

しかも三重吉は、これらのことを妻に「厳命」してやらせ、妻の側も、子どもがねだっても「おとう様がおきらいだから」と夫の命令に服していたという。だから、二人の姉弟にとって、もの心ついてから最も嬉しかったことは「それはなんといっても父の外出だった」。「母までなんとなくいそいそとして弟と私に「さあ二人とも家中とびまわってけんかしてもいいわよ。さて晩のご飯は何にしましょうねえ。何でも好きなものをとってあげますよ。」といった調子で家中ホッとしてウキウキした」と、すずは回想している。この三重吉の家父長としてのふるまいを、どう理解したらよいのだろうか。

父親の自己実現と童心主義

三重吉が亡くなったとき、すずは、自分の誕生がきっかけとなって生まれ、また三重吉がその生涯を費やした『赤い鳥』運動についてではなく「おれは、最後に何かいいものを書いて死ぬんだ」という晩年の言葉に三重吉の真髄を見出している。また、長い間の友人、小宮豊隆は、三重吉の死にさいし新聞が口をそろえて童話作家といったことに対し「ただ童話作家とだけで片付けられてしまうのは三重吉のためにひどく寂しい気がする」と述べている（木村不二男　一九七二）。『赤い鳥』に自己の全精力をとられながら、三重吉はその晩年に至るまで、なお小説家でありたいと願っていたのであった。

三重吉にとって文学の世界における「公」とは小説家であることであり、童話作家であることではなかった。しかも三重吉によれば、小説家の世界に生きることさえも、世間一般の男の生き方においては正当とされない「不安」な生き方であった。「公」の世界において自己実現できないという思い、また「公」の世界は自己実現を可能にする社会ではないという現実社会への幻滅。それが三重吉を、一方では大人社会の価値や、学力による社会的成功やステイタスとは異なる次元での子どもについての価値的把握である童心の世界に向かわせ、一方では「私」的な家庭での父親としての自己実現、妻や子への家父長的振る舞いに向かわせたのではないだろうか。その意味では、女性である室井が、その自己実現の場を母であることに求めたのと同様、三重吉は男としての自己実現を父として夫として家庭の場に求めたといえる。

しかし、「公」的世界への登場を阻まれた女性の自己実現が、子どもを公教育での成功者にすることに向けられたのに対し、「公」的世界への批判、否定から出発した三重吉の場合は、学校的価値の否定へと向かう。彼は息子に対し「学校の勉強をしなさいということはいっさい言わないという主義を通し」、また、娘への書簡でも「すず子は、あまり勉強しないこと」と述べる。三重吉の父としてのふるまいは、身体の発達と情意の指導の領域に限定され、知については現実の公教育と一切関わらない態度をとる。室井に代表される母親たちが、公教育を支えるものとして家庭での知育を引き受けたのに対し、三重吉の場合は、公教育批判から知育を放棄する。両者は、その奪われ方の構造を異にするものの、知を公教育に奪われてしまっている点では同様であった。

日本には学ぶべき現実がないとの認識から出発した三重吉が、「私」的世界ではまさしく日本的現実そのものともいえる家父長的ふるまいに終始したという矛盾。それは、現実の社会は自己実現を可能にするものではないとする彼の現実認識に起因する。こうした事情は、同時代の新中間層の父親達の場合も同様であった。

新中間層の大衆化と学歴社会の進行、学歴別年功賃金体系の広がりは、「教育」や「学歴」なしに生きていけない新中間層の父親たちに、成功や社会的移動の可能性の幅が狭まってきていることを意識させるものであった。そうした父親たちにとって童心は、自己実現を阻む実生活からの逃避、慰安としての側面を持っていた。と同時に現実には育児に関われない父親たちにとって童心をいつくしむことは、父であることの代償行為として、また父であり、人間であることの証として意識されたのだろう。その意味で、室井に代表される女たちと、三重吉に代表される男たちの自己実現のありかたは表裏の関係をなすものであった。

西欧近代に学んで日本の近代の矛盾を克服するという試み、現実の家庭での男女関係の変革をともなわない父親の自己実現の追求が生みだした子ども観が、現実と隔絶したところに子どもを置く、あるいは子ども自身の現実と切れたところに子どもを置く童心主義の子ども観に帰結するのは当然のことであった。

こうした西欧近代の模倣と、悪である大人の現実社会に子どもの無垢を対することで日本の近代を切り開こうとする三重吉の試み。それに対し次にとりあげるのは、民衆たちの子育ての世界を批判的に継承発展させるかたちで日本の近代を切り開こうとした野村芳兵衛の試みである。

「男女協力の生活」への模索

同時代の新学校の代表的存在であった児童の村小学校の準機関誌的役割をかねていた『教育の世紀』誌上で、一九二六年（大正一五）、国定教科書「男の務めと女の務め」（性別役割分担思想を述べたもの）をめぐる論争（『教育の世紀』一九二六年一一月）がなされた。ここでの論点は三点。一つは、男女の性差は、「子を産むか産まぬかだけの相違」か、それとも子を産むか産まぬかの差が男女の「すべての相違の基本」なのかという点、第二には子どもの教育に男女どちらがあたるのが良いのか、それともどちらもがあたるのが良いのかという点、そして第三の論点は、子育てに男女どちらもがあたるとするなら、父親の役割とは何か、「精神的の部面」か、それとも、「子どもを育てるといふことの中心は何といっても、本當に負ぶったり抱いたりする」という「手足を動かすような事」にあり、そのなかでこそ、子どもへの愛情は生まれるものなのかという点であった。

この論争のなかで注目すべき論点を提示したのが、児童の村小学校の教師、野村芳兵衛である。論争の課題は「男女協力の生活はどうあるべきか、そしてそれをどう実現するか」にあるととらえた野村は、新中間層家族にみられる性別役割分担は「個性的差」から生まれたものではなく、「物質的経済から割り出されたもの」であるとする。それは、性別役割分担家族が資本主義に最も適合的な家族形態として出現したことの指摘でもあった。

さらに、性別役割分担にもとづく社会は、たとえ「男子には都合がいゝ」ようにみえたとしても、「それは表面上の事で、実際は決して女に悪いことが男にいゝとは考へられない」とする。「女の要求を加へて立てた文化は今よりものろいものになる」としても「協力の上に立てた文化の方が人生的意味が深い」からである。

そうした観点から彼は、性別役割分担家族の父親が子どもに関わりたい思いを持ちつつも、実際には「外でグダグダに疲れて帰るのだからとてもやれない」状況を問題視する。「男が子供に対する務めを分担しないことは、要するに子供に対する愛を女に奪はれることになる」からであった。

この野村の考え方は、当時の男と女、父親と母親の一般的な姿からすれば異端であった。彼は、当時の男＝父性、女＝母性という考えに対し、男にも女にも父性と母性の両者が備わっているとする。

人間には男でも、女にでも、父性と母性の二つの愛の表はれがあると思ふ。自然のやうにじっと手を休めて子供の生活を静観するのは父性である。私はその父性の発動が、子供のよき成長にとって深い意味を持つことを信ずる者である。そして今度は子供を抱きかかへ、子供の着物を縫ひ、下駄の鼻緒をたて、小便をやってやるやうな態度に出る愛を私は母性だと思ってゐる。母性愛が子供の成長に大切なことはいふまでもない（野村　一九七三a：二二六）。

民衆の子育て継承の試み

野村の、こうした考え方は一体どこから生みだされたのだろうか。野村は、「庶民の生活の思想を、同時に教員の思想の根底におくという、官員であった同時代の教員の思想形成史としてはかなり特異な志向を選びとった」とされる人物であり（中内　一九七三：三九六）、一八九六年（明治二九）、岐阜県下の半山村部の没落農民層に生まれる。両親は、近代学校への就学の経験を持たない、浄土真宗の熱心な信者であった。「暗くなってから鍬を担いで野良から帰る」生活にあけくれる父親は、たとえ幼くとも子どもは自分で行動し、一定の程度において自治的であることを求め

「硬教育」をもって彼に臨んだという。また「仕事好きな子供にしなくてはならぬ」との考えから、小学校の勉強のあいまに大人並みの労働に従事させる。母親は、遊びたい気持が先にたつ野村を「お父さんをみよ」と戒めつつも、野村の願いを父親に取り次ぐ（野村　一九七四：八〇―九二）。

彼と両親との関係は「同行」、家族ぐるみの労働を通して親から学ぶというものであった。また父母ともに労働に従事するというありかたは、近代的な男女平等ではないにせよ、ある種の対等な関係を生み出すものであった。野村の子育ての思想は、夫も妻も共に農業労働に従事するという近世以来の民衆たちの夫婦関係と子育ての遺産を、近代に継承し生かそうとするものであったと言えよう。(6)

彼は自分が育った民衆の郷村社会には、一つの立派な「道徳」「人情」があるとの立場から、郷村の教育遺産の再編成を試み、それを「生活教育」とよんだ。彼が自分の理想とする教育を「生活教育」とよぶのは「教育が自分を育てたと言ふよりも境遇が自分を育てたと言ふ方がどれだけ妥当か知れません」（野村　一九七四：八九）という彼の幼少時代の体験、教育は生活に依拠せねばならないとの認識にもとづく。彼は、学校は教科による知育＝「文化伝達の場所」であるとともに「生活の場所」であり、「知識」の伝達と学習を「悪」たらしめないようにするため、「体験を中心にして真面目に思索し反省する必要がある」とする。

それは鳩山らの、子どもを「教育」的世界に囲い込むのとは異なる、生活そのものの持つ教育可能性への問いであった。その意味で、野村の思想は民衆の生活原理と子育ての思想を近代によみがえらせ、再編成しようとした試みと言える。

その子ども観は、「子どもは野蛮人だ」という子どもの「残酷さ」「野蛮さ」「気紛れ」を認めるものであり、子どもの純粋さについても「子供が純だと言っても……寧ろ動物のやうに純なのだ」とする。また子どもは大人が備えている「模倣性、残酷性……服従する心、反発する心」をも備えているとみる。彼の育児日記には、わが子の残酷さや気紛れが記録される（野村 一九七四）。それは新中間層の父や母の育児日記が「成績」として子どもの発達を記録するものであったり、早熟ぶり、純粋さを記録するものであった（II部第二章）のとは対照的である。

しかも彼は長女が生まれたとき「思立ってだいぶ書いた」その育児日記すら「棒を折らして」しまう。その理由は「子供が何かやる時に、日記をつけると言ふやうな目的なしに無心にみつめてゐたい……じっと子供をみつめさへすれば、子供に対する愛も加はり生きた子供観も生まれてくると信じ」（野村 一九七四：一三九）たからであった。いわば「教育」的まなざしが疎外した、子どもをそのままの生きた姿で見るまなざしを復権させようとしたと言ってもよいだろう。彼は「ほんとうに子供をしっくりとれる眼は、即自的な愛情を一たん否定され、同行愛としてのそれに再生してこそはじめてとらへられ作られるもの」だと言う（野村 一九七四：一三九）。

彼にとっては「（親が）もっとも自分らしく生きることによって、もっともその子供らしく育てるやうにと働きかけること」「子どもと一緒の生活が教育そのもの」なのであった。とはいえ、一日の大半を教師の仕事に費やす彼は、父のように子どもと労働を共にし、働く姿を見せることはできない。抱いたりおぶったりという子どもとの直接のふれあい、「一寸した生活の触れ合ひにぽつぽつと語ったり聞いたり」することを重視したのは、近代における「同行」の試みであった。また子育ての目標として選び取られたのも、公教育の競争原理によって「非凡」になることではなく、郷村共同体の教育目標であった「平凡」人であること、子どもの欲求や活動の解放に置かれた。

野村の、大人と子どもは「同行」という親子観は、大人の現実社会を悪とみて現実から逃避する童心主義に対し、子どもと大人が共に生きる場として現実社会をとらえることで現実を切り開こうとするものであった。

子育て史の見取り図

子育ては「普通」母親がするもの、それは妊娠、授乳による母と子の結びつきという点で、男性は母性愛を持つ女性には到底にはかなわないからだという「常識」は、実は思いのほか歴史が浅い。それは、二〇世紀初頭の一九一〇〜二〇年代という時期に、ごく限られた階層であった新中間層に生まれた、「育児」という近代に固有の子育て観であった。

そうした状況のなかで、三重吉や室井が逆説的なかたちで提起した男と女の自己実現をめぐる課題、そして野村が提起した男と女の協力をめぐる課題は、その後、充分な展開をみせないまま歴史のなかで忘れ去られていく。しかし、子どもの自死の果てに親がたどりついた親子観として、野村が提起した「同行」としての親子観が語られ（岡　一九七六）、学力とは違うところに子どもの価値を求め、あるいは子どもを癒しの対象としてみる童心主義の子ども観もまた、競争社会の底流にはある。

私たちをとらえている子育てをめぐる「普通」や「常識」を相対化するためには、これら歴史の表面からは消えてしまった、あるいは歴史の表舞台には登場してこなかった匿名の父母たちの多様な生活と、その生活内部から生まれてくる子育ての系譜をも含め、日常生活史としての子育て史が明らかにされねばならない。

本章では、その一つの手がかりとして、父と母、男と女、家族という私的空間と学校、社会、国家という公的空間との関係構造のなかで、一九一〇〜二〇年代という限定された時期の子育てをめぐる見取図を、男と女の関係を軸に、鳩山、室井、三重吉、野村といった人物に代表させるかたちで描いてみた。しかし、彼らに典型化されるにしても、父母たちの現実のあり様は、はるかに多様で複雑なはずである。Ⅱ部では、そのことをさらに追究してみたい。

注

（1）この時期、とりわけ子どもの知能と深い結びつきを持つものとして、幼児期の子どもの身体や健康がクローズアップされる。例えば児童研究は、その主要なテーマとして「知能と身体の関係」を取り上げる（『児童学研究紀要』第一巻、三田谷啓「知能と身体との関係」一九一八年など）。また、子育て論の代表的論者、下田次郎は、「『健心は健身に存す』とある如く、精神の健全ある発達を図るには身体を健全に発達せしめねばなりません」（下田　一九一六）と説く。

（2）しかし、現実には、母乳が出なくて困る女性たちも存在していたのだろう。当時の女性雑誌には、しばしば乳の出る薬の広告が掲載されている。しかし、母性愛を強調する論者は、「哺乳は生理的には哺乳であるが、倫理的には愛である。哺乳しないこと、母子の絆の無いことは、哺乳動物の死滅である」（下田　一九三五：二二九）とする。母乳授乳の奨励は、女性一人ひとりの身体の多様性を捨象し授乳に良い母か否かを識別する主題としての意味を与えていく。

（3）結婚前の自由な性交渉が認められ、結婚前に子どもを産む事も珍しいことではなかった明治のはじめごろまでは、「処女」とは文字通り「家に処（い）る女」、未婚の女子を意味していた。しかし、明治元年、いち早く堕胎薬の販売禁止を定めた近代国家により堕胎禁止政策が進められるなか、結婚前の性交で妊娠した女性たちのリスクは大きくなっていく。そうしたなかで、明治の末から大正初期にかけて「処女」とは「性交経験のない女性」を意味するようになっていく。一九二五年（大正一四）七月号の『主婦之友』の特集「貞操の危機を遁れた若き婦人の悩み」からは、女性たち自身の「処女」観がうかがえる。「処女」という身体観は、女の身体を危険な外界から隔離し、家庭のなかに囲い込む、女は、受動的な存在、犯される存在とする性別役割分担の社会秩序を支える身体観であった。それだけではない。「処女」は、ほかならぬ自分のものとすることで、女たち自身が女の性を蹂躙するものから自らの身体を守る身体観でもあった。特集に掲載された女たちの手記からは、そうした処女という身体観の両義性がみてとれる。

（4）なお、表紙には「室井さき子」とあるが、「巻頭に」には「室井きさ子」とあるため、ここでは、「きさ子」とした。

（5）デビット・ノッターは、「母性論」に込められたメッセージの一つが、母親の完全な自己犠牲であり、母は子のためにすべてを犠牲にしなければならないとされたと指摘し、自己犠牲のメッセージが受け入れられた一つの事例として室井の『母性愛日記』をあげている（ノッター　二〇〇七：一五九）。

（6）　夫婦が役割を分担しながら協同で農作業に励むという民衆の夫婦像は「夫婦かけむかい」と表現される（倉地　一九九八）。夫婦が主要な労働の担い手である小農家族にあっては女性の労働の比重は高く、たとえば仙台藩の近世後期の赤子養育仕法のなかで農民たちから出された養育料支給願には、「夫婦二人で」「夫婦両人にて」農業労働と子育てに従事しているとの文言が、しばしば登場する（沢山　一九九八：一〇四）。

Ⅱ　「保護される子ども」と「育児」

第一章　「保護される子ども」の近代
——親子心中と捨て子——

一　「保護される子ども」への視座

「保護される者」としての「子どもの発見」

本章の課題は、近代における「保護される者」としての「子どもの発見」が子どもにとって持っていた意味を、近代社会の成立、とりわけ家族の変容と関わらせながら、探ることにある。すでに、この問題をめぐっては、アリエスの『〈子供〉の誕生』（アリエス　一九八〇）を契機とする研究蓄積がある。アリエスは、近代における「保護される者」としての「子どもの発見」のプロセスを、社会の構造、とくに近代の産物である「近代家族」＝家庭の成立との関係で追究し、近代の「子どもの発見」とは、近代の産業社会のなかで、学校、家族によって管理、統制される「保護される子ども」の発見でもあったことを明らかにした。

日本においても、アリエスに触発された「保護される子ども」の発見をめぐる研究蓄積がある。大門正克による簡潔な研究史整理（大門　二〇一九：九―一二）によれば、そこには二つの視座がある。一つは、近代の「子ども」の誕生を学校に通う児童の誕生に求め、学校による子どもの身体の規律化、国民化に注目する「児童＝子ども」の発見という視座、二つめは「近代家族との関わりで子どもを位置づける」近代家族論による子ども像の視座である。大門は、これらの研究は、「学校」や「近代家族」によって「保護される子ども」の問題を近代一般の特徴として強調し、子どもを受身形で描く点で共通性があると指摘する。

しかし、近代の家族モデルが「近代家族」であったとしても、現実の家族が「近代家族」一般に解消されるわけでないことはいうまでもない。さらにアリエスに対しポロクが批判したように（ポロク　一九八八）、いつの時代でも子どもは単なる受動的存在ではなく、要求を突きつける能動的存在であり、親や大人はそれを受け止めることなしに、子どもを育てられないこともまた事実である。「学校」による「児童」の規律化、国民化、あるいは「近代家族」により「保護される子ども」の成立という側面だけでは、子どもにとっての近代は捉えられない。

「家庭」による「子どもの保護」という規範

日本における社会事業の成立と「保護される子ども」の制度化に焦点を当てた近年の研究にも、大門が指摘したのと同様な特徴と問題点がみられる。鈴木智道「戦間期日本における家族秩序の問題化と「家庭」の論理――下層社会に対する社会事業の認識と実践に着目して」（鈴木　一九九七）、平塚眞樹「日本における子どもの「保護」の制度化と「子どもの権利」」（平塚　一九九二）が、それである。二つの研究はともに、近代批判の視点から従来の社会事業史研究を批判し、近代における社会事業史研究の枠組みを提示することを意図している。

鈴木は、「大正期の社会事業の成立を歴史的発展過程の一つのプロセスとして描くにすぎなかった」これまでの社会事業史を批判し、「児童保護」「母性保護」において、「家庭」モデルが規範として階層を超えて拡大していく具体的な展開をたどる。平塚もまた、意図や理念を問題にしてきた従来の社会事業史を批判し、「生きられた歴史」や「社会的機能の生成と固有化」を明らかにするために、「保護＝「教育的配慮」される存在としての子ども」という子ども観が、社会的制度として生成する「過程」を考察する。

鈴木は、「家庭」という家族モデルは、大正期から昭和初期の戦間期の社会事業によって、社会秩序の維持のための〈規範〉として構想されたとする。「保護される子ども」という子ども観が「児童保護」という形で制度化される過程は、「家庭」が「情愛性・親密性といった性格によって価値付けられていく過程」であり、「「問題」家庭の社会的な「保護」＝「管理」を伴いながら進行」したというのである。

また平塚は、「児童保護」という子どもへの関与のあり方が社会的制度として成立する一九二〇年代を対象に、子どもの保護の制度化によって、学校も、家庭も、児童保護制度の一環に組み込まれたとする。さらに児童保護制度は、新中間層による「下層」「無産労働者」階層に対する指導の関係として機能し、新中間層の子育てが、「標準化」されたと結論づける。

このように両者の研究は、「保護される子ども」の制度化としての「児童保護」という子どもへの関与が、「家庭」を規範とする近代的秩序として創り出され、下層、無産階級の家族を統合するものとして機能したとする。しかし、それだけでは、そうした近代的秩序が人々に「受容される際の多様な反発や対抗、融合の過程を歴史的に解明することはできない」（大門　二〇一九：一〇）だろう。

「家庭」という規範は、新中間層、下層、無産階級、それぞれの家族と子ども自身にとって、どのような意味を持っていたのか。保護の対象とされた子どもや親の側から、「家庭」によって「保護される子ども」という規範が内包していた意味が明らかにされねばならない。

捨て子の側から問う

社会事業史研究の先駆者、吉田久一は、すでに一九六〇年代に、「従来の救貧制度の研究といえばその法律形式や国家権力の問題に焦点が合わされ、それを受け止める救済対象が疎外されがちであった」と指摘している（吉田　一九六〇）。しかし、一九九〇年代の鈴木や平塚の研究においても、保護の対象となった子どもや下層の家族は、規範を「受け入れていく」存在として受身的に捉えられ、そこには固有名詞を持った子どもの姿が浮かんでこない。

そこで本章では、次の三つに重点を置いて「保護される子ども」の問題を考えてみたい。一つは、「保護される子ども」という子ども観を生み出した近代とはどのような時代であったのか、子どもはどのように生まれ、その生を成り立たせてきたのか、子どもを取り巻く人々のつながりや大人と子どもの関係のなかで考えてみたい。そのために、児童保護や母性保護の制度が成立する戦間期や一九二〇年代に焦点化するのではなく、もう少し長い歴史的時間軸のなかで、近世から近代への展開、そして近代から現代への転換のきざしが見え始める一九三〇年代までを視野に入れて考える。

二つには、「保護される子ども」の問題を、「家庭」の外にある子ども、その象徴的存在である捨て子(1)に焦点化する形で考えてみたい。近代国家による子どもの保護は、捨て子の保護から始まると同時に、捨て子は近代を通してみられた現象でもあった。では捨て子はどのように捨てられ、保護され、そして生きたのか。捨て子をめぐる制度や捨て子への人々のまなざしに焦点をあてることで、近代の「保護される子ども」という子ども観が内包していた矛盾や、「保護される子ども」からの離陸の可能性について考えたい。

三つには、その際、普遍化され、抽象化されたカテゴリーとしての「子ども」ではなく、歴史的社会的文脈のなかで生きる、固有名詞を持った一人ひとりの子どもの具体的な生や経験に即して考えてみたい。そのことは、子ども一般(children)ではなく、その子(the child)への人権保障(一番ヶ瀬 一九九八)が迫られている現代社会の課題に照らしても、留意すべき視点といえよう。子どもの具体的なあり様に即してみていくことで、近代に生きた子どもの重層的なありかたや、学校と家族によって「保護される子ども」に一元化されない、近代の子どもの現実が明らかになるのではないだろうか。

二　近代の「棄児」としての捨て子

近代初頭の産育政策と「棄児」

明治初年の産育政策は、堕胎・間引き、捨て子に対する取り締まりと保護から出発する。明治初年の規定のなかに、堕胎・間引きの禁止や、捨て子の救済についての項目のある県は、宮城、秋田、岩手、千葉、埼玉、神奈川、山梨、愛知、京都、兵庫、岡山、宮崎、長崎など、数多くある。これらは、共同体による取り締まりと救済という面で、近世から連続する性格を持っていた（I部第一章）。

例えば一八七〇年（明治三）、仙台、一関の二藩、登米《とめ》、胆沢《いさわ》、江刺、盛岡の四県所管員会議の際に制定された「育子法」では、「堕胎捨子等の悪事致候者は人を殺すと同罪に付、屹度厳科に処せらるべく候」と定められた。また取り締まりだけでは、風俗にまでなった「子を殺し或は堕胎する」状況は防げないとして「知事以下官員」から育子金を集め、文字通り「育子」のために「生子」があればまず、金弐分をあたえ、後は、一ヵ月金一分ずつを三歳まで与えることが定められた。岩手県では、一八七二年（明治五）九月に「生児を陰殺堕胎等すべからざるの件」を達し、さらに一八七三年四月には、その違反者の訴出を奨励し、生活が苦しく養育不能な者は救済すること、また棄児養育料の件を管内に徹底するよう達している。

こうした各県レベルの「育児規則」による堕胎・間引き、捨て子取り締まりや育児救済は、一八七二年（明治五）の木更津県、一八七三年（明治八）の千葉県などにもみられる（吉田　一九六〇）。近代初頭の子どもの保護は、都市部ではなく、村落共同体の動揺が問題となっていた地方の各府県で、近世末の堕胎・間引き禁止政策を継承するものとして取り組まれたのであった。

こうした全国的な動きを背景に、明治政府は一八七一年（明治四）六月、「棄児養育米給与方」（太政官達三〇〇号）を出し、一五歳未満（一八七七年からは一三歳未満）の養育棄児に、「年間七斗之米」を支給し、建前上国家によって扶養することとした。同じ年の四月には戸籍法が出されている。戸籍法は、「家」の外にある捨て子の存在を浮かび上がらせたのである。

戸籍法で用いられた名称は、江戸時代の生類憐み令で用いられた「捨子」ではなく「棄児」である。ちなみに「棄」の文字は、新生児を頭を下にしてチリトリに入れて捨てる形を示すことから、後に「物を捨てる」ことを表すことになったという（阿辻 二〇〇三）。拾う者の存在をうかがわせる江戸の「捨子」から近代の「棄児」へ。捨て子に与えられたこの名称の変化は、近代の捨て子の置かれた位置を象徴的に示すものであった。

捨て子たちは、たとえ養子女として貰われたとしても「戸籍」に「棄児」と明記されることとなった。また一八七四年（明治七）に制定された恤救規則（太政官達一六二号）では、その扶助対象のなかに一三歳以下の者で、極貧の独身者が含まれた。恤救規則は、「人民相互の情誼」の範囲外にある、すでに解体してしまった家族から生まれた孤児や捨て子、言い換えれば「孤立無援の幼弱者」を救済の対象としたのである（中川 一九八五）。では、近代初頭の捨て子たちの背景とは、どのようなものだったのだろう。東京市養育院に収容された捨て子事例をもとにみていくことにしよう。

フクと亀太郎

東京市養育院は、一八七二年（明治五）、東京府の管理下に設立され、一八八五年（明治一八）から、捨て子や孤児の収容を始める。入所児童は、「路傍又は人家の傍に棄てられた」棄児、「両親の死亡其の他の原因により取り遺された」遺児、「路頭に迷ひたる」迷児が対象である。「但し迷児は一箇月を経過したるときは棄児に編入」された。その多くは推定年齢だが、満一三歳までの棄児、遺児、迷児には、「棄児養育米」が支給された。

捨て子たちは、なぜ捨てられたのだろう。『東京の貧民』（一八九六年）（中川編　一九八五）に収められた、東京養育院幹事、安達憲忠と東京養育院に収容された子どもたちとの一問一答の記録をみてみよう。そこからは、捨て子となった子どもたちが、どのような家族の子どもであったのか、なぜ捨て子となったのか、その経緯が浮き彫りとなる。

その一つは、一八九六年（明治二九）四月一三日「迷い児として」下谷区役所から養育院に送られた岡本フク、八歳の場合である。フクは、都市の木賃宿で、足袋屋の父と、三味線でかっぽれを弾く母と「お貰い」をして暮らしていた。しかし父が、やがて母も死ぬ。そのためフクは、乞食の夫婦に拾われ、かっぽれを踊って暮らしていたが、病気になり、乞食夫婦からも捨てられたのであった。

もう一つは、同じ年の七月二四日、やはり「迷い児として」京橋警察署から養育院に送られた成瀬亀太郎、一一歳の場合である。亀太郎の証言によれば、亀太郎の田舎は、「参州」（三河国：愛知県東部）、父は農業を営む万五郎、母はシン、二人の姉と弟がいる。父は幼いときに死に、七歳のとき新しい父を迎えている。亀太郎は、この継父と二年前に東京に出てきて土方をしていたが、父に逃げられ、土方の親方の家にも置いてもらえなくなり、乞食になったのであった。亀太郎は学校に行ったことはないという。

フクと亀太郎の事例からは、都市下層社会の子どもたちや、近代化の過程で農村を離村した農民の子どもたちが、捨てられ、都市で生きていくために乞食となっていく様子がうかがえる。『東京の貧民』の著者は、乞食となった子どもたちは、両親に死に別れた子ども、家が貧しくて捨てられた子ども、頻繁な結婚、離婚や移動のなかで生まれ、戸籍上の手続きもされないまま「無籍の徒」となった子どもたちであると記している。

明治政府は、すでに一八六八年（明治元）には、「産婆ノ売薬世話及堕胎等ノ取締方」を布達し、一八八〇年（明治一三）には堕胎罪を規定していた。しかし堕胎罪の成立は、堕胎・間引きは免れたものの「無籍」の潜在的捨て子を、都市の下層社会のなかに数多く生み出したのであった。

フクの手紙

安達憲忠自身があらわした『乞食悪化の状況』（一八九五年〈明治二八〉）（安達 一九八三）によれば、乞食となるのは、「棄児遺児」である。安達は、「東京の下流社会は、月に幾回も移転するものあり、生計困難に際すれば其子を置去り、又は放逐するもの少なからず」、「下等社会は結婚離婚甚だ容易にして表面の手続きを踏まざるもの少なからず、故に其挙げたる子女も入籍せしめず而して前妻の子後妻之を悪みて追放するが如きは此無教育社会に免れざるの状態也」と述べている。捨て子の背景には、都市下層の人々の家族の不安定さがあった。

では、養育院の趣旨はどこにあったのだろう。その趣旨は、捨て子、迷児、遺児のいのちの保護にとどまらなかった。これらの子どもたちが犯罪者となることを防止し、彼らを国家の有用な一員とすることにあった。亀太郎について安達は「已に放縦なる乞食の境遇に安んじてかえって規律ある養育院を厭うのみならず、今は年長者が泥棒をなすを羨みて己も早くその階級に昇進せんことを望みかつ楽しむ」ようであると記している。養育院の目的は、こうした犯罪者予備群でもある捨て子に教育を与えることで「善良なる労働者」を得るという「社会的利益」に求められた。

そのため養育院は、里流れ制と称し一般への養子縁組、雇預かりが成立するまでの一時的な委託保護を旨としていた。安達が、「雇預かりを望む者甚だ多く」、しかも「遺棄児を貰受又ハ引取る者ハ嫡子となすか、又ハ他の必要に依る者」と述べているように、養子女や嗣子にするために雇預かりを望むものは多くいた。雇預け制度の背景には、「家」の継承のために血縁でない子どもを養子にすることを拒否しない家族観、子どもを労働力として求める子ども観が存在していた。そのため「恤救米代」を支給しなくても「不都合」はない。収容された乞食たちに教育を施して養育し、「性質善良なるものより漸次雇預け」とすれば、費用も安く済む。そう安達は雇預けの利点を主張する。幼童縁組、雇預け制度を考え出した安達のねらいは、捨て子たちに家族を保障することで、「性質善良な」従順な労働者にすることにあった。

岡本フクも雇預けとなっている。『東京市養育院月報』(一六号、一九〇二年〈明治三五〉六月)には「保管先」の原夫人のもとから養育院の教師のもとへ宛てたフク(一二歳)の手紙が「院児の手紙」と題して掲載されている。

一筆申上げます。一両日はさむさことのほかしのぎよく候おりから先生はじめ皆々様にはお変りもありませんか伺ひ申ます。つぎに私も無事につとめて居りますから御安心下さい。さてわたくしは毎日〳〵皆々様が今頃は何をなさつて居らるゝかと思つてばかり居ります。私もおかげ様にて着物や色々な物をこしらゐていたゞきまし、まことに嬉しく思つてつとめて居ります。どうぞ御安神《ママ》下さいまし。さよーなら。御きげんよー。

ふく

岡先生様

雇預け制度は子どもにとっては「つとめ」として意識されるものであった。フクは、「つとめ」の代償として「着物や色々な物をこしらゐて」もらえると述べている。捨て子たちは、自らが労働力として貰われていることを明瞭に意識していた。フクの手紙は、そのことを物語る。

捨て子たちの将来像

では、「性質善良な」従順な労働者になることを期待された養育院の教育のなかで、捨て子たちは、どのような意識を抱いていったのだろう。養育院では、一八九八年(明治三一)から院内教育が組織的に編成されている(東京都養

育院編　一九七四：一二三)。表1は、一九〇二年（明治三五）の『東京市養育院月報』に掲載された「将来如何なる人にならんと思ふか」という教師の問いに対する尋常科一年生の回答である。

子どもたちがあげる「ツヨイ」「金ヲ澤山モラヒマシタカラ」という回答からは、家族の保護から放り出された捨て子たちの、強さや豊かさへの希求がうかがえる。また男女の別は不明だが、「旦那」「奥様」という将来像も語られている。その理由が、「旦那」は「ラクニクラシタイ」、奥様は「リッパニナリタイ」とあるのが興味深い。家族を形成することは楽な暮らしの保障であり、「奥様」になることは女としてのステイタスと意識されていた。ちなみにこの調査がなされた一九〇〇年代初頭という時期は、性別役割分担にもとづき「奥様」が家事・育児を担う「家庭」が、理想としてのみならず実態としても成立してくる時期にあたる。

表1　生徒の答案「将来如何なる人にならんと思ふか」（尋常科1学年）

	人数	その理由
加藤清正	4人	ツヨイ人デアリマス．槍デ虎ヲツキコロシマシタ．
頼光	5人	ツヨイ人デアリマス．大江山デ鬼ヲコロシマシタ．
楠正成	3人	天子様ニ忠義ヲシタカラデス．
西郷	3人	キツイ人デアリマス．
義経	2人	ツヨイカラデス．
花咲爺	2人	正直デシタカラ金ヲ澤山モラヒマシタカラ．
先生	5人	ナシ．
事務所役員	2人	ナシ．
旦那	3人	ラクニクラシタイ．
奥様	5人	リツパニナリタイ．
裁縫教師	4人	ナシ．

（『東京市養育院月報』21号，1902年（明治35）11月）

そのことを裏付けるのが、一九〇〇年（明治三三）頃からの離婚率の急激な低下と捨て子数の減少（図16）である。離婚率低下の背景には、二つの要因があった。一つは、一八九八年（明治三一）に公布された明治民法により、結婚離婚の手続きが厳格になり、妻の離婚請求権が制約されたという「家」制度による外側からの制約。二つには、子ども中心の愛情に満ちた「家庭」を作ることが女性の役割であるという近代家族規範の登場により、女性たちのなかに、子どものために離婚をためらう心性が生まれてきたという内側からの制約。この二つである。「家」と

「家庭」という二つの家族の形が複雑にからみあい人々の意識を縛っていくなかでもたらされたものが、離婚率の低下と捨て子数の減少であった（牧原　二〇〇八）。

次に「学問は何の為に為すや」という教師の問いに対する尋常科四年の子どもたちが書いた作文（『東京市養育院月報』二八、二九号、一九〇三年〈明治三六〉六、七月）をみてみよう。子どもたちは「一人前」の人間になることを自らの目標としている。「一人前」になるとは、読み書きができ、手紙を書くなどのコミュニケーション手段を身につけた、人に笑われない、馬鹿にされない人間になることであった。

上野外吉（一五歳）は、「大きくなつて人々に笑はれぬよーに又はぢをかゝぬよーにするがために学問と云うものがあるのであります」、小林貞吉（一四歳）は、「文字をしらないとなにをするにもこまります、又見世を出しても字がしらないと人に馬鹿にされますから学問をはげんで人にきかれてもできるよーにしたいと私は思いますそーして服屋になりたいでございます」と書く。

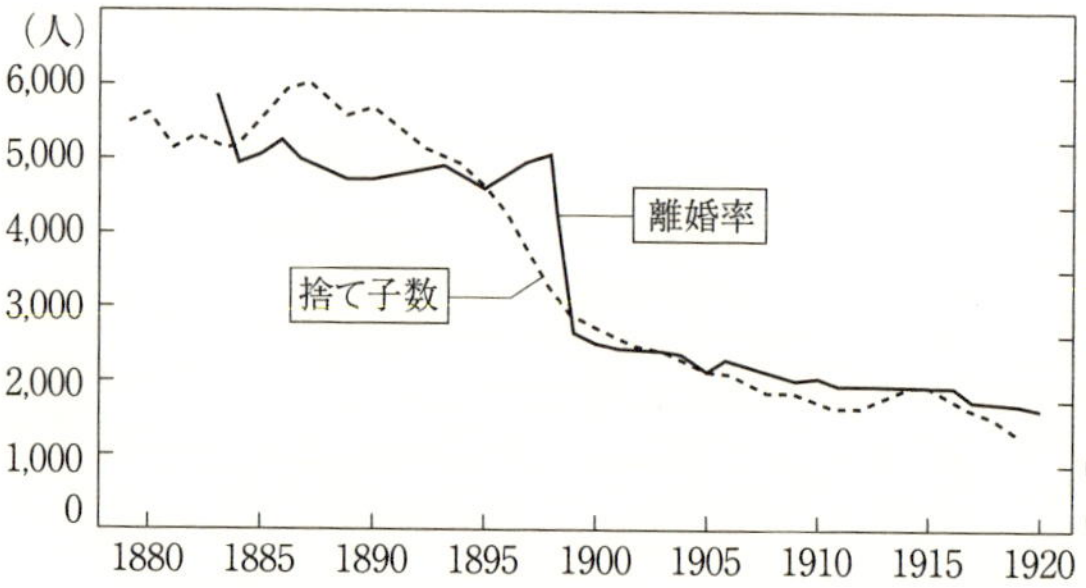

図16　離婚率と棄子数の変化（牧原憲夫［2008：318］）

女子の場合は、それに、裁縫・行儀を身につけることが加わる。堀ため（一四歳）は次のように綴っている。

学問がない人はばかにされますから、いまの内から学問やさいほーなんかゞできると大きくなつてからよその内から手紙がくるとこまるから、小さい内から学問をしております、私はこの学校四年を卒業してのちは一人前の人とならふとおもつているのでございますから、私はいつしよーけんめいに勉強をしよーとおもひます。

表2　勉強，学問の目的

なぜ勉強するのか（滋賀県，尋常科2〜4年）	人数（102人中の％）	学問の目的は何なるか（養育院，尋常科2〜4年）	人数（45人中の％）
1. 立派なえらい人になりたいから	37（36%）	1. 善人になるため，えらい人になるため，よき人となる，えらき人となる，立派な人になる，よい人になる，正直になるため	22（49%）
2. 天皇様に忠義をつくすために	26（26%）	2. 手紙をかくため，人から手紙がきて読めぬと困るから，字を書くため，商売するのに不自由ないため	11（24%）
3. 我邦のためになる人になりたいから	15（15%）	3. 年をとり困らぬため，成人して文盲《ママ》にならんため，	6（13%）
4. 手紙が書けぬと不都合だから	5（ 5%）	4. 国のため	3（ 7%）

（『児童研究』2巻7号，1900年（明治33）3月，『東京市養育院月報』37号，1904年（明治37）3月）

これら養育院での調査を、一八九八年（明治三一）、欧米で児童心理学や発達論を学んだ学者たちによって創刊された雑誌、『児童研究』（明治三一年創刊）に掲載された小学校の調査と比較してみよう。養育院の子どもたちと小学校の子どもたちでは、その意識を異にする。表2は、滋賀県の小学校と養育院の何れも尋常科二年から四年の子どもたちを対象とした勉強、学問の目的についての調査を比較したものである。

滋賀県の子どもたちの場合、「天皇様に忠義を尽くすため」「我邦の為」という答えが全体の四一パーセントを占める。それに対し、養育院の子どもの場合は、「天皇様に忠義を尽くすため」という回答は〇人、「国のため」という回答も全体の七パーセントに過ぎない。また、滋賀県の子どもたちの場合、「年長じてから手紙が書ぬ《ママ》と不都合だから」は五パーセントであるのに対し、養育院の子どもの場合は、「手紙をかくため」や「年をとり困らぬため」といった回答は三七パーセントを占める。また養育院の調査では「世の中で最も恐ろしきものは何か」についても尋ねている。そこには、一般の子どもの回答には出てこない「飢饉」や「人の心がこわい」といった回答がみられる。(2)

厳しい資本主義社会のなかで、身一つで「ツヨク」生きていかねばならない養育院の子どもたちにとって、学問を身につけることは、何よりも、自分自身の力で生きていく「一人前」の力を付けることを意味していた。「一人前」という言葉そのものは、地域共同体に根ざした郷村の教育目標を意味する言葉である。その目標は、人に笑われぬように一人立ちできる力を身につけることにあった。養育院の子どもたちの自己意識のなかにも、「人々に笑はれぬよー」という、それと地続きの部分もみられる。しかし同じく「一人前」と言いながら、その意味するところは、一人ひとりが孤立した厳しい近代社会を生き抜く力として意識されていた。

三 捨て子へのまなざし

捨てた親の手紙

東京市養育院に収容された子どもたちの年齢についてみてみよう。一八八七年(明治二〇)から一九〇二年(明治三五)の「棄児名簿」(『市部棄児名簿』一九〇二年〈明治三五〉、『自費養育・棄児名簿』一八八八〜一九〇一年〈明治二一〜三四〉)によれば、拾い上げた時、あるいは養育院収容時の推定年齢で、〇歳児が五割、二歳未満の子どもが約八割を占める。(3) しかしほぼ五割を占める〇歳児の場合は、その月齢も、子どもの発育状況から推定せざるを得ない。まして捨てられた事情については、その服装や発育状態から推し測るしかない。あるのは、「捨てられた」という厳然たる事実のみである。

先に図16で示したように全国の捨て子の数は一九〇〇年以降の離婚数の低下と平行して減少傾向をみせる。しかし、東京府の捨て子数は、日露戦争がはじまった一九〇四年(明治三七)から次第に増加し、一九〇六年(明治三九)以降、戦後の重税や各地の凶作、一九〇八年(明治四一)の経済大恐慌のもとで上昇し続ける。東京府の官公私費養育棄児数は一九〇六年（明治三九）、三九四人、一九〇七年（明治四〇）四〇八人、一九〇八年（明治四一）には四四四人を数えている。その一九〇八年（明治四一）の『東京市養育院月報』九三号の「憐れなる棄児」と題する捨て子の記録には、親の手紙が掲載されている。

一九〇八年（明治四一）一〇月二〇日九時ごろ、深川区亀住町法情院の境内で捨て子が発見された。赤子の泣声に気づいたのは巡回中の巡査である。赤子は、院内の閻魔《えんま》堂の前の賽銭箱の側に「紫メリンスの下着に茜木綿中形の綿入布子を着せ」て捨てられ、「呱々と泣き叫びつゝあ」った。巡査が驚いて拾い上げ付近を調べたところ、傍らに、「西洋紙の状袋に入れたる二辺の書置き」があった。「用紙は何れも西洋紙にして鉛筆の走り書き拙からず、一は本院（筆者注：東京市養育院）へ宛てたるもの、一はこの哀むべき棄児に宛てた」ものであった。

親の手紙も時代を映し出す。手紙は、江戸時代のような和紙に筆ではなく、西洋紙に鉛筆で書かれていた。

謹んで一筆啓上仕候、我等両人故郷より来り何不足なく暮し居り候所昨年より打続いての災難にて、只ならぬ借金を作り最早今日となりては致し方なく一家死の覚悟を致し候も、扨て死後の事を思うては其も成らず種々思案にくれたる末手足まとひの此子を御院の御慈悲に委ねる事に致し候、何卒宜しく御願申上候、敬具
尚此子は未だ無縁の儘にて姓名も無之候得共何卒豊原頼正と命名下され某の二男となしおき下され度候。

十月二十日　　両親より

東京市養育院御中

猶々別紙は頼正成長の後御渡し下され度候。

人世に生るれば必ず親として子を想はざるはなし、我にも六十有余の両親あるに不幸にして未だ孝を尽さず、此

有様なれば御身成長の後は我を親とも想ふ時あらん、許して呉れ許して呉れ、我も人なり後の世共になりて手をとり御託申さん、只々御許しあれ、日夜念ずべきは八幡大菩薩神様に御祈りあるべきなり。

十月二十日　　つれなき両親より

頼正どの

二通の手紙のうち、養育院あての手紙には、子どもを捨てるに至った事情がつづられている。捨て子の「両親」は、地方から東京に出てきて「何不足なく暮し」ていた。しかし、「只ならぬ借金を作り」、親子心中も考えたものの、「死後の事を思うて」思いとどまり、「手足まとひ」の子どもを、養育院に「委ねる事」にしたという。

手紙からは、地方から都会に出てきた人々が地縁血縁を離れて築いた家族の脆さがうかがえる。そうした人々が頼れるのは、もはや親戚や地域の共同体、あるいは地域の資産家や名望家ではなかった。江戸時代には、捨て子の保護を主に担っていたのは、地域共同体や富裕層であった(4)。しかし、手紙に記された「御院の御慈悲に委ねる」という文面から見えるのは、東京市養育院という公的な施設への期待である。

子どもの養育のよりどころが生みの親だけになっている場合、その親に、何らかの生活上、養育上の困難が生じれば、子捨て、あるいは親子心中という事態が生まれる。この親に与えられた選択肢も、親子心中と捨て子であった。また捨てられた赤子は、「まだ無縁の儘」、戸籍にも入れられておらず、「命名」もされていなかった。両親は、子どもの名づけについての希望を挙げている。それは、養育院に収容された捨て子たちが、捨て子であることを印づける名づけがなされていることへの配慮であったと思われる。

一八八七（明治二〇）から一九〇二（明治三五）の一六年間に東京市養育院に収容された捨て子たちの多くは、拾い上げ地の管轄警察署で名づけがなされている。その名は「上野駅太郎」「浅草堂まへ」など、捨て子であることが歴然とわかる名が多い。子どもの名づけへの両親の希望は、わが子が、捨て子であることを刻印されずに生きていくことを願ってのものだったといえよう。

「つれなき両親」

江戸時代後期や近代初頭の捨て子に添えられた手紙には、養育を頼む相手の名が記されることはあっても、親の署名がなされることは稀である。あったとしても「子主」という、親であることを示す署名が記されるにすぎない（沢山　二〇〇八：六六）。まして捨てた子にあてた手紙はみられない。その意味で、「つれなき両親」という署名がなされた手紙は、親の子ども観の変化を示すものとして興味深い。「親として子どもを想はない」親はいない、子どもを捨てる親は、愛情を欠いた「つれなき両親」だ。その言葉からは、子どもへの親の愛が価値化されている当時の状況がうかがえる。また、捨て子は許される行為ではないと自覚しながらも、親子心中よりはと捨て子を選択した両親の罪悪感や葛藤を読み取ることができる。

それに対し江戸時代の捨て子に添えられた手紙に記された「子を捨てる藪はあれど身を棄つる藪はなし」（困窮すれば最愛の子でも藪に捨てるけれども、自分の身を捨てることはできない）という諺から、捨て子に対する罪悪感や葛藤を読み取ることは難しい。江戸時代の捨て子は、自らの生活を維持することが困難な人々が、その子どもの生存と養育を他者に託す手段でもあった（沢山　二〇〇八：六七―六八）。

子どもへの手紙には「成長の後」渡してくれるようにとの親の願いが記されている。柳田國男は明治大正の世相について「わが子の幸福な将来といふことが、最も大切な家庭の論題」となり、親が「思いをわが子の行く末に凝らすようになった」と、「家庭愛の成長」とともに、子どもの将来への関心が高まったことを指摘している（柳田　一九九三：三〇一）。「つれなき両親」からの手紙に記された「成長」という言葉からは「わが子の行く末」への思いが読み取れる。

捨て子は、捨てられた三日後の一〇月二三日、本所区役所で、親の願い通り豊原頼正と命名され、東京市養育院に収容される。その後間もなく、豊多摩郡内藤新宿北裏町の大工から養子に貰い受けたいとの願い出が出され「保管預」とされる。しかしそれから一ヵ月もたたない一一月一二日に病死している。養子に貰い受けた大工は、憐れんで「釈正念童子」と名づけ、一七日の法会を営み、この子の冥福を祈ったという。

東京市養育院の統計によれば、一八八五年（明治一八）から一九二二年（大正一一）までに養育院に収容された「棄児」の累計は三一七一人、出院者は、その五三パーセント（一六六八人）、死亡者は三三パーセント（一〇四四人）であった（渋沢 一九九八）。ここに養育院を出た後に死亡した者も含めれば、その死亡率は三三パーセントを超える。収容された捨て子の三割以上が死亡するというのは、かなり高い死亡率と言えよう。

また捨て子のなかには、死んで発見されるものも多かった。『警視廳統計書』によれば、この捨て子が発見されたのと同じ年、一九〇八年（明治四一）に東京市で発見された捨て子の二二パーセントは発見されたときすでに死亡している（生児—男五六人、女三八人、計九四人、死児—男一一人、女一〇人、計二一人）。発見されたときに死んでいた捨て子たちが、長時間屋外に放置されたため死亡したのか、それとも、捨て子を装った死体遺棄なのか、それは不明である。当時の『産婆学雑誌』（一四〇号、一九一二年〈大正元〉）には、堕胎犯が増加すると「棄児」の数が減少するという興味深い指摘もなされている。(5) すでに一九〇七年（明治四〇）施行の現行刑法では、捨て子は、遺棄罪の対象とされていた。

「カキオキ」

『東京市養育院月報』（一八三号一九一六年五月）には、もう一通、捨て子に添えた「カキオキ」が掲載されている。

「つれなき両親」が捨て子をした八年後の一九一六年（大正五）四月一七日、夜一二時過ぎのことである。浅草区瓦町八番地小川山五郎方の表軒下に、生後六ヵ月ともみえる男の子が、「古代紫の羽二重のちゃん〳〵に更紗木綿の着物を着せて大きなタオルを敷いた上に寝せて棄て」てあった。巡回中の警吏が発見し、東京市養育院に送られている。

捨て子には、片仮名で「カキオキ」と書いた封書が添えられていた。

「カキオキ」の文面からすると、この手紙を書いた「ワタシ」は、一二歳になる姉である。そこには、父が死んで三ヵ月後にこの男の子が生まれたこと、しかし父の死で弱っていた上に産後の肥立ちの悪かった母も死に、六六歳になる祖母と一二歳の姉が残されたこと、親類はいないこと、もとは「大身」の家であったが、祖父がみななくしてしまったこと、自分は体の悪い祖母の面倒をみなければならないので「コノコガカワイソウ」なこと、「ウシロノオバサン」がこの子が不憫だと言ってよく乳をくれていたが、そのおばさんも遠くへいってしまったとある。そのあとには、次のように続く。

ドウゾ　コノコヲタスケテクダサイマシ　ソレデヲジサマトヲバサマデ　ソダテテクダサレテモ　ヲバアサンモワタクシモ　カナラズヤクカイノコトハ　申シデマセン　アンシンシテコノコヲカワイガツテ　ソダテテクダサイマシ　ヲ子ガヒ申シマス

また別紙には、次のような文字が連ねてあった。

マコトニスミマセンガ　コノコトワ　ヲマハリサンニハハナサズニ　ヲジサマヲバサマモ　コノコドモヲトリアゲテクダサイマシ　モシカコノコドモヲヲジサンノウチイ　ワタクシガヲイタコトヲ　ジユンササンニシレマスト　ワタシモ　ヲバアサンモシバラレマスカラ　コノコトハ　ダマツテトリアゲテクダサイマシ　ヨロシクヲン子ガイ申シマス　クニハ五十リホドヒガシデス

捨て子が捨てられたのは、都市下層の人々が住む浅草区であった。また公的施設を頼ってではなく個人を頼って捨てている点に注目したい。ただ、この手紙が果たして一二歳の姉の手になるものかどうか確証はない。しかし、もしそうだとしたら、学校教育は子どもたちに、自らの置かれた状況を把握し他者に説明する能力、そしてそれを手紙に書くという読み書き能力や、捨て子は罪になるという知識、また「コノコガカワイソウ」といった繊細な感覚を培う機会を与えたといえよう。しかし、それ以上に重要なことは、この手紙からは、「家」制度の崩壊のもとでの家族の扶養能力の低下、伝統的な共同体の相互扶助では対応できない状況が読み取れる点である。こうした状況は、一九二〇年代以降には、より一層進行していく。

四 捨て子と親子心中

親子心中の社会問題化

「棄児養育米給与方」や、「恤救規則」の基本方針は、対象をあくまで「児童」個人に限定し、家族のなかで扶養されない児童を個別に救済するものであった。しかし、一九一〇年代末から一九二〇年代になると、母と子を一体として保護する必要性が言われ始める。一九一九年（大正八）、一九二六年（大正一五）に内務省は、全国規模の貧困寡婦調査を行っているが、一九二六年の調査の前書きでは、当時の社会状況について、次の三点が指摘されている。一つには、家制度の崩壊によって家族の扶養能力が低下したこと、二つには、その結果、経済的に困窮した母子の心中や棄児が相次いでいること、三つには、欧米諸国では母子世帯や子どものいる貧困家族を保護するための法律が制定されていること、この三点である。そこには、伝統的な「隣保相扶」では対応できない事態の進行が記されている（藤

崎　一九八三）。

一九一〇年代から一九二〇年代という時期は、人口動態のうえで、多産多死から少産少死への展開がみられた時期であり、少産化を選び取った新中間層家族を主な担い手に、「家庭」によって「保護される子ども」の規範化が進行していく。しかし、「家庭」による「子どもの保護」の規範化は、矛盾を孕むものであった。貧困寡婦調査が指摘する「心中や棄児」が「相次ぐ」事態は、そのことを物語る。では「家庭」が、価値化され、規範として拘束力を持ち、人々が子どもへの関心を高めていく、まさにその時期になぜ、「心中や棄児」という事態が生じていったのだろうか。

親子心中が社会問題化していくなかで、一九三七年（昭和一二）、小峰茂之による「明治大正昭和年間に於ける親子心中の医学的考察」（小峰　一九九八）が発表される。この調査は、江戸時代には親子心中は少なく、殺児・堕胎が多い事を明らかにする。とともに、一八七二年（明治五）から一九三四年（昭和九）まで六三年間の『東京日日新聞』をもとに、親子心中の歴史的推移を追う。小峰が注目するのは、大正初年までは一〇件にも満たなかった親子心中が、大正七、八年には大正初年の二倍、さらに昭和六年には、およそ三〇倍の三一三件を数えるに至った点である。

この小峰の調査結果と『日本帝国統計年鑑』から導き出された捨て子数を付き合わせ、岩本通弥は、捨て子と親子心中の間には、「綺麗な逆相関の関係が見て取れる」とする（図17）（岩本　一九八九）。岩本は「捨て子は、近代化に伴い急激に減って行く」が、それは「捨て子の出来にくい、されにくい状況が生まれ、それが親子心中を急増させた要因ともいえる」という。かつての日本の家から近代家族へという「家の構造転換」が「子育てはすべて血を分けた生みの親の責任という観念を作り出し、また親子は運命を共にするものとして、親子心中を増加させていったのではないだろうか」というのである。

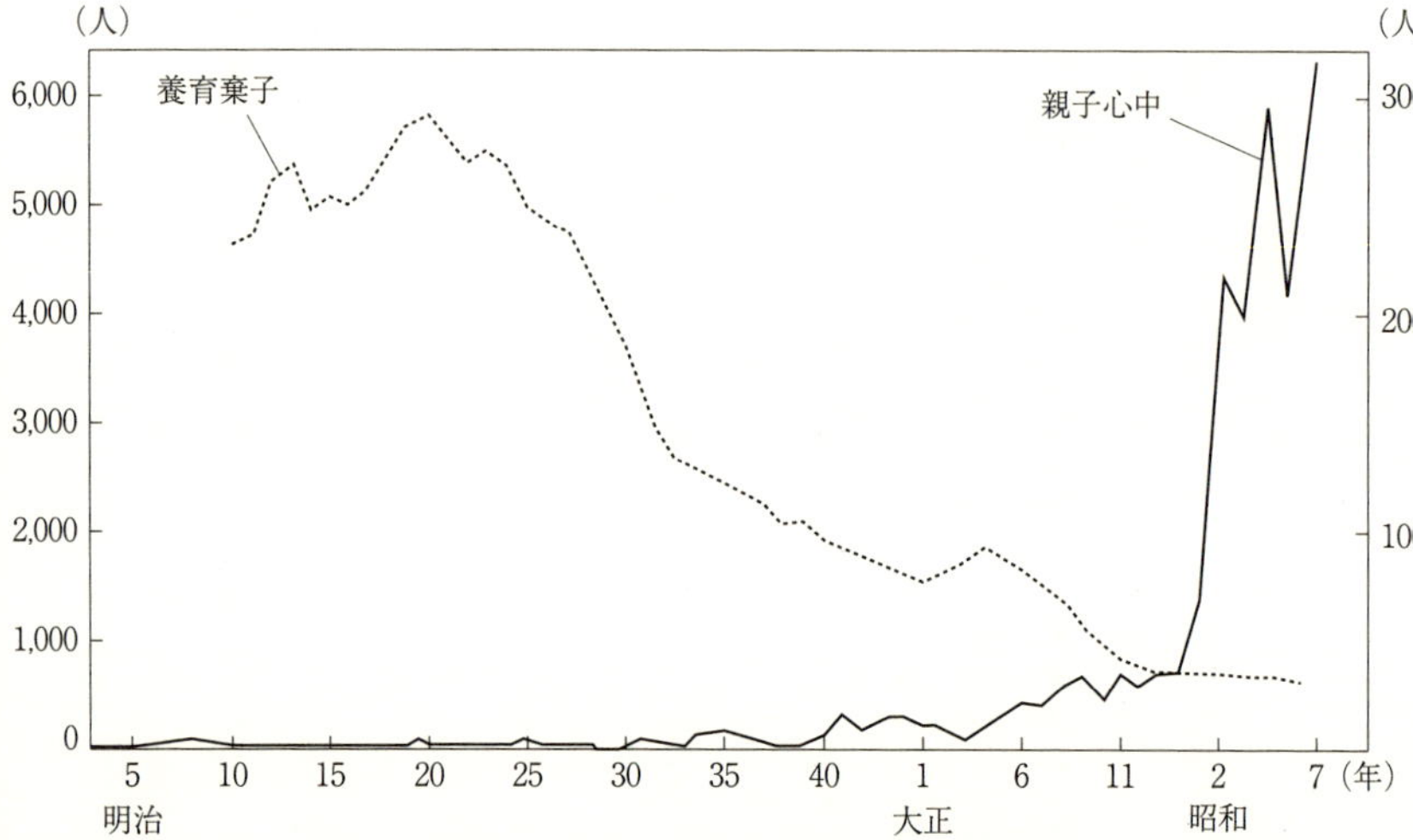

図17　養育棄子と親子心中の年代的推移（岩本通弥[1989]）

「家」から「近代家族」へという近代における「家の構造転換」が、子どもの養育者を「生みの親」に限定し、そのことが逆説的に親子心中を増加させ、「他人を信頼して育児を任せる」捨て子を減少させた。この岩本の指摘は興味深い。しかし岩本が作成した図には、注意を払う必要がある。というのもそこでは、「棄児」一〇〇〇人に対し「親子心中」五〇人が対応させられているからである。そのため図17では、あたかも捨て子から親子心中へ転換したようにみえるが、実数を比較すると、ことはそう単純ではない。

図17では捨て子から親子心中へ転換したようにみえる一九二二年（大正一一）、一九二三年（大正一二）の捨て子数（官公私費一三歳未満棄児は、大正一一年―七五五人、大正一二年―六六六人）は、親子心中（既遂未遂合わせて、大正一一年―三四人、大正一二年―二九人）の二〇倍を超えているのである。

傾向として捨て子が減少し親子心中が増加しているとは言える。しかし、捨て子から親子心中へ転換したとみるのは正確ではない。貧困寡婦調査が指摘するように、「心中と棄児」が「相次いでいる」、つまり捨て子と親子心中が並存しているというのが、実態に近い。では、捨て子と親子心中は、どのような関係にあり、そこには、子どもと家族をめぐるどのような問題が示されているのだろうか。また「保護される子ども」観が規範となっていく一方で、捨て子、親子心中が「相次」ぐ事態は、「保護される子ども」観が内包した、どのような矛盾を示しているのだろうか。

母子心中の増加

今までの社会事業史研究では、親子心中の問題は、母子あるいは母子世帯の問題、「当時の貧困母子の悲惨な状況を象徴するトピックス」(藤崎　一九八三：二二一)と捉えられていた。しかし、小峰の調査、そして、小峰の調査と同じ年、一九三七年(昭和一二)に出された「東京市内に於ける棄児調査」(東京市社会局　一九三七、以下「棄児調査」とする)は、親子心中は、近代家族としての「家庭」の問題と深く関わっていたことを浮かび上がらせる。

「棄児調査」は、一九三三年(昭和八)から一九三五年(昭和一〇)の三ヵ年に、警察署、方面事務所、区役所が取り扱った「棄児、遺児及び迷児のケース」に関する個別調査と各育児施設の現状との総合的調査、そして一九二七年(昭和二)から一九三五年(昭和一〇)までの八年間に新聞紙上で報道された親子心中記事の分析からなる。心中に関する記事の総件数は一七三五件。母子心中は、その七〇パーセントを占める。明治、大正、昭和の長い時期を対象とした小峰の調査でも、明治から昭和までを通し「母子心中は父子心中の約三倍にも上って」いる。

両調査とも、親子心中は、大都市に多い都市的現象であり、道づれとなった子どもは二歳がもっとも多いと指摘している。道づれにされた子どもの数は、一件平均一・六人。核家族化と少子化のもとで、親子心中が起きていることがうかがえる。また心中をした親の年齢は、明治、大正、昭和を通じて、男三一—三五歳、女は二六—三〇歳と、育児期にある親たちである。

心中の動機はどのようなものだったのだろうか。「棄児調査」では、「直接生活困難によると認められるもの」二

表3　親子心中の原因（上位3位まで）

明治5年より大正15年にいたる親子心中者の原因別表		男（%）	女（%）
原因	病苦	22（23.9）	69（29.9）
	生活難	27（43.5）	43（18.0）
	家庭不和	7（0.7）	32（13.4）
	合計	56(92件中)	144(238件中)
昭和2年より昭和9年にいたる親子心中者の原因別表		男（%）	女（%）
原因	病苦	58（16.76）	177（18.22）
	生活難	119（34.3）	200（20.5）
	家庭不和	42（12.1）	246（25.3）
	合計	219(346件中)	623(971件中)

（小峰茂之「明治大正昭和年間に於ける親子心中の医学的考察」1937年）

六・五パーセント、「家庭不和」一八・六パーセント、「精神異常」一七・二パーセント、「自己又は配偶者の病気」一〇・八パーセントと、「生活困難」や「家庭不和」といった、家族の脆さを示す結果が示されている。また小峰の調査からは、心中の動機における男女の差異が浮かび上がる。男親の場合は「生活難」、女親の場合は「家庭不和」が多く（表3）、そこには男は「生活」を、女は「家庭」を担うというジェンダー規範が色濃く刻印されている。

親子心中は、殺される子ども、言い換えるなら親によって保護されない子どもの問題であるとともに、子どもを育てられずに、死を選ぶ親の問題でもある。その親たちは、男親は扶養の責任を、女親は家庭責任を負わされるというジェンダー規範に縛られていたのであった。小峰は、母子心中が多い原因について、「女親は子供を分娩から育児まで殆ど自分の手にかけて養育するので、自然と愛情も濃くなって、母は吾が子を自分の所有物、又は自分の分身のやうにさへ思ふ所有観念にも依るもの」と述べている。「保護される子ども」という子ども観は、子どもを親の、とりわけ育児担当者とされた母親の私物としてみる子ども観でもあった。

母の声

では心中の原因はといえば、女親の心中原因の一位は、明治、大正では、

「病苦」であったが、昭和になると「家庭不和」が一位を占める。「家庭不和」が原因とするものは、明治、大正年間には、実数で女親は男親の約四倍、女親の心中原因の一三・四パーセントであった。それが昭和年間になると、「家庭不和」を原因とする女親は男親の約六倍、女親の心中原因の二五・三パーセントと倍増する。

小峰は、女親の心中原因のなかで「家庭不和」が多いのは、「妻として母としての生活を多く持つ女性には、矢張り家庭が唯一の天地であり、生命であるので、家庭の不和索乱、紛憂には致命的な苦痛を感じ憂慮煩悶」するのであろうと述べている。情緒性に価値を置く「家庭」モデルの価値化は、家庭に生きる女性たちに「家庭不和」を強く意識化させたのである。

親子心中者の職業構成をみると、男親では、農業、職人、職工、日雇人、店員など「薄給の労働者」や雑貨商、駄菓子商、魚商、うどん屋など「下層階級の職業者」が多い。それに対し女親の場合は「人妻」が多く、明治、大正期で六七パーセント、昭和になると四七パーセントを占める。

これら親子心中の原因をめぐる統計からは、子どもの保護の責任が家庭、とりわけ「家庭」を「唯一の天地」とする女性たちに課されていく様子がうかがえる。そのことは心中の場所からもみてとれる。湖水、海、川についで多いのが自宅である。小峰は、自宅は「経済的にも人目を避ける点からも選ばれるのであろうか」と述べている。ここからも、家庭の閉鎖性、そして育児が社会に向かって開かれたものではなく、閉ざされたものとなっている様子がうかがえる。

小峰の調査で興味深いのは、親子心中をしたものの未遂に終わった心中の当事者である母親の声が収録されている点である。「只管《ひたすら》好き母として一女〇子の教育に専念」してきたが、家庭不和から、自宅で満七歳の長女と心中をはかった二八歳の「人妻〇田〇だ」は、子どもを道連れにした心境について、「自分が死んで了《しま》へば、〇子は果たして幸福になるか分からない……結局○子は誰の手にも渡すまいと思って殺す気になりました」と述べている。また肺結核と診断され「煩悶自棄に陥り」三歳の末子を道連れに心中を図った二八歳の「人妻○野○ん」は、子どもを「後に残して行けばどの様な人の手にかかって育つかわからないので可愛い子供を残すのが不憫で一層自分と一緒に死んで行かうと思った」と述べている。他人にわが子の育児は託せないという心情が母親たちに心中を選ばせたのである。

しばしば日本的現象として指摘される親子心中であるが、小峰の研究は、親子心中が「大正昭和時代の産物」、言い換えれば近代という時代に生み出された歴史的産物であることを明らかにする。その一方で、親子心中をめぐる小峰の解釈や結論には、「母性愛」論の影響が色濃い。小峰の研究もまた時代の産物であった。母子心中が、父子心中の二倍から三倍を占め、その大半は家庭の「人妻」、しかも育児期（二五—三〇歳）の女性たちであることについて、小峰は「吾が子を自分の所有物、又は自分の分身のやうにさへ思」い「同伴」する母子心中は、「母性としての育児と愛児の本能」の「発露」であるという「医学的考察」をおこなっている。

小峰の「医学的考察」に象徴されるように、母子心中が社会問題化する大正、昭和という時代は、「母性」や母と子の結びつきが価値付けられ、母による子どもの保護が強調されていく時代でもあった。生みの親による育児を説く母性愛論は「母のない子供位、世に気の毒な子供はいない」と説く（小原 一九二五：三四）。そうしたなかで皮肉にも母子心中が増加していったのである。母子心中は、「家庭」によって「保護される子ど

五歳未満	五歳以上	不　　明	計
8 (25)	1 (0.3)	1 (0.3)	32
3 (15.7)	3 (11.5)	—	26
—	8 (42.1)	—	23
2 (11.1)	1 (0.5)	1 (0.5)	18
—	—	—	12
1 (10)	3 (30)	—	10
—	1 (16.6)	—	6
—	—	—	6
—	—	—	5
—	—	—	4
—	1 (25)	—	3

表4　捨て場所及び年齢別捨子

	( )内は% 一カ月未満	三カ月未満	六カ月未満	一歳未満	三歳未満
道路先	8 (25)	7 (21)	3 (0.3)	3 (0.9)	3 (0.3)
駅構内	7 (26)	7 (26)	2 (7.6)	3 (15.7)	1 (5.2)
知人宅	3 (15.7)	7 (37.6)	1 (5.2)	3 (15.7)	1 (5.2)
公園	2 (16.6)	6 (33.3)	3 (16.6)	—	3 (16.6)
軒下	5 (41.6)	4 (33.3)	—	—	3 (25)
神社仏閣	1 (10)	1 (10)	1 (10)	—	3 (30)
デパート	1 (16.6)	1 (6.6)	1 (6.6)	—	2 (33.3)
空き地	4 (66.6)	2 (33.3)	—	—	—
玄関先	1 (20)	1 (20)	1 (20)	2 (40)	—
劇場または映画館前	1 (25)	2 (50)	—	1 (25)	—
不明	1 (25)	—	—	1 (25)	—

(東京市社会局『東京市内に於ける棄児の調査』1937年(昭和12)3月)

も」という子ども観が社会に流布していくのにともなって登場してきた、近代の「家庭」が抱える矛盾の産物であった。では、捨て子は、こうした親子心中と、どのような関係にあったのだろうか。

捨て子と親子心中

「棄児調査」は、捨て子は「社会制度と観念との一連の関係の裡に行われるもの」という視点から家族の問題に注目する。「子の養育の責任を親と家に義務付ける社会」は一方で親と家に「子の処置に対する自由を権利として」与える社会である。しかし、ひとたび「親と家が貧困等の理由により子の養育困難となる場合」は、その子のいのちを親と家の自由において処置しようとして、捨て子という事態に至る社会であると指摘する。

この調査からは親子心中と捨て子では、親の心情、背景とも、その性格を異にすることがみえてくる。捨て子の原因の八七パーセントは、「直接貧困、生活難によるもの」である。そのうち、「両親合意の下に遺棄したと認められるもの」は三七パーセントをしめる。先に挙げた捨て子の手紙の署名も「両親」であった。

また、男親と女親のどちらが捨てるかを比較してみると、「父親がすてる場合のほうが、母親がすてる場合より多い」。その理由は、母親の場合は、内職など家庭内で行えるため、「児はそれほど手足纏いにならない」のに対し、父親は「外で働かなければならないので手足纏いになる」からである。捨て子の場合は、その原因の大半が貧困にあり、「両親合意の下」が多い点で、また、捨て子をするのは女親より男親が多い点で、家庭不和を原因とする母子心中とは対照的である。

親子心中との比較で見逃せないのは、捨てられた場所である。親子心中の場合は、人目に付かない場所が選ばれた。それに対し捨て子が捨てられた場所からは、他人の善意にすがって子どもを育ててもらおうという親の心情がうかがえる。捨て子は、下谷、浅草、本所など、明治三〇年代から都市下層の人々が生活している地域に多い。また捨てる場所は、道路先、駅構内、知人宅、神社仏閣など「大体棄てるに目立たず」、しかも「必ず人に発見される見込みのあるやうな所」が選ばれている(表4)。調査では、捨てられた場所から、「人に拾われることを願う心」がうかがえると指摘している。

次に、捨て子の月別発生件数をみると、子どもが生育しやすい五、七月、「生活困難最も厳しい冬期に多いことが目立つ」。それに対し親子心中の月別発生件数では、季節性や経済的理由との明確な相関はみられない。また親子心中の場合は、二歳児がもっとも多いのに対し、捨て子の場合は、乳児や匍匐《ほふく》児など、より低年齢層の子どもたちが多く、一歳未満の捨て子は、全体の四七パーセントをしめる。これら幼い捨て子たちは、拾われて施設に収容されても、その四割近くが、間もなく死ぬ運命にあった。報告では、その原因を、「生まれ落ちた時から貧困とそれに伴う不良な生活環境の中におかれ」たためと分析している。捨て子の年齢の低さと死亡率の高さは、捨て子たちが養育困難な状況のなかに生まれ落ちたことを物語る。

以上のような親子心中と捨て子の比較から明らかになるのは、捨て子を選んだ親たちと、親子心中を選んだ親たちの階層差と子どもへの心性の違いである。親子心中を選んだ人々は性別役割分担家族としての「家庭」を形成する人々、捨て子を選んだ人々は、都市下層にあって世帯を形成したものの、それを維持できない人々であったと思われる。さらに「家庭」によって「保護される子ども」という規範との関係でいえば、親子心中を選んだ親たちは、子どもの保護を他人に委ねる捨て子を選択をした親たちに比べ、規範に強く縛られた人々であった。

捨て子と親子心中の並存という事態は、「家庭」によって「保護される子ども」が規範となっていく大正中、後期から昭和期にかけて、実は、人々の子どもへの意識や子育てをめぐる状況は、重層的なものであったことを示す。そこには「家庭」や「保護される子ども」という規範の「下層」「無産労働者」への浸透というだけでは捉えきれない、重層的な状況が存在していた。

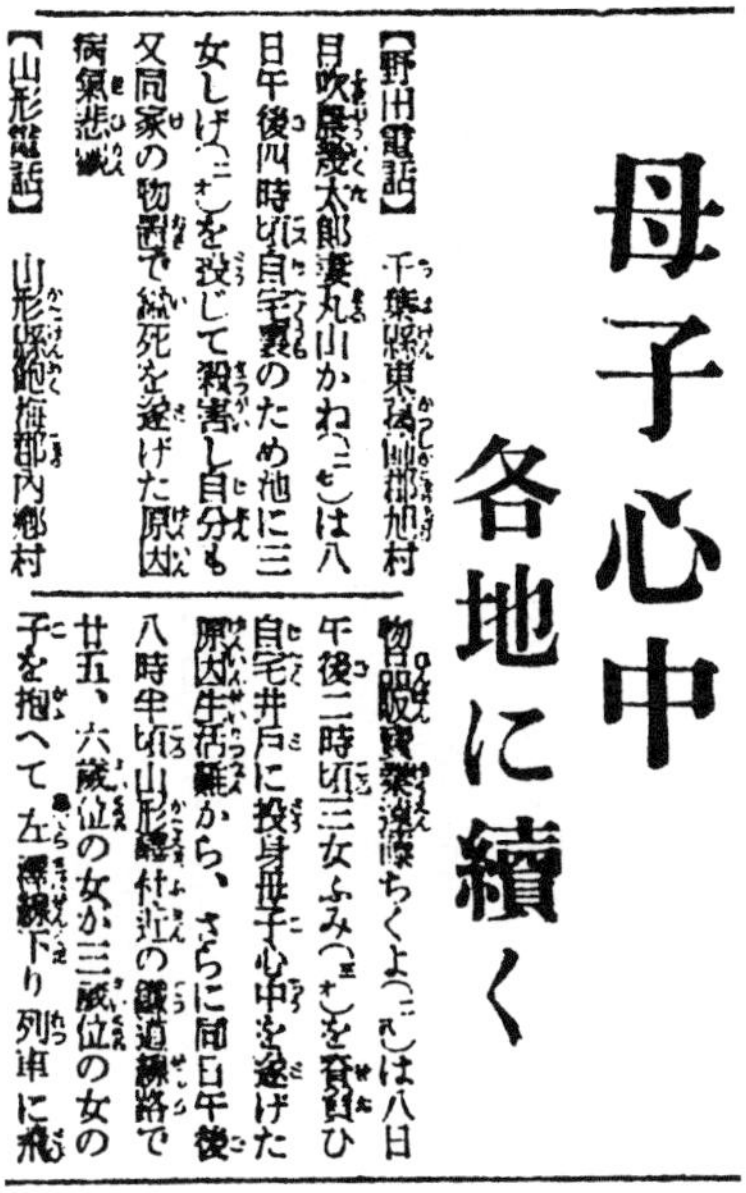
母子心中
各地に續く

【野田電話】千葉縣東葛飾郡旭村目吹農機太郎妻丸山かね(二七)は八日午後四時頃自宅裏のため池に三女しげ(二才)を投じて殺害し自分も又同家の物置で縊死を遂げた原因病氣悲觀

【山形電話】山形縣飽海郡内郷村物品販賣業須藤ちくよ(二九)は八日午後二時頃三女ふみ(五才)を背負ひ自宅井戸に投身母子心中を遂げた原因生活難から、さらに同日午後八時半頃山形縣村山の鐵道線路で廿五、六歳位の女か三歳位の女の子を抱へて左澤線下り列車に飛

図18　「母子心中各地に続く」
(『東京朝日新聞』1930年7月10日)

ところで親子心中は、昭和恐慌による貧困が進行するこの時期、都市だけの問題ではなく「流行とまで化し」、農村でも起きていた(図18)。農村における親子心中の背景の一つには、共同体の崩壊ないし弛緩があった。そのことは、皮肉にも戦時下に共同規制・共同監視体制が強まるなかで、親子心中は再び減少することからもうかがえる。(6) では、親子心中や捨て子の背景には、どのような家族の問題があったのか、さらに探ってみること

にしよう。

五 「保護される子ども」からの離陸

子どもと親にとっての近代

小峰の調査、そして東京市の「棄児調査」がなされた一九三〇年代半ば、親子心中と捨て子に注目した人物がいる。日本の近代社会の現実を、既存の学問体系に属さない民間学としての民俗学の視点から批判的に捉えなおそうとした柳田國男と有賀喜左衛門である。

柳田が「小児生存権の歴史」を愛育会機関誌『愛育』に書いたのは一九三五年（昭和一〇）のことである。柳田は「親子心中が盛んに起」こる状況について、次のように述べる。

現在では生活苦の女が子を連れて自殺するのを世間で「あの女が自殺する位なら連れて行くのは尤も」などと云って一種のモーラル・ジャスティフィケーションを持っている。若しそれが「自分が死にたくても子供迄連れて死ぬ奴があるか」と云ふ時代であれば、今日みたいに親子心中が盛んに起こるまいと思はれる。要するに親子心中を可能ならしめてゐる一つの原因は一種の流行もあるだらうし、又はヒステリーもあるだらうが、今一つの原因は、社会が小児の生存権を與へなさ過ぎる為だらうと思ひ、そこに我々が考へなければならない背後の大きな問題があるのではなからうか（柳田　一九六三）。

柳田は、母性愛論による「モーラル・ジャスティフィケーション」が母子心中への共感、同情を呼ぶと同時に母子心中を正当化していること、そして「小児生存権」のなさを問題にする。柳田がそうした近代社会と対比しているのは、「生活的な厄介な問題から」「子どもを多く生むまい」として「子どもが生れた時これを遺棄する習慣」があった江戸時代末から柳田が「一三、四の頃」、一八八〇年代末までの社会である。柳田によれば、子どもの「遺棄」が行われた時代はそれだけに「子どもを生かす、子どもの生存を承認するといふこと」が大きな意味を持っていた。生存権を承認し「大きくなって村人になる子供」として認めた子どもについては、近隣の人々のつながりのなかで育てる営みがなされていたというのである。

他方、捨て子に注目したのは、一九二一年（大正一〇）、柳田のもとで、民俗学・民族学の総合雑誌『民族』の編集を手伝い民俗学に接近していった有賀喜左衛門である。有賀の「捨子の話」は、一九三三年（昭和八）から翌年の二月まで『法律新聞』に分載される。有賀によれば「その頃棄児などに何の意味があるか、誰もほとんど考えていなかった」という。しかし、有賀は「捨子の風習には社会的経済的な背景があって、日本の生活組織を知る興味ある問題」であることに早くから気づいていた（有賀　一九六九）。

「捨子の話」は、「去（昭和七）年八月二四日の東日誌上に、大略次のような記事が載せられ記憶しておる人もほとんどないであろうと思うが」という書き出しで、牛込区の道路に捨てられた生後三週間ばかりの捨て子の記事から始まる。有賀は、捨て子は、子どもへの愛情が価値を持つ近代人には理解しがたい心情かもしれないが、親の子どもへの愛情は、社会的規範によってその表れ方が異なるとする。そのため、捨て子を理解するには、「今日の考え方から推し量って愛情の有無を問題にすべきではな」く、捨て子を受け入れる社会の生活とその生活意識を知らねばならないのだと述べる。

有賀は江戸時代の捨て子は、子を扶養する義務の弱い社会の所産であるとともに、捨て子を受け入れる余地があったことを示すという。捨て子は、自分に代わって、子どもを育ててくれる親を見つける手段でもあった。しかし、

「個々の家の独立性が強くなり家と家の連鎖が弱められ」た近代社会では捨て子を入れる余地がなくなったと有賀は結論づける。

「保護される子ども」の果てに

一九三〇年代半ばというほぼ同時期に、ともに近代批判の観点から書かれた柳田國男の「小児生存権の話」と有賀喜左衛門の「捨子の話」。一方は母子心中、他方は捨て子と、取り上げた事象も、また光の当て方も異なる。柳田は子どもの生存権という子どもの側、有賀は親の扶養義務という親の側に光をあてる。しかし共通に指摘するのは、近代社会のなかでの家族、とりわけ母親によって「保護される子ども」という親と子の関係の規範化がもたらした問題である。

柳田は、親による子どもの私物化の果てに母子心中があり、近代の子どもたちは、間引きや捨て子が存在していた時代の子どもたちに比べ、人々の交わりのなかで育つ機会を失い、社会の子としての子どもの生存権はむしろ近代社会のなかで弱まっていると指摘する。

有賀は、家と家とが孤立している状況のなかで、近代の人々は、もはや子どもの養育を他者に託す「心持」にはなれないと指摘する。「捨てるは真に捨てるのであるという意識を抱かざるを得」ず、「子を捨てるのはもはや母親の愛情が許されないし、また遺棄罪に問われる恐ろしさも伴うので、捨子するくらいなら」と「捨子が一家心中に変わってしまう場合もある」というのである。

一九三〇年代の母子心中は、子どもが家族、まして母の力のみでは保護されないこと、言い換えれば「保護される子ども」からの離陸の必要性を端的に示す事象であった。しかし母子心中が社会病理として注目を浴びるのと時を同じくして「母性」をめぐる社会制度が成立する。一九三一年（昭和六）三月六日、皇后誕生日「地久節」を祝う「母の日」が行われ、「母の日」運動の担い手として大日本連合婦人会が発足する（近藤　一九九五：四八六）。「母の日」の始まりは、「国家による「母性」の伝統化が始まったという点で象徴的な日であった」（大塚　二〇〇四：七〇）。

さらに一九三八年（昭和一三）には母子保護法が施行される。この法の目標は、「経済生活の保障」ではなく、「子女の心身ともに健全な成長」におかれ、母親の膝下をもっとも良い養育環境とする「母子一体の観念」にもとづき、母と子をともに保護する政策が採られる（加登田　一九八三）。その同じ年、国家総動員法が成立する。一九四〇年（昭和一五）の「紀元二千六百年」に出された『母の世紀の序』（伊福部　一九九二）で、伊福部敬子は皮肉にも、「戦争と母性尊重とは、つねに時を同じうしておこる」と述べている。その後、子どもの生存権の保障の基盤を根こそぎ奪う戦争という事態が進行していくこととなる。

注

（1）　捨て子については今までも、家族史や子ども史、女性史のなかで部分的にふれられることはあった。しかし、社会の影の部分として取り上げられることが多く、捨て子を、人々の産育や、子どもの生を成り立たせている場の構造を明らかにするものとして考察することはほとんどなされてこなかった（沢山　二〇〇八：一四―一七）。

（2）　牧原憲夫（二〇〇四）は、一般民衆の意識を探る上でも貴重な手がかりとして、『児童研究』に掲載された、各地の教師たちによる子ども自身の観念（意識）の実態調査にみる子どもたちの天皇についての意識を分析している。牧原が分析する、子どもたちの「なりたいもの、怖いもの」と養育院の子どもたちの調査を比較してみることは、興味深い課題である。しかし、ここでは、その指摘のみにとどめる。

（3）　松本園子（二〇〇一）によれば、推定一カ月未満が八・三、一カ月以上、一歳未満が四一・九パーセント、一、二歳が一九・五パーセント、二歳児が一九・五パーセント、三―五歳児が一六・二パーセント、六歳以上が一三・二パーセントとなっている。

（4） 生類憐み令では、捨て子は捨てられた町や村などの地域共同体が養育責任を負うとされた。しかし、例えば大坂では、捨て子の養育を町が嫌い、捨て子があった場所の町人一人に養育させることが多いため、貧民は「富有なる町人の宅前」に捨てるようになっていることが町への「達」で指摘されている（沢山 二〇一二）

（5） 『産婆学雑誌』一四〇号には、一九〇九年（明治四二）から一九一〇年（明治四三）にかけて、堕胎犯は八三五件から一〇九一件へ、堕胎による死亡者は二七人から七五人に増加しているのに対し、棄児は、三一九人から二六三人に減少しており、こうした現象は、この両年にとどまらない最近の現象との指摘がある。

（6） 例えば、一九三五年（昭和一〇）三月一三日の『山梨日々新聞』には、舅夫婦との不仲から、乳児を背負った二八歳の農家の妻が心中をした記事が掲載され、六月二六日の同紙の投稿欄「紙礫」には、母子心中が盛んに行われている背景に「貧困」と、「家族制度」の「悪弊」、そして「我が子の生殺権を左右し得る」とする「誤った母性愛」があることが指摘されている。また「解説」では「昭和初期に流行とまで化した親子心中」が「戦時下に共同規制・共同監視体制が強まるなかで」「再び減少する」という注目すべき指摘がなされている（山梨県編 二〇〇〇：九三七、九三八、一〇七〇）。

第二章 「つくるもの」としての「保護される子ども」 ――つくられた〈童心〉――

一 「つくるもの」としての子ども

「授かりもの」から「つくるもの」へ

今、子どもたちは「授かりもの」ではなく「つくるもの」となっている。親にとって、子どもをいつ産むか、何人産むか、どれくらいの間隔を置いて産むかという計画出産の考えかたは、もはや疑問をさしはさむ余地もないほど自明のことである（柏木惠子 二〇〇一：六四）。とりわけ、近年の産科医学と生命科学の進歩、人工授精などの生殖テクノロジーの発達は、妊娠、出産の営みを、ますます親にとって選択可能な出来事に変えている。

とはいえ、子どもの誕生にあたって「元気に生まれてくることが、本当に奇跡」、「授かりもの」と感じる母親たちの実感が消えてしまったわけではないし、不妊に悩む男と女にとって子どもは「授かりもの」であり続けている。にもかかわらず、他方で虐待により、子どもたちが傷つけられたりいのちが失われたりといった痛ましいニュースはあとをたたない。その要因の一つに、「つくるもの」としての子ども観がもたらす問題があげられるのではないだろうか。なぜなら「つくるもの」としての子ども観は、思うように産んだのだから、思うように育つはずという、子どもを私物化し管理する育児態度、そして子どもを「つくる」ことを自ら選んだのだから、親、とくに母親は、子どもの育児に責任があるという、母親に負担を強いる態度にもつながるからである。

地域や近隣関係と切れた狭い空間のなかで、母親一人に育児負担が強いられれば、すべてを一人で抱え込んだ母親は、その苛立ちを子どもに向けてしまう。こうした状況が親にとっても子どもにとってもよい環境とは言えない。そうした危機の認識が、さまざまな子育てネットワークづくりや子育て支援といった子育てをめぐるセーフティネット構築への動きの背後にある。

では、子どもを「つくる」技術と思想は、近代日本ではいつ、どのように登場したのか。そこには、どのような子ども観、親子観、育児観があったのか。本章の課題は、そのことを考えることにある。

一九一七年（大正六）、平塚らいてうは一般の人々あるいは与謝野晶子のような知的婦人にも支配的であった「授かりもの」としての子ども観を、次のように批判している（平塚　一九八三ａ）。

我国一般の現状はどうでありましょう。わたくしどもは今日なお教育ある人々からさえ子供は授かりもので、これればかりはどうすることもできないというようなことを聞きます。この考えはよほど深く人の心にしみ込んでいるものとみえて、一般はなお無制限の多産について自らは何の責任も感じていません（『避妊の可否を論ず』、傍点引用者）。

らいてうが、このように「授かりもの」としての子ども観を批判した背景には彼女の「つくるもの」としての子ども観があった。らいてうは、すでに一九一四年（大正三）「独立するについて両親へ」のなかで、子どもについて「経済上の余裕も精神上の余裕もないのですから造らない」（平塚　一九八三ａ）と述べ、また一九一五年（大正四）「個人としての生活と性としての生活との間の争闘について」（平塚　一九八三ｂ）では「何らの欲望も意味もない子供を造る」ことは「自分に対しても子供に対しても罪悪であり無責任」（傍点引用者）と述べている。

いわばらいてうは、強烈な自我の探究のなかでみずからの意識を吟味し、性の自己管理の延長上に「つくるもの」

としての子ども観を導き出したのであった。しかし、この子ども観は特殊な才能をもった非凡な存在としてのらいてう一人の子ども観というにとどまらない。冒頭にらいてうの子ども観をとりあげたのは、「授かりもの」から「つくるもの」への子ども観の展開が、本章で取り上げる一九一〇〜二〇年代の子ども観の象徴的な軌跡を示している、と考えるからにほかならない。

たしかにこの「つくるもの」としての子ども観をその時代状況のなかにおいてみるとき、それはらいてうの非凡な才能がつくりだした子ども観というよりも、一つの歴史的状況のなかでうまれた子ども観ととらえるべきことが明らかになる。なぜなら、この時期、一九一〇〜二〇年代は、日本における少産少死型社会への胎動と始発の時期であり、そのことは同時に、この時期に「授かる」という意識とは明らかに異なる、みずら受胎のメカニズムを支配して子どもを「つくる」意識が成立したことを示しているからである。

産児制限への要求

一九一〇〜二〇年代という時期は、これまで何度もふれたように、多産多死から少産少死への人口動態の変動、子どもたちが多く生まれ多く死んでいく状態から、少なく生まれ死ぬこともまた少ない状態への転換をとげる時期にあたる。乳児死亡率も一九一八年（大正七）、出生一〇〇〇に対し一八九・七と戦前の最高を記録するが、以後低下傾向に入る。

この乳児死亡率の低下は、同じくこの時期に減少した出生率に関係が深く（川上　一九八二：四七四）、出生率低下の直接的背景として避妊技術の採用による受胎調節、計画出産による「産児制限」があった。「産児制限」がとり入れられたことと、「授かるもの」から「つくるもの」への子ども観の展開とは深く結びついていたといえよう。

「産児制限」への要求、あるいは多産を厭う声は、一九二二年（大正一一）のサンガー夫人の来日を機に高まる。サン

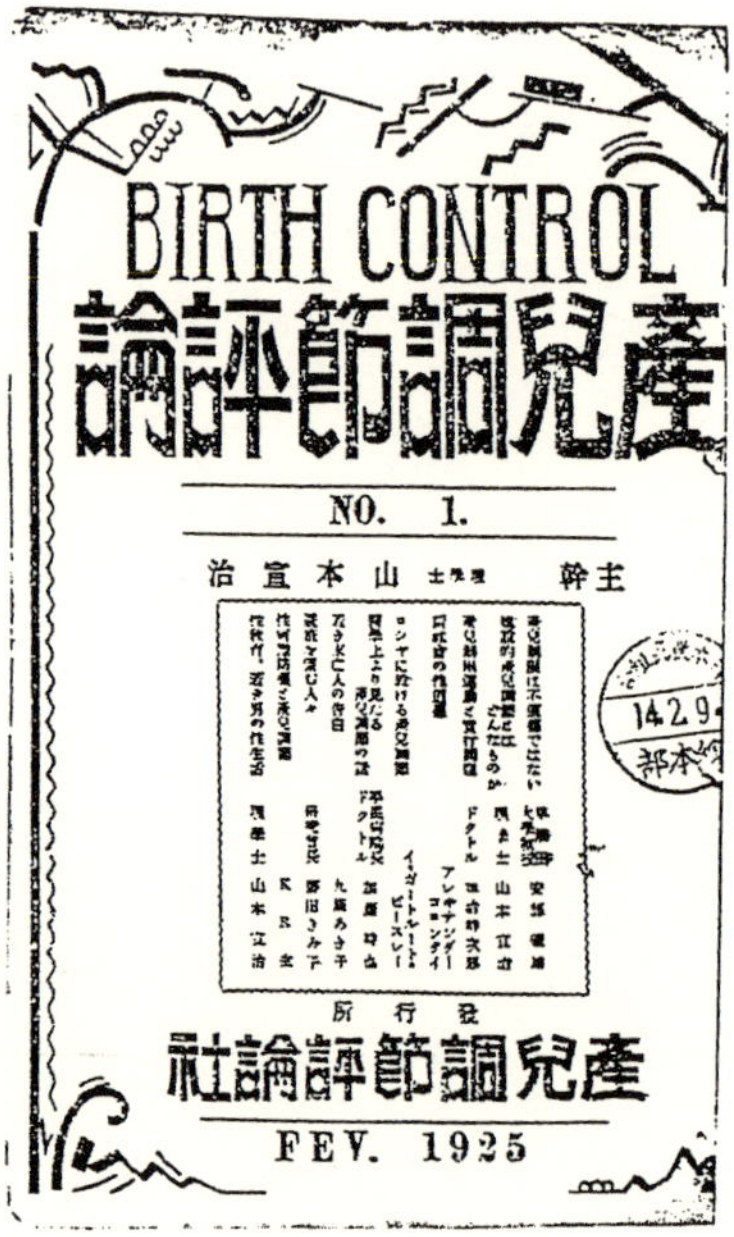

図19 『産児調節評論』1号（1925年）

ガー夫人は「母となるべきや否や、また母となるべき時、子どもの数およびすべていかなる条件の下に母となるべきかを自己の意志によって決定」する「自主的母性」をとなえ[1]女性解放の立場から産児制限運動をすすめていた。日本でこれを受け止めた人々の受けとめ方はさまざまであった。

たとえば階級闘争の立場からは「無産者にとっては少なく生んでよく育てることが最も肝要」（『産児調節評論』五号、一九二五年）（図19）と労働者の生活設計の問題として説かれ、優生学の立場からは「多産により子どもが虚弱になる」「遺伝病などがあってとうてい健康なそして強壮な子供を得る見込みのない[2]」ための産児制限が説かれた。さらに妊娠・出産を、精神的肉体的疲労・束縛・犠牲をもたらすものとしてとらえ、その苦痛を吐露し始めた女性の立場からは、子どもを産む道具から脱皮し性を自ら管理することへの要求としてとりくまれた。女性たちは、一九二〇年代になると「産児制限」の語に託して、避妊や計画的妊娠への意思や出産、育児への負担感を語り始める（宮坂　一九九〇）。一九二〇年代から三〇年代前半は、日本で産児調節運動が盛り上がりを見せた時代であった（荻野　二〇〇八：八八）。

ところで女性たちの「産まないこと」への意思は、すでに江戸時代に人口減少地域で取り組まれた出産管理政策のなかで取り締まりの対象とされ、女性たちの身体は〈産む〉身体として位置づけられた（沢山　一九九八）。しかし、この時期になって、「産まないこと」への意思が、女性自身によって、自らの意思として語られるに至る。さまざまな立場から取り組まれた産児制限運動は、多産に悩み、少ない子どもの誕生を望み始めた人びとのあいだにその支持を広げていく。のちに受胎調節・家族計画とよばれるこの問題が、「産児制限」と直截に表現されたところからも、人々の少産への期待感がうかがえる。

その中心にいたのは、都市の底辺部に位置する細民や地方農山村の共同体に生きる農民ではなかった。一九一九年（大正八）の暉峻義等《てるおかぎとう》による「細民」に関する調査では、細民たちの多くが四人以上の子どもを持ち、子沢山に苦しみながらも「むしろ早く子供が大きくなれば自分たちを養ってくれるであらふ、こう言う風なことに期待を持ってゐる人が多い」と報告されている（暉峻　一九一九）。ここには依然、子を老後の扶養の手段としてみる「家」制度の家父長的家族のもとでの親子関係が生きている。とくに農民たちにとっては、子どもは重要な労働力であったから「多産のもつ凡ゆる惨めさのうちに喘ぎ」つつもなお「子どもだけが唯一の頼り」として多くの子どもを産んでいた（丸岡　一九八〇：七四、一一七）。

生れてくる子どもの数を制限し良い教育を与えることで生活水準を引き上げようという願いと、この子どもへの新しい心性の中心にいたのは、資本主義の発展のなかから生まれてきた新中間層の人々である。一九二一年（大正一〇）に設立された産児調節研究会の中心的担い手であった石本静枝は「「これ以上子供が増えると、今いる子供たちに、上級の学校に進ませてやれないから」って、そう答える方が多うございました」（加藤　一九八四：六六）と述べている。

新中間層の人々は、日本で初めて国勢調査がおこなわれた大戦後の一九二〇年（大正九）には全人口の八・五パーセントと少数であるが、一九一四年（大正三）の七二五〇〇〇人から一九三〇年（昭和五）には九二七〇〇〇人へと増加する（大橋編　一九八二：六〇）。これら新中間層家族の成立と少産少死型社会への出発とは密接な関係にあった。

二　新しい親子関係と子ども観

育児書の変容

新中間層の家族のあり方、妻・母の地位と子どもへの新しい心性の成立とは密接に関わっていた。生産手段を持たない新中間層の家族は、それまでの日本の、農業をはじめとする小生産者層の家族とは大きく異なる。小生産者の家族にあっては、生活の場がそのまま労働の場であり。家父長のもとに家族全員が家業に従事する家族であった。これに対し新中間層の家族は、生産と労働の場が分離した家族である。

戸田貞三が一九二〇年（大正九）の国勢調査に基づいて算出したところによれば、農業（五・四四人）水産業（五・〇九人）にくらべ、新中間層（公務自由業四・一六人）の家族の小規模化がうかがえる。また一戸あたり子ども数も、農業地域の青森（二・七七人）にくらべ都市である東京の少産化（一・三九人）が顕著である（戸田　一九三七：二三四、二四五）。都市の新中間層の多くは、夫婦と子どもからなる核家族を構成していたことがうかがえる。

さらに、この層の子ども観をみる上で見逃せないのは、この家族が、世帯主は外で働き妻は主婦として家事育児一切を引き受ける性別役割分担の形をとっていた点である。これら主婦の登場を背景に一九一七年（大正六）、『主婦之友』が創刊され、「奥様」という言葉も広く使われだす。それまでの「家」とは異なる都市中間層の「家庭」の成立は、新しい親子関係と子ども観の出現をも意味していた。

新しい親子関係の動向は、当時の育児書、育児記録のなかに探ることができる。(3) 一九一六年（大正五）から一九三〇年（昭和五）にかけては、日本で最初の育児書の隆盛期とされるが、明治末年までの育児書に比べての新しい特徴は四点ある。

その第一の特徴は、『我が子の教育』（一九一九年）、『愛兒の躾け方』（一九二〇年）というように「我が兒」「愛兒」の語に満ちていることである。明治末年までの育児書の多くが「家庭」の語を付していたのに対し、より家庭のなかの子ども、「愛兒」である「我が子」によせる関心と期待が高まったことがうかがえる。

第二の特徴は、子育ての目標が『子供を賢くする為に』（一九二四年）、『子供を強くする為に』（一九二五年）など、「賢く」「強く」ということにおかれ、「賢く」「強く」するための方法を述べた『我が子の早教育』（一九一七年）、『愛兒の学力を進むる工夫』（一九二二年）といった子どもに学歴をつけることを意識した家庭教育書があらわれる点である。

第三の特徴は、こうした目標・方法を持つ育児を『実験子供の育て方』（一九一六年）、『実験応用子供の知恵のつけ方』（一九二二年）、『愛兒のメンタルテスト』（一九二五年）など「実験」や「テスト」としてとらえる傾向があらわれてくる点である。この背景には、この時期の、実験に基礎をおく児童心理学の誕生があった。それだけではない。「実験」という書名からは、育児が家庭という閉ざされた空間のなかで子どもを純粋培養する実験の様相を呈していく傾向がうかがえる。

第四の特徴は、この時期の新しい育児書のスタイルとして、鳩山春子のような著名人ではない、育児書の読者の育児体験談があらわれてくる点であり、育児に熱心な人々の広がりをうかがわせる。

これらの育児書の主な執筆者は医者・心理学者・教育学者であり、また育児体験談の執筆者はおもに新中間層の親たちであった。医者は主に「合理的」「科学的」育児法を説き、民衆の間に伝えられた子育ての知恵を「種々の過誤」「不利益の方が多い」としりぞけ、同時にその担い手である祖父母の子育てへのかかわりも断ち切る。かわって、時

図20　『赤ん坊の研究』
（西山哲次『赤ん坊の研究』南北社出版部，1918年，お茶の水女子大学ジェンダー研究所所蔵）

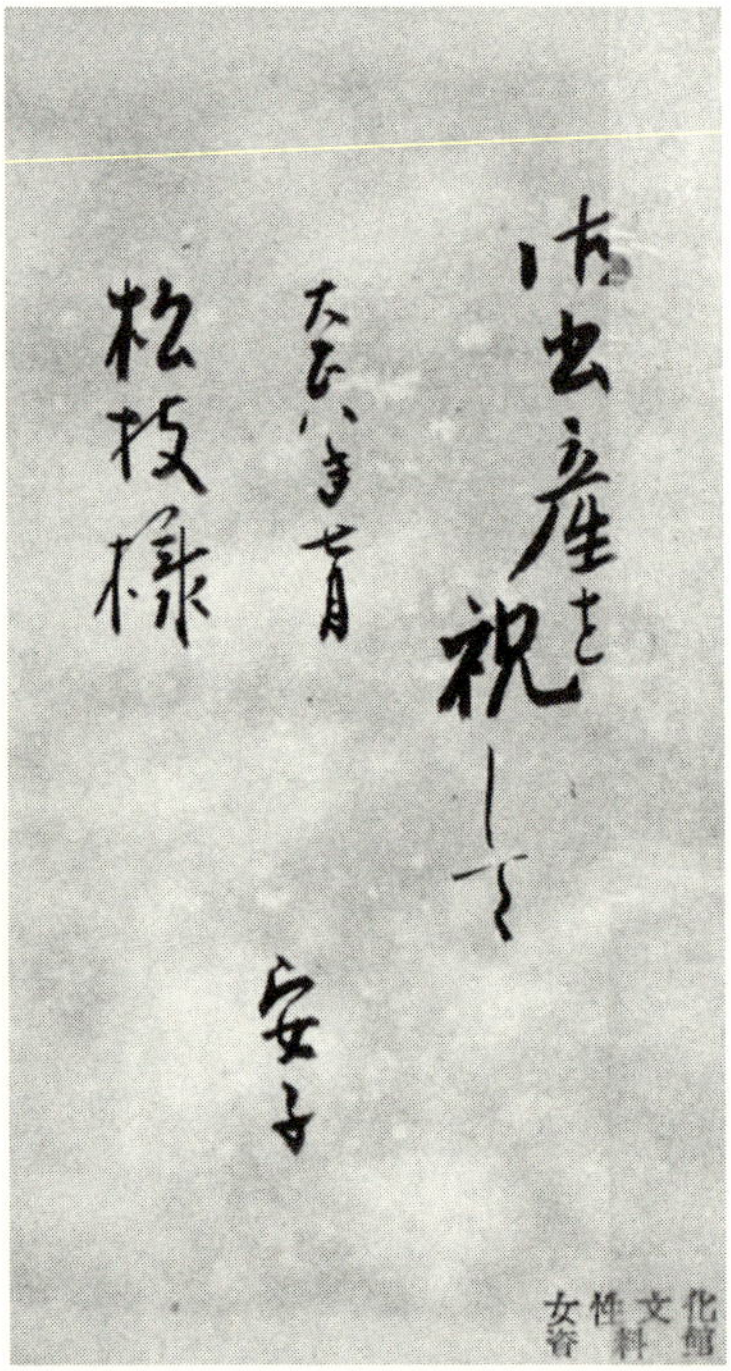

①『赤ん坊の研究』表紙裏のサイン
「御出産を祝して　大正八年七月　安子
松枝様」
この本が出産祝いとして女から女の手に
渡されたことを示す貴重なサイン

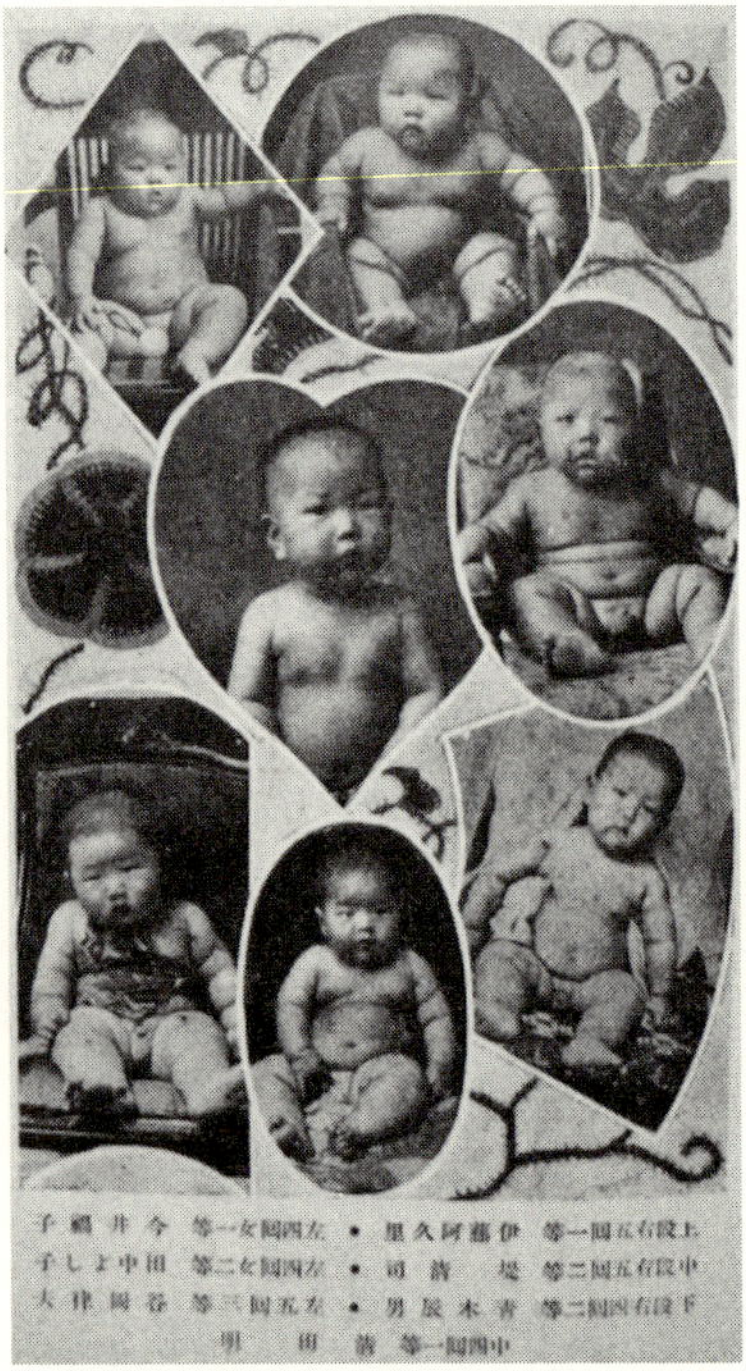

②　当選者の赤ん坊たち

間決め授乳、早期離乳、早期の排泄のしつけ、添寝、おんぶの禁止などを説く。この育児法が新中間層の母親たちに多大な影響を及ぼしたことは、母親たちの育児体験談のなかに読み取ることができる。

「赤ん坊展覧会」の記録

育児体験談のひとつに、『赤ん坊の研究』（西山、一九一八）（図20）がある。これは、一九一三年（大正二）から一九一八年までの帝国小学校での赤ん坊展覧会の「当選者母親の育児苦心談」を集めたものである。赤ん坊展覧会は、明治末期の三つの新学校のひとつ、帝国小学校の設立者であり「子どもの権利」の主張者でもある西山哲治が、欧米諸国に学んで創始したものである。以後関東地方をはじめ「北海道、満州・九州・信州・岡山」などでも開催されていく。審査した赤ん坊の親の職業が明記されている第二・四・五回の職業別分類は表1の通りである。新中間層の親が三六・三％、旧中間層の親が三五・〇％と多数を占め、子育て競争によせる中間層の親たちの期待の高まりを物語る。

育児体験談を述べている「当選者母親」は全部で五〇名。しかしそこには、母親自身の名は記されず、すべて「金光享の母」など「〜の母」とされている点が眼をひく。家庭の職業が明記されている者は二五名（商人八、会社員、軍人各三、材木商、画家各二、華族、裁縫業、指物職、理髪、時計、刺繍、鉄道各一）。そのうち、一四名が新中間層、一〇名が旧中間層に属する。(4) また五〇名中四二名が東京府在住であり、ここに述べられた育児体験談は、おもに都市中間層の母親の育児態度を表すものとみることができる。

表1　赤ん坊の親の職業分類

職　　業	人数	%
会社員(教員，医者，官吏，軍人，新聞記者，出版業)	354人	36.3
実業家(商業及工業)	341人	35.0
労働者(職工，運転手)	80人	8.2
著述業，自由業	30人	3.0
農業	9人	
華族	2人	
無業又未詳	158人	16.2
合計	974人	

※「赤ん坊の研究」所収の赤ん坊展覧会統計表より作成．なお，この分類の仕方は「赤ん坊の研究」の分類の仕方によった．

育児体験談で眼をひくのは、「優良赤ん坊」を育てることのできた大きな要因として「母の手一つで」「妾一人の手で」「小児のことは一切私自身で致し」たことを母親たちが強調している点である。このことは、母親一人の手に育児がまかせきりにされることが、さまざまな子育ての歪みや育児不安を生む要因として問題視されている現代の我々からみると、むしろ奇異にさえ感じられる。ではなぜ母親たちは、自らの「手一つで」育てたことを強調したのだろう。それは、それまでの母親のあり方とかかわっていた。

一八九〇年代から一九〇〇年代のコミュニケーション・メディア、とくに『女学雑誌』（一八八五年〈明治一八〉創刊）、『婦人と子ども』（一九〇一年〈明治三四〉創刊）など、新しい女性像の啓蒙に大きな影響を持った雑誌では、中流以上の母親たちが、乳母、召使い、子守などに任せ、自らの手で子どもを育てないことが批判されている。これらの雑誌では、「中流以上の家庭にありては、其子を……乳母或はお附きに一任」したり、「召使を幼児の相手にして置くのが沢山ある」など、その批判は、母親が自らわが子を育てないこと、そして乳母、付添、子守など「育児に関する知識すら全く皆無」な者たちに託すことに向けられていた。(5) そうした批判を考えあわせるなら、その約一〇年後に出された『赤ん坊の研究』で、母親たちが「母の手一つで」ということを、ことさら強調するのも理解できる。それは、新しい子育てのありかたであり、育児が母一人の手でなされなければならない理由は、育児を「科学的」にするためであった。育児体験談には、育児書の忠実な実行の様子が誇らしげに語られる。なかには、母を中心に、「良人も共々に」「家内中で」育てたとの発言もある。ここには育児が「家内」＝家族の私事として夫婦の大きな関心事となっている様子がうかがえる。

しかも「母の手一つで」の科学的育児は、「なるべく女中の手を借りずに私が子供の犠牲となって」と、母親の「犠牲」を美化するものでもあった点に注目したい。母親たちは、「科学的」育児法を提唱する育児書にしたがって「母乳で育てたこと」、しかもそこでは「時間決め授乳」をおこなったと述べている（沢山 一九七九）。デビッド・ノッターは、育児が母の犠牲のもとに母子の空間で行われることで、また「時間決め授乳」など、新たな「科学的」育児法の普及により、育児が「日常世界からかけ離れた儀礼行為」となることを通して、「母性・母性愛の聖化が起こったと思われる」と指摘している（ノッター 二〇〇七：一六〇―一六二）。

「赤ん坊展覧会」開催は、日本の高い乳児死亡率のもとでいかに「優良なる嬰児を得る」かという「優種学」の発想によるものであった。審査では「優良赤ん坊」を得るための条件として、父母の体重・職業・年令・出産の状況、何番目の子かといったことが綿密に調べられる。優生学は、以後脚光をあびる学問であり、一九二六年には『優生運動』（日本優生運動協会）という雑誌が発刊され「飛ぶように売れた」（中内　一九八五：八九）という。赤ん坊展覧会は、その先鞭をつけた試みであった。

またそこには、新中間層により支持された新学校の創始者、西山が、同時に赤ん坊展覧会の創始者でもあったという興味深い一致がみられる。

三　保護される子ども

保護、管理の対象としての子ども

いわば展覧会の出品物として審査の対象とされる赤ん坊たちは、自己回復力や自己形成力をもった子どもというよりも、母親によって成長を保護、管理される対象として扱われているむきがある。こうした子ども観は子どもの死に対する態度に顕著にあらわれる。それは多産多死のもとでの親たちが子どもの死を抗《あらが》うことのできない自然の運命として悲しみをもってあきらめていたのと比べるとき、その違いが明らかになる。

たとえば戦後になってもなお乳児死亡率が高かった岩手県では赤ん坊の死を「干しけた」とか「しな（皮ばかりで身のないもみ）を作ってしまった」と作物が枯れるのと同じ言葉で表現したという（大牟羅　二〇二〇：一〇三）。しかし、育児体験談を語る親たちにとって赤ん坊の死は親の責任として、親の不注意、発見の遅れ、失敗としてとらえられる。

一九二七年（昭和二）「岡山縣児童愛護聯盟」が募集した育児体験談には「育児上に何等の経験をもたない私達二人きりの生活なので」県の社会課から『赤ん坊の育て方』のパンフレットをもらい「何処までも文化的合理的な育兒法をすることに努め」た夫婦が「不注意」のために愛兒を失った経験が語られる。一方「七月兒を」「書物でみた人工呼吸のことを思ひつき」「全く書物のお陰」で「育て上げることを得」た経験が述べられる。(6) ここに語られるのは、多産多死のもとで死ぬにまかせるしかなかった親たちの、あきらめや無力感とは質の異なる感情である。

そのほかの育児体験談の記録、たとえば東京市社会課による『愛児の躾けと育て』（一九二四年〈大正一三〉）の一三一例が「善く」「健康に育てた実例」「躾けを誤った実例」という成功、失敗の分類でとりあげられているのも同様な子育て観にもとづく。子育てがまさしく「展覧会」の様相をおびて親による子育て競争の図式のなかでとらえられる。しかも成功のなかには子どもを「帝大」や「高等工業」に入れた学歴社会での成功がもりこまれているのである。

報知新聞が募集した『実験子供の躾け方』（報知新聞社編　一九二四）は「一〇〇〇通余よせられたなかから八〇篇」を選んだという。ここに当時の都市の新中間層の人々の育児によせる関心の強さを読みとることができよう。

矛盾した子ども観

育児体験談には、彼らの子ども観、家庭像、教育計画が語られる。その子どもたちは「神性」「善性」をもった「天真爛漫」な子ども、「大人の世界とは全然かけはなれた子どもの独立世界」をもつものとしてとらえられる。また「子供には是非相当な教育をさせたい」「どうかしてよい成績を収めさせたい」との親の願いが語られる。つまり一方では「童心」としての子どもを「叱らずに育てた実験」「自由放任主義で育てた実験」が語られ、一方ではその教育への関心から「早教育を施した実験」が語られる。

先にも述べた「岡山縣児童愛護聯盟」が募集した「育児標語」の一等は「許すな我が儘、尊べ自由」二等が「叩いて曲げな、教えて伸ばせ」、であったことを考えあわせるとき、育児体験談には当時の新中間層の子ども観のもつ矛盾が示されている。そこには無垢の維持＝子ども期の維持と教育による無知や弱さの克服＝子ども期からの離脱との矛盾があった。

この矛盾は、アリエスによれば「二〇世紀の人間にとってしか存在しない」（アリエス　一九八〇）近代の子ども観が孕む矛盾であった。「英才教育」「早教育」を説く家庭教育書の登場は、新中間層のこうした子ども観を背景としていたが、それは新中間層の社会的地位にその根づきをもつものであった。

共同体を離脱して都市に家族を形成した新中間層は、土地と血縁ではなく学力によって生活を切り開こうとの生活計画を持っていたのである。とりわけこの時期は、求職の条件に学歴を明記することが求められ、俸給生活者の賃金が学歴により歴然と差のついた時期でもあった（南　一九六五：一九三）。家業の継承者や家族労働力の育成、あるいは、すべての子どもを一人前に育てあげるという「家」や共同体の教育目標からいったんは解き放たれた子どもの教育の目標は、家族の内部に取りこまれたかにみえて実は学歴社会の出現という社会的背景に規定されることとなったのである。

良い教育を受けさせることが、社会での地位を獲得する手段として捉えられる。柳田國男は、こうした意識を捉えて「我子の幸福な将来といふことが最も大切な家庭の論題となっている」（柳田　一九九三：三〇一）と述べた。家計簿の費目のなかに教育費が登場するのもこの時期である。月収三四円の埼玉の小官吏の妻は、次のように述べている。

私共は別に之と申す程の財産は御座いませんが子供だけは相当に致したいと思いまして出生当時より一円ずつ貯金いたしております（『主婦之友』第一巻第三号、一九一七年〈大正六〉、傍点引用者）。

わが子の将来への期待

この時期、教育学者や心理学者により、「母性愛」に大きな意味を認める母性愛論が説かれる（Ⅱ部第四章）。母性愛論では、有性の生物界一般における雄と雌の生理的差異を根拠に、女性の役割は「子をうみ母となることにつきる」「母は子の外には何もない」とする。母性愛論は版を重ねて読まれるが、それは当時の母親たちにとって母性愛論が、自らの育児への権限を強める点で魅力的であったからに他ならない。

しかし母性愛論の担い手である母親が、社会から閉ざされた家庭の主人公であったことは、子どもの位置をも規定する。子どももまた、社会から隔離された家庭のなかで保護の名のもとに注意深く管理される存在となったのである。母性愛論に説かれた母親像の、母親自身による具現化ともいうべき一主婦の育児日記が、一九一七年（大正六）、心理学者、高島平三郎の序をつけて出版される。教員の妻、柴崎ゆうの『我が兒の生ひ立ち　愛撫八年』（柴崎　一九一七）がそれである。育児日記の執筆者が、一九一〇年代には、父から母へと転換することについては先にも述べたが（Ⅰ部第四章）、そうした育児日記をつける母親たちの層としての広がりを背景に出版されたのだろう。高島平三郎の「兒童の実生活を……記したものは従来殆んど見当たらぬ」という序からは、この著書が、母親の手で子どもの実際の生活を記録した育児日記のごく初期の出版物であったことが推測できる。

柴崎の育児日記の特徴は、濃厚なわが子意識と「親の躾で子どもは何うでもなる」という、自らの育児への強い自信にある。その育児は、「家庭」のなかの母と子の世界の枠内で処理され、地域の人々はほとんど登場しない。母親のまなざしはひたすらわが子に注がれる。そのまなざしは、細やかであり、成長の節々でのわが子の仕草、遊び、幼児語の数々が丁寧に記録される（図21）。

次にあげるのは、その「我が兒」が数え年三才のときの桃太郎の歌の記録である。

ももからうまれいももたをう、きはやちやちひくてちからもち、をにがちまをばうたんとて、いちゃんでいへを
でかけたり（傍点、引用者）。

子どもの舌足らずな歌いぶりの見事な再現である。現在のような録音機器もない時代に、子どもの舌足らずの歌をこれほど忠実に紙上にうつしとる努力は脅威に値する。それだけに母親の育児にかける熱意が感じとれる。また、「もう歩きさうなもんだ。早く歩けばいい。正月までに歩くか知らん」といった子どもの発達への期待が語られる。

図21　母の描いた絵，五歳の我が兒（柴崎ゆう『我が兒の生い立ち　愛撫八年』1918年）

母親のまなざしは、子どもの「又なく可愛い」愛くるしさに向けられると同時に、「生意気」「おえらい」と大人から言われるような早熟ぶりが子どもの非凡さとして語られる。ここにみられるのは、共同体のめだたぬ人並みの存在、平凡人の育成を教育目的としていた民衆とは大きく異なる意識である。この母親は、自分とは階層が異なるらしいよその子に対し「可愛げのない」「山出し」という衆愚意識をあからさまに述べている。こうした意識とわが子を人並み以上の子に育てたいという教育意識とは地続きであった。

この「愛兒」は、年令に応じたおもちゃを与えられるばかりでなく、「子供に澤山の玩具を一度に與へると云ふ事は、大層善くない事」なので「明日からは色々取換えて與へてやろう」といった教育的配慮のもとにおかれる。そこにあるのもまた、人並以上の子に育てたいとの願いである。育児日記をつける母親の願いは「我兒の将来の為め」と記されている。子

どもは将来人並み以上の大人になれる人間かどうか、その状態をいつもみつめられる存在となったのである。

四 童心主義子ども観の実相

『赤い鳥』と童心主義子ども観

柴崎ゆうの育児日記が出版された翌年の一九一八年、「世俗的な下卑た、子供の読みものを排除して子供の純正を保全開発する」ための子どもむけ雑誌として『赤い鳥』が発刊される。『赤い鳥』の子ども観は一般に童心主義の子ども観と称されるが、童心としての子どもへの着眼は、日本の現実社会への批判、不満と結びつく一方、腕弱で逃避的傾向を含んでいたとされる（横須賀編 一九七四：二三）。

『赤い鳥』の主な支持者はその児童詩運動を積極的に支えた「自由教育」をおこなう「新学校」の教師たちと、「新学校」の支持者である新中間層の親と子であった。もっとも、その直接の支持者のなかに子どもたちまで含めるのはふさわしくないかもしれない。なぜなら『赤い鳥』の特徴の一つは、親や大人の手で子どもたちに手渡されたところにある（猪熊ほか編 一九七四：八四）からである。

このことは、新中間層の親からは品の悪い、それこそ「世俗的な下卑た、子供の読みもの」とみなされた『少年倶楽部』が子どもたちからは歓迎され、直接子どもの手で買われ、多くの少年たちが「魂を奪われる思いをした」（河原 一九九八：一一〇）のと対照的である。『赤い鳥』は、子どもよりむしろその親である新中間層の人々によって子どもにふさわしい文化財とみなされたのである。

では、『赤い鳥』の執筆者と読者とが共有していた童心主義子ども観とは、どのような子ども観であったのか、『赤い鳥』の支持者であった二人の母親の育児のなかに探ってみることにしよう。

二人の母親—野上弥生子と富本一枝

ここで『赤い鳥』の支持者としてとりあげるのは野上弥生子と富本一枝である。弥生子は『赤い鳥』の数少ない女性執筆者の一人である。彼女は、大学教員の夫と子どもからなる家庭を営み、その三人の子どもたちのあいだに「新たな市民関係を創り出し、これを倫理的に定着しようと努めるところがあった近代市民意識の持ち主」（日本近代文学館編　一九七七：二六）とされる。一方、一枝は、若い頃『青鞜』に関わり自我の実現をめざしたが、陶芸家、富本憲吉の妻となってからは、夫と子どもからなる家庭の主婦としての日々をすごし、らいてうから「育児に熱心で非常に細心な注意をなさって」（平塚　一九八三d：五四）と評される。

弥生子は『赤い鳥』の執筆者であり富本はその読者であるが、前者は小説の形で、後者は育児日記の形で、共に主婦として子育てにたずさわる日々の姿や子どもへの感情をわたしたちの前に示してくれる。野上は長男（一九一〇年〈明治四三〉生）、二男（一九一三年〈大正二〉生）、三男（一九一八年〈大正七〉生）をモデルとした一連の作品を残し、一枝は長女の誕生（一九一五年〈大正四〉）以来、『陽帳』（図22）と名づけたノート四冊にのぼる克明な育児日記を残している。

弥生子は明治女学校の卒業生として、また「お手伝い」程度であったにせよ『青鞜』の社員として、一枝もまた『青鞜』の社員として、若い日々に新しい女性としての自己実現への要求をはぐくんだ女性たちであった。その子育ての記録は、女性たちの近代的な自我の要求と子ども観との関わりを見る上でも興味深い。

二人の子ども観で眼をひくのは、人間の新生児を、格別にひ弱く生まれるがゆえに発達の可能性を持つ存在ととらえ、そのひ弱な新生児を育てあげる過程を「発達」という言葉を用いて語っている点である。

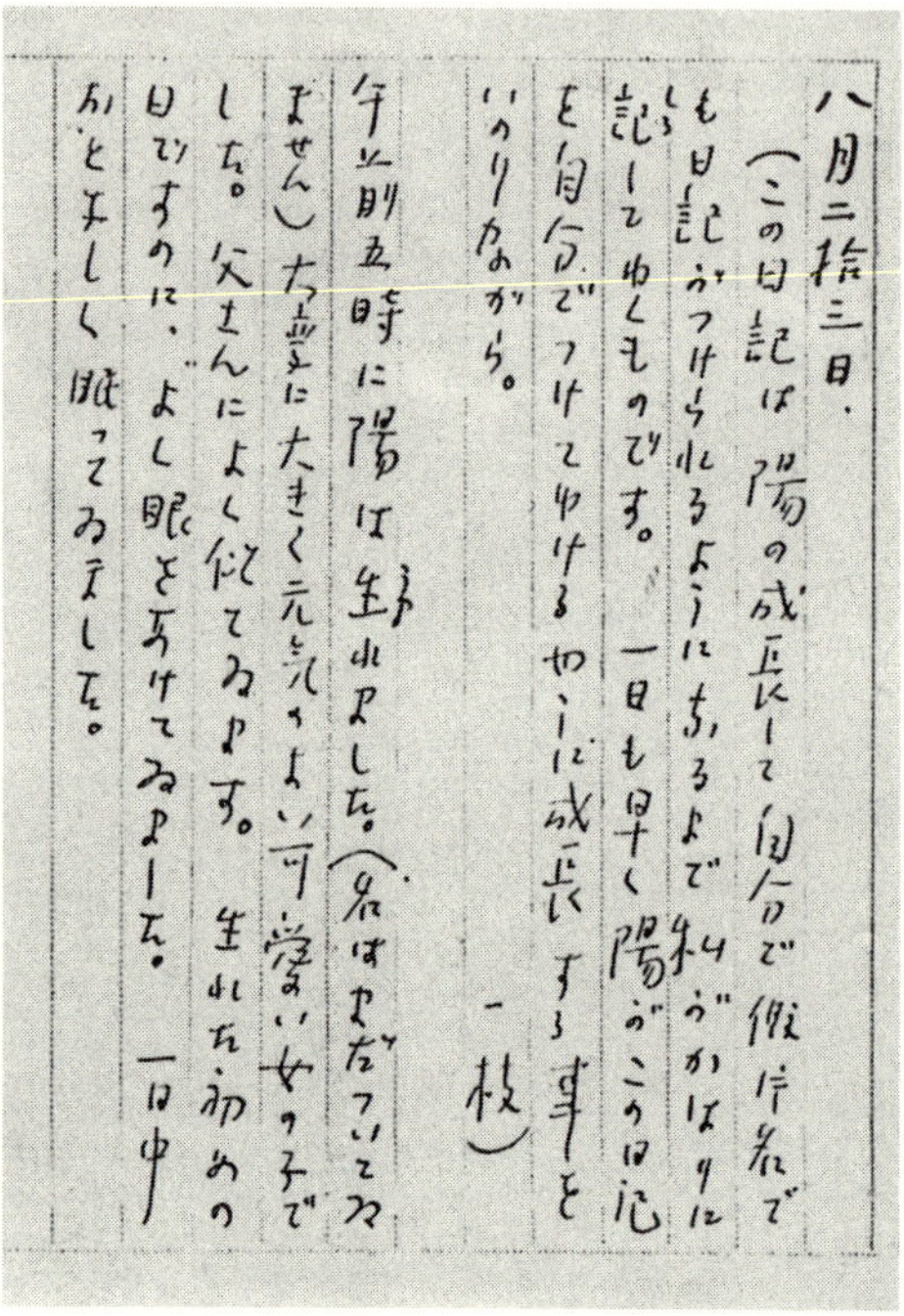
八月二拾三日。
（この日記は陽の成長して自分で假片名でも日記がつけられるようになるまで私がかはりに記《しる》してゆくものです。一日も早く陽がこの日記を自分でつけてゆけるやうに成長する事をいのりながら。 一枝）
午前五時に陽は生れました。（名はまだついてゐません）大變に大きく元氣なよい可愛い女の子でした。父さんによく似てゐます。生れた初めの日ですのに、よく眼をあけてゐました。一日中おとなしく眠ってゐました。

図22 『陽帳』一頁目より，1915年（『陽帳』，富本憲吉記念館所蔵）

それ程巧妙に造られてある諸機関が、今のところ極めて幼稚で遅鈍で、ほんの当面の生活に必要だけしかなし得ない事を考えた時、創造者の周到な用心と遠大な計画に又新たな驚を感じました。若しこの出来上った計りの初々しい諸機関に将来あるべきだけの発達が最初から備えられ、鋭敏な官能が目醒まされてあったとしたら、生れ落ちると同時に気狂ひになる子供があるかもしれません。…ただ長い月日の間に順当に……教へられなければならないのだ（野上 一九二五→一九八〇、傍点引用者）。

子どもを発達の可能態としてみる見方は、弥生子にあっては「人間界の有らゆる知識、思想の吸収に準備されてゐる「神秘の小さい庫」」あるいは、「すべての種子の深く眠ってゐる小さい混沌」として、一枝にあっては「最初に有っては凡て美しくまろやかで、尊い透明なもの」「善き芽」「芽生え」と表現される。

子どもを可能態としてとらえる意識は、一方では「おん身を生みたる者よりも優れたる善き人間であれ」といった次の世代としての子どもへの期待と、「子供には子供の世界があり道徳があり論理が」あるという子ども固有の世界への認識と結びついている。また画一的な学校教育ではない「一本一本の樹を尊重し、その芽に従ってそれぞれ特殊な手当をしてくれる」よりよき教育への要求となってあらわれる。

しかし、よりよき教育への要求は現実には、弥生子の場合には「隔離法」として、一枝の場合には「いつも少しの隙もなく陽ちゃんを見守ってゆかねば」という育児法に結実していく。彼女たちのよりよき教育への要求がなぜ少しの隙もない隔離の形をとったのか。その理由は彼女たちの社会観、子ども観にあった。

無垢な童心の守り手として

彼女たちが、そこから子どもを守らねばならないと考えたのは、彼女たちにとって俗悪ととらえられた社会であった。しかも、その俗悪な社会とは、実は自分たち新中間層とは異なる民衆たちの社会であった。弥生子は「自分の家の生活と異なった生活、異った思想、異った言葉には出来得るだけ触れさせまい」と述べている。彼女にとっての「美しい言葉」とは「お足《あん》よ」「お学校」など、自分たちの属する新中間層の社会において善とされる言葉であった。そのことは同時に、彼女たちが、民衆の子どもの社会からも、わが子を守らねばと意識していたことを示す。民衆の子どもたちは、幼児期から大人たちの労働生活のなかに組み込まれ生活の垢にまみれた、無垢でありようのない子どもたちであった。

弥生子は近所の下職人、植木職人、工事場通いの人々の子ども達とその群れを、「悪い子」「黒い汚ない子」「仕様のないいたづらっ子」「小アナキスト」と形容し、「決してあんな子どもと遊んではならない」、「自分の子供の一良友たる資格に於て」「職人階級の家庭の……極めてぞんざいで粗暴」な言葉は「欠点」と述べる。一枝も我が子を近所の子どもから隔離する。らいてうは、そうした一枝に「もっと自由に村の子供らと接触させてみたら」と疑問を呈し「他のすべての点で十分に恵まれている幸せなお子さんたちのただ一つの不足は同じ年頃の遊ぶ友達をもたれないこと」との感想を抱く。

こうした子ども観は弥生子、一枝だけのものではない。子どもの無垢と童心の守り手であろうとした新中間層の人々に広く共有された子ども観であった。たとえば『愛児の躾けと育て』のなかで、わが子を帝大に入れた経験を語る親は「宅に在っては附近の子供等と遊ばせなかった」と述べる。それは「土着の子供等は兎角悪戯の癖がある」からだという。また高等工業に子どもを入れた母親は「附近の同年輩位の子供を友達として多数歓迎」するものの「母親と子守の監視の許に仲よく遊ばす」ことを心がける（東京市社会教育課　一九二四：二五三―二五五）。

ここには彼らの子ども観の二重性が示される。彼らが「天真爛漫」「神性」「善性」を持つと崇拝する子どもは、大人の生活のなかに、「土着」の共同体のなかに生きる民衆の子どもではない。彼らのいう「無垢」な子どものなかには民衆の子どもも、またその生きた言葉も入ってこない。その意味で〈童心〉主義子ども観とはブルジョアの子どもの発見、つまりブルジョア的な意味での子どもの発見だったのである。

社会から隔離され保護された家庭という枠のなかで育つ子どもたちは、しばしば大人との関係のなかですごすゆえの早熟ぶりを発揮する。しかも、それらは親にとって好ましいこととして記録される。のちに綴方教師、村山俊太郎は『赤い鳥』を支持した新中間層の家庭教育を「自由主義の早教育、または天才教育」（村山　一九七八：二七七）と批判している。

一枝は、長女陽の赤ん坊時代には育児書を手放さず、育児に力を注ぎ早教育をほどこす。陽はモンテッソリの読み方教授法により満二才六ヵ月で片仮名を全部読めるようになり、学齢に達した時には「算術など一年……国語力は三、四年に達する」。一方弥生子は、六才で片仮名なら何でも読め「西洋のえらい思想家なら誰でも知っている」長男の早熟ぶりや、「お母様、僕もう太鼓って時代ぢゃないんですよ」との「理窟屋」ぶりに「つい微笑」する。

童心を賛美する母親が同時によりよき教育を求める早教育の担い手でもあったという二面性に、わたしたちは、ここでも直面する。らいてうは「あの陽ちゃんの生意気な、大人らしい様子」と述べ「自分自身の力で伸び育つ子供らの生活」「新しい生命それ自らがもつ自然の偉大な成長力を信」（平塚　一九八三d）じるべきだと一枝の子育てを批判する。発達過程への着目という点では注目すべき一枝らの子ども観であった。しかし、子どもをとりまく社会や民衆の子どもへの信頼を欠いていた。そのため、らいてうが批判するように、子どもを社会から隔離し教え躾ける教育に帰着してしまったといえよう。

孤独な子どもたち―陽と素一

最後に、弥生子、一枝、この二人の母親の子どもが自らの育てられ方をふりかえって述べる言葉を聞いてみよう。

図23　富本一枝と陽，陶，壮吉（高井陽，折井美耶子『薊の花』ドメス出版，1985年）

陽は「囲いが厚ければ厚かっただけ風通しが悪かったのでしょうか」とその子ども時代をふりかえる。そして、子ども仲間から隔離され「私たちの小さな学校」とよぶ家庭教育の囲いのなかでの「孤独な生徒」であったことが、「色濃いくせをつけた」という（図23）。

また野上の長男素《そ》一《いち》は「殆んど無条件で読むことを許されたのは『赤い鳥』ぐらいなもの」だったと後年述べている（野上素一　一九六二）。小説のなかでの彼は、近所の子どもたちの、大人から放任されているがゆえの「自由」を羨んでいる。

図24 野上弥生子と素一（野上弥生子『野上弥生子全集　第二巻』岩波書店，1980年）

しかし、しだいに「その粗野と無智」に対し、「彼のデリキットな性情を不快にさ」せられたことで、その子どもたちとは遊ばなくなり、絵を描くことに楽しみをみい出すようになる（野上　一九二五→一九八〇）。彼もまた孤独な子どもである（図24）。

ここには、子どもの無垢を重視し、汚れた俗社会とそこに生きる民衆の子どもから隔離する彼女たちの育児が、子どもの孤独と線の細さ、ひ弱さをうんだことが示されている。

弥生子はしかし、その矛盾に気づいていた。彼女は「思想上の平民主義と実行上の貴族主義との矛盾」はとりわけ「子供達の教育」のうえに示されると述べている。観念的には「平民主義」を理解し、自我の実現への願いをもつ彼女たちであった。しかしその自我の実現は、社会との関わりで果たされる自我の実現ではなく、あくまでも個人的な精神の自我の実現であった。一枝は、すでに陽も母となった一九三八年（昭和一三）、自らの育児をふりかえり「自分の生活、自分の価値を絶対のものとする個人主義に根ざし」（傍点引用者）子どもたちに「思い切って理想的な教育をやって」きたが、そのことが子どもにとっては「寂寥」であったことが「わからなかった」（富本　一九三八）と、自戒の言葉を述べている。

注

（1）山川菊栄「女性の反逆―精神的物質的方面より見たる産児制限問題」『解放』一九二一年一月号に掲載、のち「婦人解放と産児調節問題」と改題し『山川菊栄集』二巻、岩波書店（山川 二〇一一：二一―一六）に所収。

（2）安部磯雄「産児制限に就き受け取った手紙」（安部 一九二二）、平塚らいてう「避妊の可否を論ず」（平塚 一九八三c）など。

（3）ここでは『帝国図書館和漢図書館書名目録』及び、大日本女子社会教育会編『家庭教育に関する参考資料―江戸期～昭和20年』（一九六六年）に掲載されている育児書類を分析の対象とした。

（4）この階層区分は、大橋隆憲『日本の階級構成』（大橋 一九七一：六〇）によった。

（5）ふみ子「幼児を世話する人の感情につきて」（『婦人と子ども』三巻五号、一九〇三年五位月）、「家庭保姆養成の必要」（『婦人と子ども』一巻一号、一九〇一年一月）など。

（6）濱田喜志乃「育児の苦心」、しげる「宮詣りの日に愛児を失った経験」の二つの育児体験談が『連帯時報』（七巻七号 一九二七年七月）の「育児経験談二等当選」として掲載されている。

第三章　「教育熱心」の構造——少なく産んで「よりよく育て」る——

一　歴史のなかの教育家族

人並み以上に

一つとや　人並み以上に子を育て、子を育て、親のつとめをよくつくせ、よく果たせ（傍点引用者）

これは、一九二一年（大正一〇）に刊行された『子供の育て方』（大阪毎日新聞社編）と題する育児書にのせられた「児童教養かぞえ歌」の冒頭の部分である。作者は、大正期につくられた新学校の一つ、芦屋児童の村小学校（現、兵庫県芦屋市、一九二五年に開校）の校医でもあった三田谷《さんだや》啓《ひらく》らである。

ここには、「人並み」という、共同体の子育て目標でもあった平凡人、共同体の目立たぬ人並みの存在という人間観と、人並み「以上に」という競争原理とが合体した形で示される。ここにみられるのは、誰もが人並みに到達することを目的とする共同体の人間形成原理とも、他を蹴落として上昇するという資本主義社会の競争原理とも微妙に異なる、共同体の人づくり目的と資本主義社会の競争原理とが入り混じった奇妙に変形した競争原理である。

育児の実態と育児の科学をつなぐために、母親たちとの接点を持たざるを得なかった人々が、このように奇妙に変形した競争原理を「かぞえ歌」として示したことの意味をどう考えたらよいのだろうか。

「かぞえ歌」の主な対象者であり、新学校の支持層、また育児書の主な読者であったのは、資本主義の発展のなかで資本家と労働者の中間に誕生した新中間層の家族であった。この新中間層の家族にむけて提供された「かぞえ歌」は、共同体解体のなかから生み出されたという新中間層の出自と、その教育意識を物語る。彼らは、「人並み以上に」よりよく生きていける子どもを育てることを「親のつとめ」とする「教育」意識の持ち主であった。また「親のつとめをよくつくせ、よく果たせ」という、子どもをより良く育てる親の責任を強く感じ始めた階層であった。

この家族は、子どもを産み育て教育することを家族の主要な価値とする、教育家族としての性格を持ち、子どもたちは、愛護されるとともに教育される存在としての地位を確立する。しかし、それは「人並み以上に」なるための競争を強いられ、「人並み」か否か選別される、競争と選別の時代の幕開けでもあった。この二面性のなかに、日本の子どもたちの人間形成にとっての「児童の世紀」、そして「近代」とは何であったかを解き明かす鍵があるように思う。

日本の「児童の世紀」開幕の時代に登場した教育家族とは何か。特に子どもを育てる目標（人並み以上に）と、教育責任の果たし方（よくつくせ、よく果たせ）の二つの視点から親たちの教育意識を照射することが、本章の課題である。

〈教育〉熱の高まり

「かぞえ歌」の登場した一九一〇〜二〇年代という時代は、子どもたちの教育環境を学校だけに限定せず、受胎や産育の面まで含めてみた時、大きな構造転換の起きた時代である。この時期は、日本における少産少死型社会への胎動と始発の時期であった。そのことは、子どもが生まれる前から管理の対象になったこと、つまり「授かりもの」から「つくるもの」になったことを意味していた（Ⅰ部第四章、Ⅱ部第二章）。

少産少死型の人口構造の成立は、単に子ども数が減ったことや、子どもが死ななくなったことだけを意味しない。

子ども一人ひとりと親の関わりが密になり、子どもの将来が視野に入り、子どもの教育への意識が強まるといった産育面での重要な変化をもたらすものであった。同時代の母親は、次のように語っている。

私方は男二人、女一人でございますから、何れかと申せば、子供は少ない方でございます。併し少なければ少いやうに一人々々に対する注意の範囲も広くなりますから、母親としての気苦労も、その責任も子供の多い少いに関係がないようでございます（「個性に従う」〈『婦女新聞』九四〇号、一九一八年〉）。

よりよい生活を切り拓く新しい世代としての子どもの教育に熱心な「教育家族」とも言うべき性格を持つ新中間層の家族は、子どもによりよい教育を与えることで社会的上昇をはかることへの期待から、ほかの階層に先駆けて子ども数を制限するという産育行動をとっていった。その教育意識は、同時期の学歴社会の成立のなかで、中等教育の入学試験を皮切りに採り入れられていく選抜試験の生活意欲のそそりかた――他人よりも上にいくことを喜びとする心を培い、更に学ぶことによって人よりよい生活が保障されるという――によく適合するものであった（小林　一九八七）。ここに教育家族と学歴社会が時を同じくして成立する。

新中間層の成立と学歴社会の成立とは深く関連しあっていた。第一次世界大戦後、日本は寄生地主制の黄金時代を終え、帝国主義的海外膨脹を伴う資本主義の段階に本格的に入っていく。こうした資本主義の発展は、旧郷村時代以来の地縁、血縁による労働力の開発と分配方式をゆきづまらせ、それに代わる学校体系を使った学歴による開発と配分の方式を採用させることとなった。この時期、学歴別年功賃金体系がとりいれられ、学校は人材の恒久的な選別と登用の機関となり、より良い職場と地位に結びつく学校への進学競争が始まる。しかも、学校毎に定員があり学校毎に選抜が行われるタコツボ型がとられたことは、この進学競争をより激化させるものとなった。とりわけ中等教育は、当時の新中間層の増大にみあった中堅層の養成機能を増大させるが、同時に中等教育の大衆的諸階層への開放によって教育による階層移動の可能性が増大する。学歴による社会階層間の移動が可能になることによって、それまで一部の人々のものであった立身出世の可能性が、地縁血縁を離れ、新しい生き方を探る人々に現実に切り開かれることとなったのである。このことはまた、中等教育の拡大により中間層の増大をもたらし、社会形態上の変化を促すことにもなった(1)。

教育によって新しい生きかたとよりよい生活を求めようとした新中間層の人々は、資本主義にもっとも適合的な性別役割分担家族を形成する。社会的労働の領域と家庭内労働の領域が分離し、家事は妻の領域になり、しかもそこでの家事は消費的家計の遂行と子どもの教育に限定される。資本主義化が進行し共同体の解体が進む過程は、性別役割分担家族形成の過程であり、家政の担い手が父から母に移るのに伴ない、子の教育の担い手として母親が表面に登場する（I部第四章）。

以上のような変化は、地域的ズレを伴ないながらも日本全国を巻き込んで進行し、資本主義によって興隆していく都市と、没落あるいは追い詰められていく農村の対立、中央に対する地方の関係を明確にしていく。では、このような変化は地方では、どのように進行していたのだろう。新中間層の比率が相対的に高く、教育県として長野県と並び称された岡山県の場合を見ておくことにしよう。

地方都市、岡山の場合

資本主義の発展は地方都市、岡山市においても新中間層の成長を促すこととなった。一九二〇年（大正九）の第一回国勢調査によれば、岡山市の場合、新中間層にあたる公務、自由業に属する人々は本業者四五七五七人中九パーセントを占め、少数とはいえ、すでに無視しえない層を構成している(2)。

一九一〇〜二〇年代には、岡山市でも、子どもへの「教育」熱の高まりがみられる。この教育熱の高まりは、育児

図25　岡山児童博覧会の記事（『山陽新報』1912年3月）

の商品化という教育投資と、中等教育の大衆化に伴なう学校間格差の広がり、さらに小学校教育を卒えたか卒えないうちに職業につく者と、中等学校に進学可能な者という子どもの未来像の分化をもたらすものであった。

一九一二年（明治四五）、「教育」熱の高まりを象徴するイベントが開かれる。岡山児童博覧会である（図25）。すでに明治末年から「こども」「婦人」「家庭」などの言葉を冠し、家庭の日常生活に焦点を当てた博覧会や展覧会が開かれ、生活や家庭は「語られるだけでなく、展示されるもの、見られるものとなっていったのである」（小山　一九九九：五〇）[3]。岡山児童博覧会では、一五〇〇〇点を超える子どもをめぐる展示（玩具、子ども服、児童書、菓子、「理想の子供室」の設計図など）がなされ、子どもの世界のあらゆる面が取りあげられる。また、岡山勝山藩士の息子で鳩山春子の夫となる鳩山和夫ら「名士自筆幼時の記憶」が、「知名の士の幼時の勉強振りや遊び方は此処のものかと云ふことを知るに足る好材料」[4]として展示される。

この博覧会は、大人とは異なる子どもの世界と、幼児期からの育児の大切さに焦点をあてるものであった。同時に、「子ども」が資本主義的商品化の対象、家庭が新たな市場となる時代の始まりを示すものでもあった。この企画は、岡山商工会議所によるものであり、「河本店の子供用履物」

「東京平井のピリッケン其他動物玩具」などの育児商品が展示される。博覧会の様子を連日報じた『山陽新報』には、一九一〇〜二〇年代にかけて、子どもを対象とする商品広告が増加する。そこでは、「理想的な育児料ラクトーゲン」や「赤ちゃんが完全に育つ……森永ミルク」（図26）など、「理想的」で「完全」な育児が、うたい文句となる。

「教育」熱の高まりは、中等教育への進学熱の高まりからもみてとれる。この進学熱を支えたのもまた新中間層の家族であった。新中間層の母親候補者の多くを育てた岡山県岡山高等女学校の保護者の構成比をみてみよう。一九一〇年（明治四三）と一九一八年（大正七）を比べてみると、農業の比率が低下（二四・九パーセントから二一・六パーセント）する一方で、新中間層の比率の増加（三二・二パーセントから三三・九パーセント）がみられる。

一九二四年（大正一三）には、岡山高等女学校入試の倍率は、六倍に達する。「高等普通教育」を求めた親たちの教育要求の一つは、共同体解体後の、ある意味では自由な、ある意味では不安な現実を選別しつつ生きていく力の獲得であった。そしてもう一つは、学歴の取得によるよりよい生活の獲得であった。当時、学歴は結婚の一つの資格となりつつあり、結婚による社会的経済的地位の上昇が求められたのであった（沢山一九九六b）。岡山県では同時期、実科高等女学校の格上げ運動がおきる。そこには、実用的家政よりも一般教養を重視する教育要求の登場があった。それだけではない。娘のよりよい結婚と生活を保障するうえで学校間格差の不利が意識されて

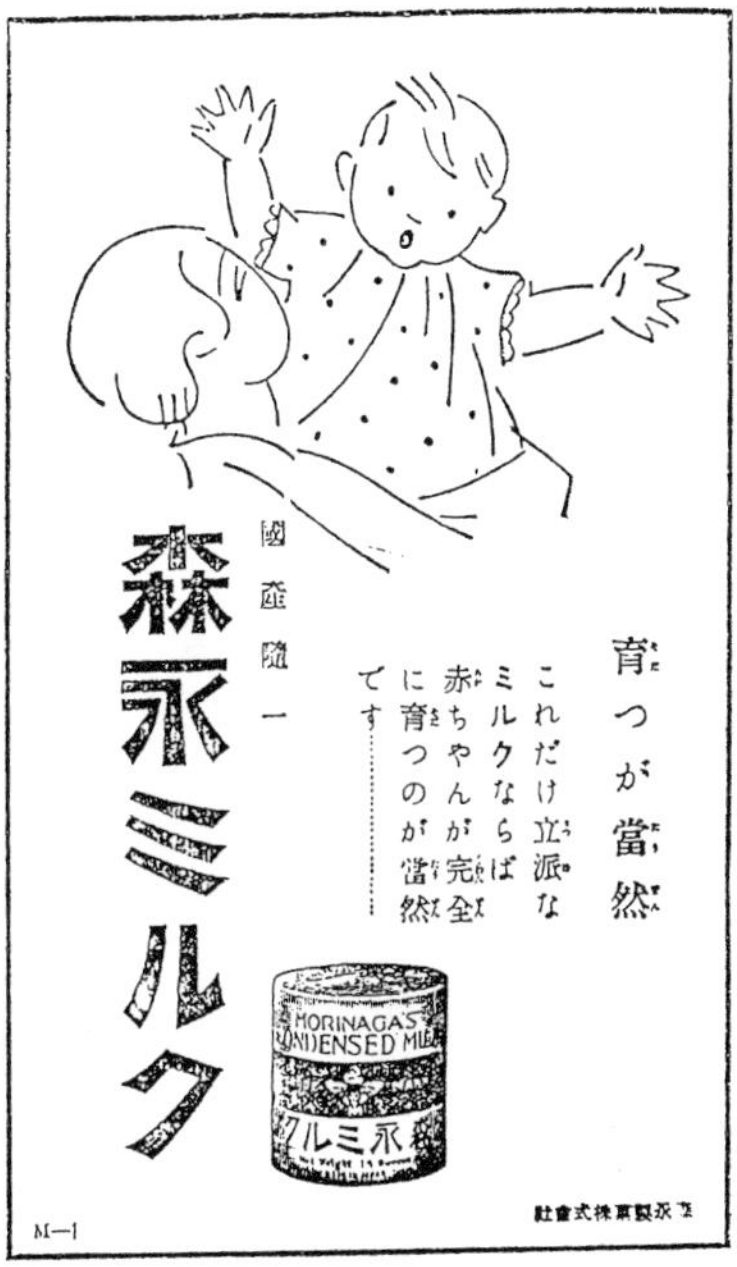

図26　子どもを対象とした育児用品

いたのである。

一方、高等女学校に進学できない人々や小学校教育すら充分に受けられない人々からも、新しい生きかたを得るための知識や学力への要求が生まれる。一九二一年（大正一〇）、経済的な事情のために進学できない娘たちが働きながら学ぶための岡山実習女学校が設立される。また一九二五年（大正一四）、岡山県社会課が婦人労働者のために開いた家事講習会は「家庭裁縫」「簡易礼法」を「教授する」ものであったが、講習生たちは「書信又は読み方等、その日常生活に直接関係ある学科」を「最も希望」したという（岡山県社会課　一九二五）。これらの学力要求の根底にはよりよく生きたいという願いがあった。

新中間層の娘たちのライフコースにとって高等女学校教育を受けることが不可欠の条件となる時期、女工や女中として働く娘たちのなかにも、よりよく生きるための学力要求、教育を受けることを人間らしい生活の糧とみる意識が成立する。この時期、階層や生活によりさまざまな形をとりながらも学力への要求が登場したのであった。

ここでさらに、新中間層の親たちの、「教育」熱を支えた心性にふれておこう。入試の倍率が激化する一九二二年（大正一一）、岡山高等女学校に入学した山本尚子は、一九一〇年（明治四三）、教員の娘として生まれる。岡山高等女学校入試に先だって尋常小学校五年の時「ここにいたのでは岡山高女に入れない」という父親の考えで尋常小学校三年の妹とともに郡部の分校から岡山女子師範附属小学校に転入する。さらに六年の時には高等女学校入学のため、父親が校長をしていた清輝小学校の教師のもとに勉強を習いにいく。このような事例は当時、さして珍しくもなかったらしい。岡山市内の小学校では高等女学校を受ける子女を対象に特別の補修が行なわれ、県学務課が「準備教育」を禁止せねばならないほどだった（光田　一九六八：一〇）。

山本の父親は一八八四年（明治一七）、中農の三男に生まれる。自ら身すぎ世すぎの手段を求めねばならない学問好きの三男が選んだのは、岡山師範への道であった。彼は若くして校長となるが、私生活では地主の長女の婿養子として何もいえない立場におかれたという。家の重荷を感じるなか、彼は自らの理想とする新しい生きかたを子どもたちに託す。その理想は「女高師をめざせ。東京はだめでも奈良ぐらいは」という「高等教育を受けさせる」という形で示された。(5)

ここに新中間層の親たちが子どもに抱いた心性、進学熱を支えた心性の一端を垣間みることができる。それは、学歴によって、共同体や家を離れて新しい生きかたを切り拓こうとする心性である。他方でこの父親は娘に『赤い鳥』をあたえる父親でもあった。

童心を賛美する、つまり子どもの純真さや無垢という教育以前の状態を賛美する童心主義と、教育、学歴をつけることで無知な状態から子どもを脱却させるという矛盾した心性の併存――このこともまた、同時代の新中間層の心性を明らかにするうえで解かねばならない課題である。

二　教育家族の成立

母親による教育論の登場

教育家族の成立と展開を、その担い手に焦点をあてて探ろうとする時注意しておかねばならないことがある。それは、教育家族を他の階層に先駆けて成立させた新中間層が全階層のなかに占めた比率は低く、限られた人々であったこと、他方、新中間層そのものについてみるなら、一九一〇～二〇年代にかけてその大衆化がみられたことである。

そこには、新中間層が少数であるがゆえに学力を身につけることでエリート層に上昇できる条件が存在していた段

図27　田中芳子（平田ノブ「私の見た婦人（十二）田中芳子夫人」『婦女新聞』1926年12月19日）

階から、新中間層の大衆化のなかで必ずしも現実のものとはなり得ない段階への移行があった。仮にここでは前者の段階の新中間層を第一世代、後者の段階のそれを第二世代と名づける。では、第一世代と第二世代とでは子育ての目標や教育責任の果たし方、その学力要求に、どのような違いがみられるのだろうか。新中間層という階層の持つ同質性と、少数から大衆化への展開による異質性とを、それぞれの世代の母親たちの教育意識のなかに探ってみたい。

第一世代としてここでは、第二世代の母親たちの子育てモデルとなった鳩山春子、田中芳子（図27）の子育て論、第二世代については高等女学校生やその卒業生を読者に持つ『婦女新聞』、そして岡山の子どもの動きが読み取れる『連帯時報』によせられた母親たちの声を取り上げる。

第一世代の鳩山（東京女学校卒）、田中（東京府立高等女学校卒）は、数少ない女学校卒として、高度の教養と能力を身につけ、エリートとしての地位を約束された人々であった。これに対し第二世代の母親たちは、高等女学校が増加するなかで、女学校卒であるだけでなく、どの女学校卒であるかが幸せな結婚生活のための重要な条件になるという、学歴が将来の幸せにとって持つ意味を強く意識せざるを得ない人々であった。近代国家のなかで自らの開花を試みた第一世代の系譜に連なるものの、第二世代の女性たちは、その開花の可能性が狭められていることを意識せざるを得なかったのである。こうした母親の意識状況の違いは、その育児意識にどのような影響を及ぼすのだろうか。

「理想」の「育児」

まず第一世代の鳩山春子『我が子の教育』(一九一九年〈大正八〉)と田中芳子(図27)『親心子心』(一九二五年〈大正一四〉)からみていくことにしよう。鳩山の夫、和夫は東京帝国大学教授、衆議院議長などを歴任した人物、一方田中の夫、不二も東京帝国大学工科助教授と、新中間層のなかのエリートであった。鳩山と田中は、育児期(長子出生から末子就学まで)では、一二年の開きがある。しかし、その教育論が影響を与えた時期、また一九一〇〜二〇年代にかけて、『婦女新聞』紙上でもっとも多く育児論を執筆し、第二世代の母親たちに大きな影響を与えた点で重なりあう。

この二著は、その育児が母親たちの模範になるとの求めに応じて書かれた、近代日本初の母親による教育論である。「何方が其のお子様を教育せられる上にも参考になる」とする鳩山、「男子の教育家は科学として研究されたもの故、実際問題の解決には母が理智の上に立つ情けの手でさばき浄く住みよき次代を創らねばならぬ」という「母ぶるい」のもとで書かれたという田中の言葉からは、自らの育児経験が母親たちの実際の役に立つとの強い自負がうかがえる。

春子には、一人の娘と二人の息子がいた(図28)が、『我が子の教育』で描かれるのは、息子たちの教育である。その二人の息子、一郎と秀夫(図29)は出版時三六と三五歳、すでに確かな地位を確保していた。一郎は、元総理鳩山由紀夫の祖父にあたる。他方、田中の子どもたち(出版時一六から二一歳)も、「秀才ぞろい」と評されていた。両著とも一年のうちに四刷を重ね、新中間層第一世代の育児の成功モデル、また母親自身の記録として、新中間層が大衆化する一九二〇年代の第二世代の母親たちに大きな影響力を持った(6)。

まず注目したいことは、彼女たちが、「子供」や「育児」を意識したのは、妊娠、出産の体験を通じてではなかっ

図 28　三人の子どもたち（右より一郎，秀夫，かず子）

図 29　春子と尋常中学校時代の二人の息子（右より秀夫，一郎）

（鳩山春子『我が自叙伝』1929→1997，図 29 は鳩山会館所蔵）

た点である。彼女たちはすでに女学校時代に「子供」や「育児」への関心を抱いていた。二人は、それぞれ次のように述べている。

「私の子供には何うかして私の理想を実行してみたいと、常づね心に念じてをりました」（鳩山）

「諸先生、殊に故三島通良先生高島平三郎先生の御指導で、私は妻にも母にもならぬ前から育児に付い《（ママ）》てはひそかに計画と期待が大いにあったのでした」（田中）

「子供」や「育児」に対する「理想」や「計画と期待」は、彼女たちの自立への願いの表現でもあった。女性たちが「子供」や「育児」を対象化し、そこに価値を見出すためには、まず女性自身の自立への意識の誕生が前提とならねばならなかった。また性別役割分担にもとづく新中間層の家族形成にあたっては、女性の自立は、まず母親としての地位の確立という形で実現されねばならなかったのである。

「理想の実現」としての育児のために、彼女たちが成し遂げねばならなかった課題は、産育権の確立であった。それは、「子供だけは私の思ふ通りに育てさせて下さい」（鳩山）、「最初の子供を育てます時には……随分反対を受けまして一時は鬼だの蛇だのと申されました。「何卒見て居て下さい。今に良い結果をお目にかけます」と心に叫びながら……ぢっと我慢いたしました」（田中）という、嫁、姑の対立のなかで成し遂げられる。思う通りに子どもを育てるためには「母親自身の地位の安全と其の教育から得たる常識」（鳩山）、「母権の確立と拡張」（田中）が必要であった。

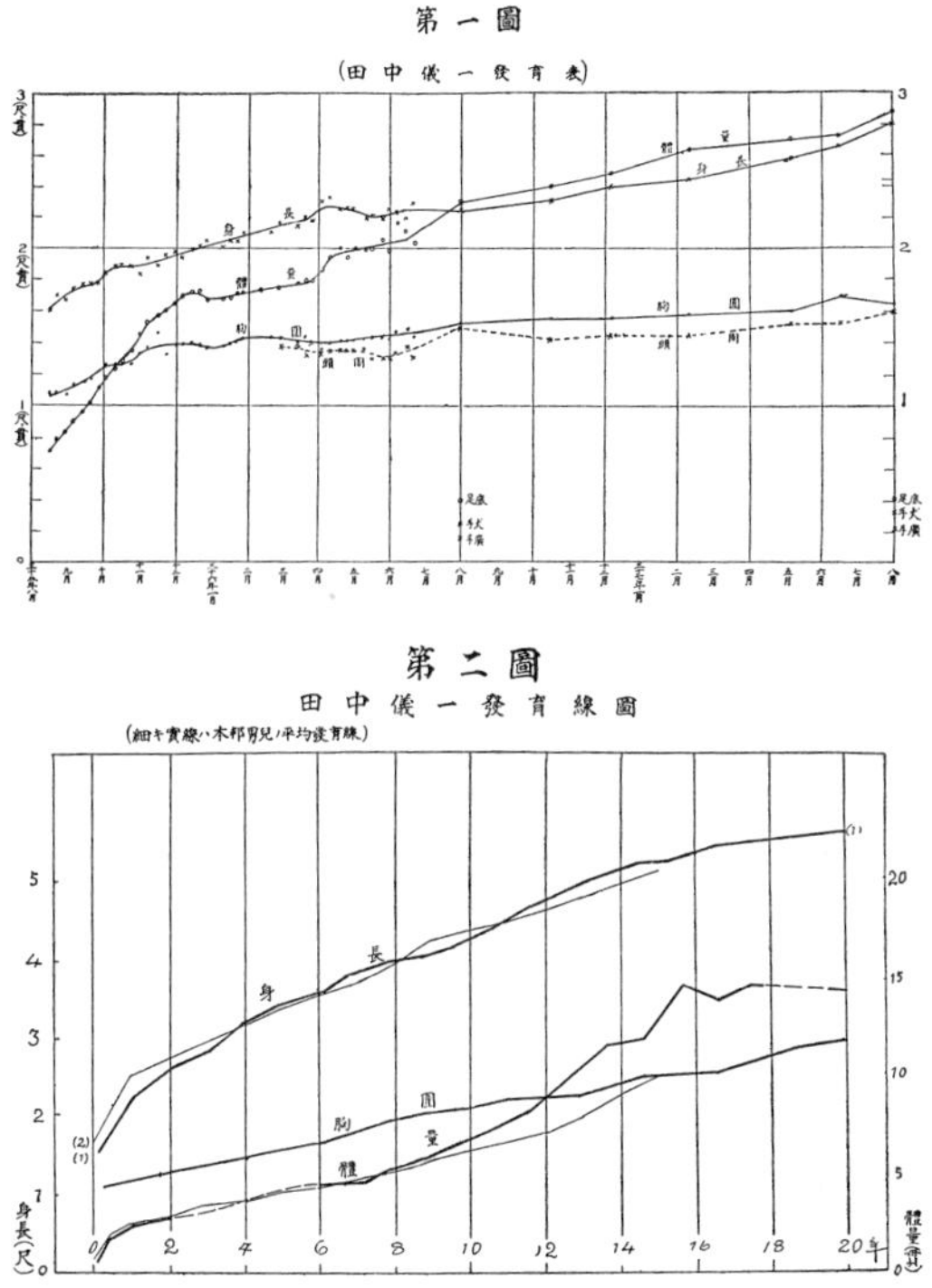

図30　田中芳子作成，長男・儀一の発育表（田中芳子『親心子心』1925年）

しかし、そのことは「家」や「家」を支える共同体を諸悪の根源とし、そこからの離脱をはかる意識を生みだす。産育権を確立するために新しい家族を形成したいという願いの強さは、共同体が生みだした育児文化の否定へとつながるものでもあった。また自分の思い通りにできる唯一の存在としての強烈なわが子意識（図30）、子どもと一体となって家からの解放を実現しようとする意識を生むこととなった。しかし、この強烈なわが子意識は、子どもの世界を発見する一方で、子どもを自らの生きがいの手段とする面を持っていた。共同体から離脱する形で母親の産育権を確立し、女性の自立への願いをわが子の育児に託すという、この母親たちの意識が、その後の教育家族の性格を規定することとなる。

強烈なわが子意識

鳩山は、大人とは異なる世界を持つ子どもの「適当に育てられる権利」（鳩山）を説く。では、「適当に育てられる権利」とは、どのような内容を持つものであったのだろう。

彼女たちの育児の目的は「子供の人格をつくる」（鳩山）「人格の完成、換言すれば人間として生きる為の最善の道を会得する」（田中）ことに置かれた。そのことで「将来の幸福」（鳩山）と、社会を「よりよく」（田中）生きることが出来ると考えられたのである。では、「人格の完成」とは、また「よりよく」生きるとは、どう生きることだったのだろう。鳩山は「自由は独立と同時に得られるものであるといふのが私の子供教育の方針の一つでございました」と述べ、田中は「よりよくと云ふことが教育現象の起る本源」と述べる。その目的とする「人格の完成」とは、自由＝個人の解放と独立＝個の自覚にあり、個人の解放と個の自覚を実現することが、この社会を「よりよく」生きることにつながるのであった。

「人格の完成」という教育目的のために「生活全部が教育」（田中）となる。鳩山にとって、玩具、遊び、いたずらは、すべて「頭脳を明晰にする」ためにある。「遊戯をする中にも色々な学問を授けられ」、玩具も「知識の開発に役立つ」種類のものが選ばれ「頭脳を明晰」にするために「南向の室《ママ》を選ぶ」といった具合に。また田中は「学校の勉強でも決して強いない」と述べるが、「御膳立てをさせる時……分配することで……算数の加減乗除の活用」をし「悪戯」も、それを「土台として更に明瞭な知識を与える」など、「注意しつつ放任」する。また「母親が同道し得ない所へは一切遣わせぬ」（鳩山）、「決して子供には善い事以外のものは見せも聞かせもしない」という「籠城主義」

（田中）がとられる。彼女たちは「知識を授ける」（鳩山）「明瞭な知識を能へる〈ママ〉」（田中）学力形成こそが「優勝劣敗の世の中」「生存競争は愈々激しくなって行く状態」（鳩山）のなかで、子どもの「将来の幸福」を保障すると考えたのである。

次に示す二人の言葉からは、このような教育によって人格形成と学力形成の統合を実現しえたとの自負が窺える。

「育児の方法を研究し、学問の順序を考え、人格の修養に努めたならば、或る点までは此の理想は実現し得ることを確く信ずる次第であります」（鳩山）

「子供が賢愚となり、良不良となり、社会に対して需、不需となるのは懸って、其の母なる婦人其の人の教養並びに子女の指導如何であります」（田中）

しかしここで注意しなければならないのは、彼女たちが、人格形成と学力形成の統合への自信を持ちえたのは、彼女たちがわが子をエリート層に上昇させるための方法や手段を持っていたからだという点である。彼女たちは、理想通りに「遊戯室」や「考えるお部屋」（田中）を設け、「私の実行しました育児法は、金銭も要りますし、常に傍に付いてをりますので、金銭と時間の余裕のない人には、完全には出来兼ねます」（鳩山）と述べる。

彼女たちは、自分たちがなし得た育児法を第二世代の母親たちが実現するのは容易でないことに気づいていた。そのため、第二世代にむけては、ひたすら母親の努力を説く。「主婦は子女の養育に任ずる為に、……あらゆる方面の知識に通ぜねば成りません……。其れ故主婦は絶えず異常な工夫と努力を以て修養しなければなりません」（田中）といった具合に。

彼女たちの育児論は、欧米の育児論に多くを学んだとはいえ(7)、自らの育児体験にもとづいて論を展開した点で、母親たちに大きな影響を与えた。しかし、その個人の解放や自由は、わが子に限ってのそれであった。また自らの育児が、育児の成功モデルたりえるとの自信は、自らの育児を基準に他のさまざまな子育てのありかたを排除する論理、とりわけ貧しい人々や「百姓」のそれを排除する論理になる。

鳩山は「百姓どころか頭脳を働かさぬ下等動物は……人格を修養するには適しません」「子供に教育をさづける事の出来ないような極端な貧乏では困ります」と述べる。田中の場合は、鳩山ほどあからさまには述べないものの、彼女が「一年間その実際を見せていただいて、長男を入学させる事に定め[10]」また他の子どもたちも「試験を受けて」入学させる（田中　一九二四）のは、成蹊小学校、中学校、女学校である。成蹊の創立者、中村春二は、「国家の人材」「英才抉出」のためには「国民を平凡化せんとする」義務教育制度は不利という大衆からのエリート解放論を説いた人物である（中内　一九七七：五六）。成蹊は、企業体、三菱が出資した英才選抜のための学校であった。

彼女たちのいう個の解放と自立は、わが子の独占物としてのそれであった。その結果、彼女たちとは違った形を持っていた民衆たちの子育てを、育児ではないものとして排除することとなったのである。

彼女たちが「子どもの権利」というとき、そこでの子どもとは「遺伝は結婚に始まるのです。即ち優生学の立場から考えることです」（田中）という優生学的結婚観に基づき選ばれて生れた子ども、「数人の凡人を生むよりは、一人の善良なるものを生む」ことを「心掛け」て生まれた「故障なくすらすら発達するような立派な善良な子供」（鳩山）であった。

では、教育家族成立時点での、強烈なわが子意識に彩られた育児論は、一九二〇年代の新中間層の大衆化のなかで、どのような展開をみせることになるのだろう。

三　教育家族の展開

育児相談と育児体験談

第二世代の教育意識を探るために、なぜ『婦女新聞』を選んだのか、そのことにまずふれておこう。多数ある女性雑誌、新聞のなかで『婦女新聞』を対象とするのには理由がある。『婦女新聞』は、新中間層の女性たちの、しかもリーダー層を対象とした新聞であった。『婦女新聞』の一九一四年（大正三）の社説には「あらゆる婦人雑誌の読者中最も教育程度の高い人達」（七五五号）とある。一九一〇年（明治四三）の岡山高等女学校生の課外読物調査でも『婦女新聞』は『山陽新報』、『大阪朝日』、『大阪毎日』に次いで四位、女性雑誌のなかでは一位を占める。その意味で『婦女新聞』は、第一世代の継承者たらんとした女性たちの育児意識をたどる手がかりとなる。

さて『婦女新聞』には育児に関するいくつかの欄が登場し、そして消えていく(8)。そこには、育児相談と育児の実際例の二つの系譜があるが、これらの欄が登場すること自体の意味が問われねばならない。

雑誌上への育児相談欄の登場は、ホームとしての家庭の理念が登場する一九〇〇年代に遡るが(9)、一九一〇〜二〇年代になると多くの女性雑誌が身の上相談、育児相談の欄を設けるに至る。では、育児への関心の高まりの一方での、育児相談という育児への不安の高まりをどうみたらよいのだろう。その背景には、都市に新しく形成された核家族のなかで、地域共同体や親族から解放された反面、相談すべき人を持たず「不安な思い」や「独りで悔い」る状況におかれる人々が増えたこと、性別役割分担にもとづく家庭の閉鎖性といった問題があった。それだけではない。この時期、家庭教育と学校教育が関連づけられ（I部第四章）、家庭教育の比重と責任が重くなったことがあげられる。学校の下請けとして家庭教育、育児が位置づけられたことによって、権威からはずれることへの不安が生みだされていく。

育児相談欄に並行して登場したのは、具体的な固有名詞を持つ母親の育児体験を紹介する欄である。一九一七年（大正六）、『婦女新聞』は「家庭教育の研究」という母親の育児体験談を紹介する欄を設ける。その理由は二つあった。一つは、「先祖から伝えられた一種の型と方法」という共同体秩序のなかでの人間形成と「外の見聞から得た知識」との「矛盾」や「衝突」のなかで「迷う事が多い」こと。二つには、家庭教育については「最早うるさい程まで主張され研究され実験されてゐる」が「多くの家庭に於て、成績の見るべきものは案外少ない」ため「実際の問題をとらえて研究したい」ということ。この二つが、その理由であった。

育児体験談登場の背景には、新旧の育児をめぐる対決のなかで母親たちに動揺が起き、理論上の研究と実験ではなく子育ての実際的解決が求められるという時代状況があったのである。例えば「子供の離乳について」数え年三つの「たった一人の男児」を持つ「困った母親」は、次のように「経験あるお母さま方にお尋ね」する。

……側から「まだ離乳は早い」とか「泣かぬうちに飲ませよ」などと云はれますと、もう弱い母はせっかく「おち々ないく\にしませうね」としまひこんだ衿もとを又ひろげてしまふのです。『離乳の心得』『離乳時の食物』など其道の専門の方々の御説など読みましても、今の私には到底実行出来さうにありません（一三四〇号、一九二六年）。

新中間層の大衆化のなかで、専門家の理論を第一世代のように実現できる条件を持たない母親たちが、「経験ある」母親たちの、より実践可能な具体的な育児体験から学ぼうとしている様子がうかがえる。一九一九年（大正八）の『婦女新聞』は、「家庭に於て子供のしつけの上に善良と認められ実行し易き種類のものたること」を募集条件に読者から「家庭教育一週一行」を募集する。それはこうした読者の要求に応えるものであった。

しかし『婦女新聞』掲載の母親たちの育児体験談は、方法論のレベルでの議論に終始し、しかも、どの方法がよいかをめぐる情報は拡散している。いわく「放任主義か?干渉主義か?」「放任も干渉も極端では困る」のか、「或る時期までは干渉」か?「子供に金銭の観念を持たせる可否に就いて」、子どもに「パパ、ママ」とよばせるか否かなどなど。

また、育児相談のなかで、医者、心理学者ら「専門家」と「素人」の図式が作られる。育児相談への回答では、「何よりも先に医者の診察」「専門家の診断を得た上で」「出来るならば専門家の児童学者、又は小児科医に診断して貰って」など、育児の「専門家」に相談せよとのアドヴァイスがなされ、育児の科学の結果のみが一方向的に伝達される。それはいわば、親の側の主体化、内面化を伴わない情報伝達のありかたであった。

岡山県では一九二〇年代後半、「岡山縣児童愛護聯盟」が育児体験談を募集する。一等当選は「衛生思想の無い素人の婦人が寄り合って」出産したため子どものいのちが危険に陥ったが「新聞で専門家の書かれた育児法というものを一寸読んだ事がある」ために子どものいのちをとりとめたという育児体験談である。そこでは「其の後は育児に関する講演だとか或いは斯ふした事に関係のある場合には勉めて繰り合わせを付けて一回も欠かさず、参っている」と、「専門家」と「素人」の図式が明確に述べられる。(10)

学歴社会とわが子評価

親たちが育児相談をする時のわが子評価も興味深い。親たちは、子ども一人ひとりの個性や才能を認める一方で、天才児、劣等児、早熟児、優秀児といった形で、あるいは学校の成績で子どもを評価する。たとえば「尋常読本の五を悉く覚え算術も同程度の暗算は出来」る天才児、「尋常一年ですが去年入学いたし成績不良のため落第」の低能児といった具合に。ここには、中等教育の入学試験を皮切りに採り入れられた選抜試験の子ども評価、つまり、子ども集団のなかに優等生と劣等生がいるのは当然とする相対評価的子ども評価が、親の子どもをみる目をも捉えていることがみてとれる。

この背景には一九〇〇年代初頭、心理学者たちによってアメリカから導入された教育測定運動と、そこでの相対評価による子ども評価があった。一九二六年（大正一五）には、この運動の指導書として田中寛一『教育測定学』（田中寛）一九二六）が刊行される。また一九二七年には「学校教師又は学校医の意見に依って、選抜派遣せられたる所謂低能児童」と「中流、若しくはそれ以上の家庭から母親付で相談所に来所せられる児童」について「身体上及精神上の検査を施行」する機関として岡山児童相談所が開設される。

わが子の置かれた位置を専門家によって客観的に確かめたいという親の教育要求に根差しつつ、相対評価的子どもの見方が特に「中流、若しくはそれ以上の家庭」の親たちのなかに入り込んでいったのである。しかもこの検査は、その結果にもとづき「教育上並びに職業上の指導相談」[11]をする人材配分を正当化する子ども評価を教育の場に持ち込むものでもあった。

また『婦女新聞』誌上で語られる育児の成功と失敗の体験談には興味深い揺れが見られる。失敗を述べる親は、その原因を、子どもの「素質」に求め、もともと子どもの「素質」が悪かったという宿命論に帰着する。それに対し成功談を述べる親は、育児の成功、失敗を分けるのは家庭教育の良否によると、親の力に信頼をよせる。先にも述べたように、新中間層の親たちは、教育による階層上昇と、よりよい生活への願いを強く持つ人々であった。しかし、第一次世界大戦を経て新中間層が大衆化する状況のなかでは、上昇できる部分とできない部分との分解が起きてくる。

上昇できない人々は、現実的障害に向かうよりは、「素質」が悪いのだからというあきらめの意識を、そして一方の極には、上昇ルートを昇る意識が生み出されていく。そうした意識は、資本主義社会の発展のなかで、労働の分業化が要求する人材配分とそれを正当化する「適材適所」のイデオロギーに呼応するものであった。第二世代の親たちが子どもに身につけさせたいものとして語る教育目標もまた、「時間を浪費する勿れ」という「勤勉」のモラルや「独立自営の精神」といった資本主義社会のなかで求められたモラルや態度であるのも、このことと関わっている。

この時期、中等教育を中心に「入学試験問題」として社会問題化する学力競争は、上昇する層とともに上昇できない層を生み出すものであったが、この現実を社会問題化させない意識構造が親たちのなかに形成されつつあった。そのことが、育児相談、育児体験談からは見て取れる。

童心主義への傾斜

では教育熱心な新中間層が、なぜ、それとは相反するかにみえる童心主義の最初の担い手でもあったのか。また、子どもへの着眼と、子どもの独自性の認識の表明でもあった童心主義が、なぜ、学力競争が激化してくる一九一〇年代末から二〇年代にかけて新中間層の親たちに歓迎されたのか。童心主義的子ども観が語られる時期は、学力競争が広がるなかで、育児体験談が「成功」「失敗」に分化する時期でもあった。このことを、親の教育意識に即してみるとどういうことになるのだろうか。

学力競争激化のなか、第二世代の親たちは教育熱を高めていく一方で、わが子が必ずしも学力競争の勝者になれないこと、そして学力競争が子どもに与える害を意識し始めていた。第二世代の親たちが、また素質が悪いと育児の「失敗」を語る親たちが、それでありながらなおかつ教育熱心であり得た理由は、童心主義への傾斜に求められる。

素質や学力、知力による社会的成功やステイタスとは異なる次元での子どもについての価値的把握である「童心」。「童心」の発見とは、子どもの心や内面という、学力では測れない部分での、子どもという存在そのものに価値をおく子どもの発見であった。わが子が、必ずしも社会的成功やステイタスと結びつく学力競争の勝者になれないとしても、その子どもには別な価値があるとする童心主義に、教育熱心な親たちが傾斜していくのは理由のあることであった。

新中間層の親たちは、学力の価値、とりわけよりよい生活を切り拓く「財」としての学力の価値を認める一方で、心性の部分では深く「童心」の価値に傾斜する親たちだったのである。しかし、子どもの心の独自性や子どもという存在の普遍的価値を認める童心主義は、子どもを抽象的に捉えることで学歴社会という現実の持つ矛盾を隠蔽する役割を果たす。一九二三年（大正一二）の『婦女新聞』（一一九七号）に載せられた入学難をめぐるある母親の揺れは、そのことを示す。

「学校のみが教育の全部とは私共では考え」ないという母親は、「一つの自信の下に」、「いたいけな子供の心身を削り細める」受験準備をしないという「方法をとったつもり」であった。しかし「子供の算術の出来ない」ことに弱り「平静を看板にしてゐる筈の私の意志もこの時分からある切迫した領域に踏入」ってしまう。そして結局「学校に拠らず各自に信ずる教育方針を執ることはまことによいこと」だが「これは特に優れた自信をもつ親とか、特別な境遇にある子供とかによってはじめてよく実行し得られること」で「普通、家庭としてはその子女の教育を大体学校に頼る外はない」との結論に至る。

この母親は「いたいけな子供」という童心主義的子ども観を持つことで、その子どもの心身を痛めつける学力競争に批判の眼を向ける。しかし学力競争への反撥をもつ一方で、「学校に頼る外ない」母親は、「個人教師」をつけるという解決の途を選ぶのである。童心主義的子ども観は、子どもという存在の普遍的価値を認めるとともに、家庭という囲いのなかで子どもを守る側面を持っていた（Ⅱ部第二章）。

第二世代の親たちは、わが子の幸福な将来を願い、その願いを実現しようとする時、人格形成と矛盾しかねない学力競争という競争原理にわが子をさらさねばならない矛盾に悩み始めていた。また、わが子に関心を集中させる親たちは、それゆえに教育熱心でありつつ、わが子が学歴競争の勝利者になれないかもしれないという不安を抱いていく。しかし、わが子は、学歴競争のなかでは勝利者になれないかもしれないが、学力とは異なる童心、純粋無垢という価値を持っている。その純粋無垢という価値を俗悪な社会から隔離し見守る必要がある。親たちはそのような形で教育熱心であり続け、わが子を教育的まなざしの下に管理することに、その努力を集中させていったのであった。(12)

育児への負担感のなかで

第二世代の親たちの揺れが起きるもう一つの背景として、新中間層の生活の困難さがあった。『婦女新聞』誌上には、育児相談と並んで学費の相談や家計相談、「教育は勿論、生活さへ困難の有様」からくる避妊の相談が登場する。この時期盛んにいわれた「文化生活」や「文化」は実生活の貧しさに彩りをそえ、一時なりとも現実を忘れるためのものであったという(朝日新聞社　一九八八:三五)。一九二〇年以降、『婦女新聞』の記者が述べるように「生存競争の激しい生活難の声の高い時節にあっては、子供を生むということは確かに考え物」(一九一八号)という状況が進行していく。

母親の側にも育児を負担と感じる状況が生まれていた。消費中心の家庭にあって生活費を切りつめる必要や、家庭のなかに家族以外の者が入り込むことを負担と感じるプライバシーの重視、(13)教育のない子守や女中にまかせることを「教育上の害」とする教育意識は、(14)女中や子守を家庭の外に押し出すこととなった。そうしたなかで母一人に子育てが委ねられる状況は、子育てを負担と感じる心性や、必要以上の子育ての労を避けたいという心性を生み出していく。(15)

と同時に、負担であるがゆえに、より育児の意味に自覚的であらねばならなかった。一九二五年(大正一四)の『婦女新聞』(一三〇四号)によせられた投稿記事、「或る子供に対する考察」と題する「愛読者の経験」は、そうした

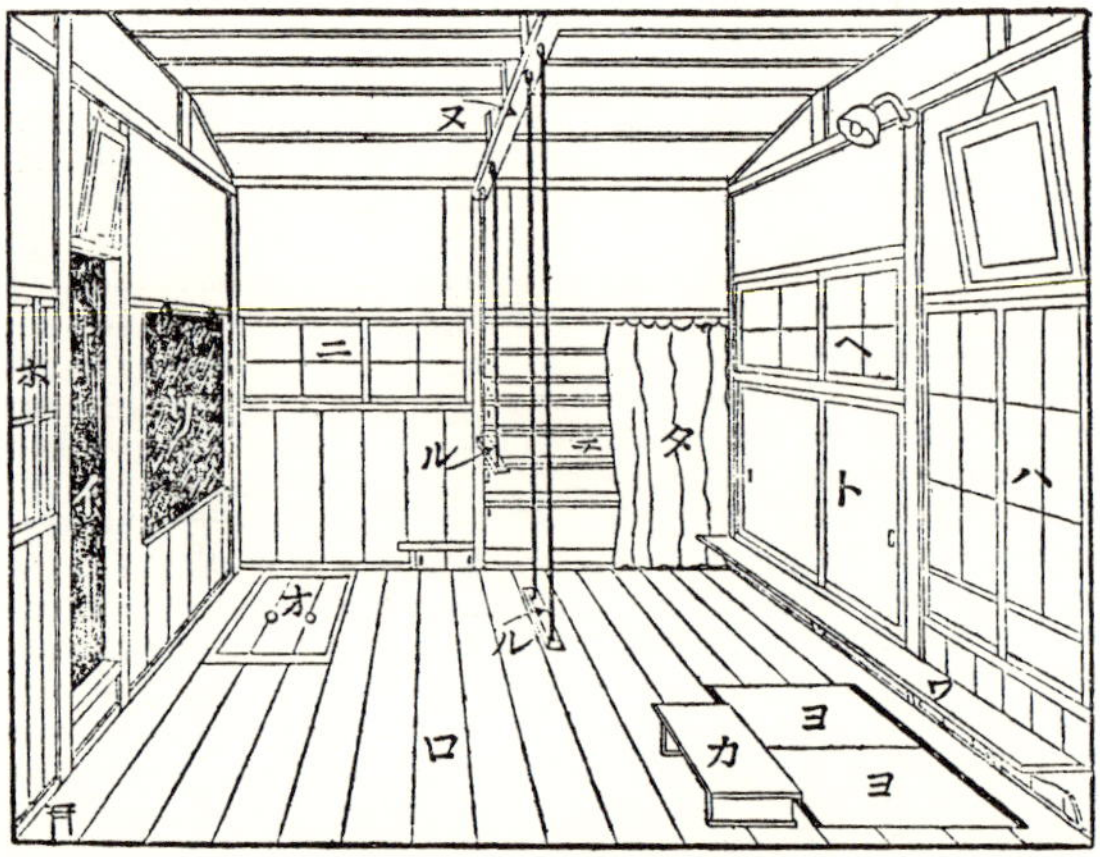

図31　田中の「自宅の遊戯室」（勉強部屋の隣に設けられ三方硝子戸がはまった八畳の明るい部屋『親心子心』）

第二世代の育児意識をよく示す。「新潟県・久子」と名のる母親は「田中芳子夫人等のお話を読む度に羨ましくて泣かずには居れない」数え年四歳の子どもの母である。なぜ、田中らの話が羨ましいのか。久子は述べる。

日当たりのいい芝生が欲しい、整頓した居心地のいい子ども部屋が欲しい、よい玩具が欲しい、よい友達が欲しい、子供達への態度はこうであらねば、ああであらねばと、読書によって理想と知識は相当進んで行きますものの、之に反して、何と云ふ現実の隔たり様でせうか……不便な薄暗い家には、彼等の遊ぶに適した一つの部屋もなく、又日光に浴して遊ぶ空地も近くには得られません。駄菓子や荒物を売る田舎町のむさくるしい街頭と、其家族とが友達であり、遊び場であるのです。どんなに心をこめてさとしても、数へ年四つの頑是ない長男は、其友達と同じように端銭を欲しがり……聞くに耐へない野卑な言葉を覚えます。私はまだ所謂「嫁」の身分で、ありたけの努力でかち得た権利……子供達の衣と、食とに対する七分通りの権利の他、家政の改善には何等の力も尽くしやうがありません。

「自宅の遊戯室」（図31）を持つ田中の環境と、久子の現実とは大きな落差がある。「子を思う誠心の何人にも劣ってゐるとも思ひませぬに、何と云ふ労多くして効の少ない情けない境遇」と嘆く久子は「どんな苦労をしても人並み以上の健康児に育ててやらねば」と心に誓う。そして「嫌がるものをすかして……歯の掃除を怠らない」という「いと小さい努力」の「報ひ」を得られたことを「自信を持って」「他の若いお母様方に申上げる」のである。

理想とはほど遠い状況のなかで、自分の意図的で熱意ある働きかけの効果が現われる場に努力が集中される。また、理想と現実のギャップは、自分の熱意ある働きかけが子どもへの教育作用の全てであると思いたい心理を生み出す。ここに現れるのが「人並み以上」という目標であり、「養育の心労や外部の圧迫」は「子供達の天真の笑顔と無邪気な動作を見ることによって充分償はれる」という童心主義への傾斜である。

「人並み以上」という、母親自身にさえ、その内実がつかめぬ教育目標、そのもとで「何時かは吃度、予期以上の報いを得らる」ことを信じて母親たちは育児に自らの努力を集中させていく。ここに、わが子の将来を案ずるという、いわば、あたりまえの願いを通して「人並み以上」への子どもへの期待が入り込んでいく回路を見出すことができる。それは、教育家族の出発点が強烈なわが子意識であったことの一つの帰結でもあった。

わが子から社会の子へ

教育家族の担い手となった母親たちの多くは、高等女学校という閉ざされた空間で、「少女」期というモラトリアム期を経験し（本田　一九八二、一九九〇、渡辺　二〇〇七）、性別役割分担家族の妻、母たり得るための教育を受けた女性たちであった。彼女たちは、家庭という閉ざされた空間での育児に自己実現への期待を寄せていく。その育児は、共同体的な「人並み」を否定し、共同体解体後の現実を自立して生きていける能力の形成、人格形成と学力形成の統合をめざすものであった。しかし、学力競争の激化のなかでの、その実現の困難さは、母親自身にも内実がつかめない「人並み以上」という、終りのない教育目標に向かわせることとなる。また母親の自己実現の要求をもあわせ持つ、子どもの教育への関心の強さは、学校に家族を従属させる学歴志向を、より強めることともなった。

この時代は、「文化生活」を理想とする生活意識の登場に示されるように、たえず変化する新しい都市的生活様式や生活リズムが日常生活に入り込み始める時代、いわば子どもを育てる環境が流動的で、たえず新しい問題がつきつけられる時代の始まりでもあった。これら家庭の外側からもたらされる環境の変化に、一人ひとりの母親が育児の知識をもって対応する状況は、わが子意識の強さともあいまって、専門家の育児知識や学校への従属をより強めることとなる。

しかし、同時代すでに、教育家族の持つこれらの問題、特にその教育関心の対象が「子ども」一般ではなくわが子に限ってのそれであることの問題が指摘されていた。岡山の『連帯時報』（九巻五号、一九二九年〈昭和四〉）には、愛児の育児体験談と並んで、早くも教育家族の問題を指摘する次のような主張がみられる。

二十世紀は子供の世紀ださうです……然しそれを仔細に観察致しますと、個人としては子供の養育を相当熱心に考えている人でも社会人として子供に対して多くの責任を果たしてゐる人は少ないのであります。……即ち日本は「個人的には既に児童を発見してゐるが、社会的にはまだ児童を発見してゐない」わけです（赤澤　一九二九）。

私的所有を原理とする資本主義の発展のなかで発見された子どもは、「私有」「私物化」の対象としてのわが子であり、子ども一般ではなかった。ここに述べられた、家庭という小宇宙のなかでの私的な子ども観の克服と社会的な子どもの発見――社会の子としての子ども観、母親の教育力のみではなく社会のなかでこそ子どもは育つという――の課題は、いまもって課題であり続けている。

注

（1）　中内敏夫（一九七二）（一九八五）、堀尾輝久（一九八七）など。

（2）神立春樹（一九八七：一六二）によって算出すると、農業二九・五、工業三八・八、商業二七・五、交通業五・四、公務自由業九・一五、無業者一三・六パーセントとなる。また、岡山市の壮丁学力試験成績によってみるなら（『岡山県統計年報』）一九一〇～二〇年にかけて中学校卒業以上の者の比率は一三から二五パーセントに上昇している。

（3）小山静子（一九九九：五一）には、子ども・女性・家庭に関わる博覧会一覧の表が掲載され一九〇六年（明治三九）から一九二八年（昭和三）までに開催された四四の博覧会が挙げられている。しかしここには、岡山児童博覧会は含まれておらず。各地方都市の博覧会まで含めれば、この時期相当数の博覧会が開催されたものと思われる。

（4）『山陽新報』一九一二年三月二四～七日。

（5）一九八八年一二月一日、山本尚子さんへの聞き取りによる。

（6）たとえば平田ノブ（一九二六）、には「御子様方は秀才揃ひで」、「あの著書は世間の親達にも大変参考になったらしく」とある。また同一三六〇号には「親心子心の会」が開かれたとあり、そこでは子女発育表が「綿密に記入されている事」や「長男出生時……署名された貯金実行の契約書（後日の学費のために毎月三円づつ必ず貯金する事、いかなる事情あるも此の貯金は他に流用せざる事等）」が強く注意をひいたとある。なお三円というのは夫の収入全体の約六パーセントにあたる。

（7）『親心子心』は「児童心理学の応用」として紹介された。また、鳩山が依拠するのはキングスレーら欧米の人物であり、その育児論は欧米の育児論に学んだものであった。「家庭」のモデルも欧米の「ホーム」であったが、その育児論もまた欧米に学んだものだったのである。

（8）一九一〇～二〇年代に登場するもののうち、育児相談欄にあたるものとして「感想、随筆」「自己告白」「煩悶と告白」「談話室」が、また育児の実際例を取り上げたものに「お母さんとの五分間」「家庭教育の実際」「家庭の研究」がある。

（9）たとえば『明治の家庭』（一九〇五年創刊）は「理屈はいはないで実用ばかり」を宣伝文句に「子供の育て方（質問随意）」という育児相談欄を設けている。

（10）「育児体験談（一等当選）妊娠と産婆」（『連帯時報』七巻六号、岡山県社会事業協会、一九二七年）をはじめ、当選した育児経験談は、専門家と素人の図式にもとづくものが大半である。

（11）岡山児童相談所（一九二八）など、児童相談所がおこなった調査は、そうした目的を持っていた。

(12) 広田照幸(一九九九:五七~六七)は、「新中間層の教育意識が一枚岩のようなものではなく、矛盾するものを含んでいたという沢山の主張には同意したい」としつつ、学歴主義と童心主義との間にもう一つ「子供は無垢=無知であるがゆえに早期から厳しくしつけや道徳教育をおこなって、ちゃんとした人格や生活規律を身に着けさせるとする『厳格主義』とでもいうべきものが存在したのではないか」とする。また学歴主義、童心主義、厳格主義という相互に矛盾・対立する三つの志向性を持ったことが、「子供に寛容であろうとする志向と厳しくしつけたいという志向との葛藤や、人格の形成を学校教育に期待したい思いと当面の受験準備を学校に求めたいという思いとの間の親の迷いなど、その後の『わが子の教育方針に関する悩み』の起源」になると指摘している。さらに広田は、新中間層の親たちは、この本来は矛盾した「三つの目標をすべてわが子に実現しようとして」「完璧な子供=パーフェクト・チャイルド」を「作ろう」としたこと、また「童心主義・厳格主義・学歴主義のどこに傾斜していったとしても、そこにはかつてないほど強烈な『教育する意志』がはたらいていた」とする。しかし、広田が分析対象としているのは、『家庭及学校』という雑誌の論説など教師の主張、そして作家の野上弥生子、心理学者の霜田静志など、当時の有名人の論である。確かに鳩山や田中がめざしたのは「パーフェクト・チャイルド」であり、そこには強烈な教育する意志が働いていたと言えよう。しかし大衆化した段階の新中間層の親たちの声に即してみる限り、そこから見えてくるのはむしろ、「パーフェクト・チャイルド」をめざすことや、教育する意志の実現の困難さへの意識、そして、学歴主義と童心主義の狭間で揺れ動く心情である。この点については、沢山(二〇〇〇)を参照されたい。

(13) 例えば『婦女新聞』(八〇七号、一九一五年)には、夫婦と三人の子どもからなる家族を構成する「勤め人」の妻の「女中なしの簡易生活」実行の理由が次のように述べられている。

……普通ならば女中を置く所ですが、女中を置くと色々物入りもし、且つ又心を使わねばなりませんので、思い切って置かない事にしました。

(14) 「阿母《ママ》さんとの五分間」(磯野理学士法学士夫人 千代子、『婦女新聞』(八八七号、一九一七年)には「子守や女中につけておきますとどうかすると子供をだまして困ります。偽りを何とも思はぬ習慣を無邪気な子に与えて非常に教育上の害になると存じます。……こんな風に考えて参りますと、無知識な子守や女中にはなか〳〵預けておけません……」とある。

（15）「皆様の不平と愁訴の持ってゆきどころ」として設けられた「談話室」には、それぞれ二人、一人、五人の子を持つ三人の母親たちの、子育てを負担と感じる心性、必要以上の子育ての労を避けたいという心性が次のように語られる。

……実際子持ちはそして自分でお守りをしてゐるものは着物など、一寸もかまっちゃ居れませんよ……、かうして幾人かの子供を育て上げるまで、いつまでたっても身奇麗にする時なんてありませんね。

彼女たちはさらに、七人の子どもを育て上げ五〇に手の届く頃一番下の子どもが学校に入った婦人を指して言う。

育てあげたというよろこびはあっても、その年になって男の方と区別も出来ないやうな着物の柄をいくら新しく身につけても若い頃の感じはしませんもの……結局女ってつまらないものですね（一三二六号、一九二五年）。

第四章　「母性」「父性」を問う——「男女協力」と「親性」へ——

一　「母性」「父性」の登場

「母性」「父性」論の特徴

子産み・子育てにおける男と女の役割や関係を語るとき、母性、父性の語を用いることは、今ではごく一般的である。その意味で母性、父性の語は、私たちにとって日常語となっている。しかし、ごくありふれた日常語となった感のあるこの言葉の歴史は、思いのほか浅い。「母性」の語が翻訳語として登場したのは二〇世紀初め、一九一〇年代のことである（沢山　一九七九）。それまでの女・女子・婦人という表現に交じって女性の語が使われるようになるこの時期、翻訳語として「母性」の語が登場する。「母たるべき機能」と「本性」を結びつけて作られた語が「母性」であった。そこでは、女性の身体は、何よりも、「母たるべき機能」、子どもを産む生殖器官をもつ「産む」身体としてとらえられ、「産む」ことが女性の「本性」とされる。さらに「母性」の語は、「愛」の語と結び付けられることによって急速に人々の支持を得ていく。「母性愛」の語が日常語として普及し始めるのは、日本における少産少死型社会への始発点にあたる一九一〇～二〇年代のことである（沢山　一九八八）。

この一九一〇～二〇年代という時期は、新中間層の台頭を背景に、性別役割分担家族が登場する時期でもある。性別役割分担家族の男＝父親と女＝母親の役割が、とりわけ「父性」「母性」という形で区別され、子産み・子育てにおける男と女の関係が、「母性」「父性」の語で語られ始める（I部第四章）。その主な担い手は新中間層の人々であった。彼らは当時、「俸給生活者」ともよばれたサラリーマン層であり、全人口のわずか六パーセントであったが（大橋　一九八二：六〇）、その後の子産み・子育ての世界の展開は、新中間層的な子育ての世界が他の階層に広がっていく過程であった。その意味で、この階層の母性、父性の世界は注目に値する。そこには、母性、父性をめぐるどのような世界が展開していたのだろうか。

ところで、男＝父親と女＝母親の役割の違いを説く論そのものは、「母性」「父性」論に至って初めて登場したわけではない。近世の女訓書では、天地陰陽の上下尊卑を前提とした陰陽和合説にもとづく男女の役割の違いが、また明治の啓蒙期の「賢母」思想でも男女の役割の違いが説かれる。前者では、「天」であり「陽」である点で、母親より上に立つものとされた父親の子育て役割の重要性が、後者では、「男子ト婦人ト其感化、各々別アリ」（中村正直訳、スマイルズ『西洋品行論』）と、男女の役割分担を当然としつつも、男女にそれぞれ固有の領域を認め、母親とともに父親の子育て役割が説かれる（平川　一九八七：一七〇—一七二）。「母性」「父性」論は、性別役割分担を説く点では、これらの思想のバリエイションであった。が、これらの思想が父親の子育て役割を重視したのに対し、「母性」「父性」論は、生物学の性差論を根拠に父親の役割の小ささを主張した点が大きく異なる。

では、なぜこの時期に、性差にもとづく「母性」「父性」論が展開される必要があったのだろう。そして、新中間層の家族は、そこに何を求めたのだろうか。男女の性差を根拠に母親の子育て役割を説く母性愛論（子育て論に現れた性差論を「母性愛」に大きな意味を与えている点で、以下、母性愛論とする）を手がかりに探ってみることにしよう。

読者の手紙

序章で下田次郎の著書『胎教』に寄せた読者の手紙の一部を取り上げたが、ここで、追伸を除く全文をあげておく。

拝啓（中略）長男妊娠三ヶ月の際、私月給小額にして愚妻内職致し居り候得共、迚《とて》も購読の余裕を不レ得、苦痛を感じ居り候。然し子供丈は相当の養育を致し度所存有之候為、先生より御贈与を頂き候「胎教」を、愚妻長男出生迄に二回、次男出生迄に前後六回熟読致し候由。我等夫婦生活には、更に余裕無之候へ共、精神上に於ては、幾分の余裕を得居る積りに候。子供の養育に付き候ては、最善の努力により、家族一同、虚偽、驚かし、その他子供に害を及ぼす様の事は、如何なる苦心有之候とも、絶対致さざる方針にて今日に至り候

追伸　別送の本年一月二十八日撮影致し候子供写真壹葉御送付申上候間、御覧被下候はば幸甚《かうじん》と存候。（後略）(1)

大正九年五月五日（下田　一九二五：一二）

この手紙からは、残すべき資産もない「月給小額」の俸給生活者の、「然し子供丈は相当の養育」をしたいとの意識、「子供の養育」については「家族一同」「虚偽、驚かし、その他子供に害を及ぼす様の事は、如何なる苦心」があってもしないという教育家族的心性、「子供写真」に示される愛児へのまなざしなどを読み取ることができる。

下田は一八九九年（明治三二）から一九三六年（昭和一一）まで、東京女子高等師範学校の教育学の教授として強い影響力を持った人物で、母性愛論のもっとも影響力ある論者であった。その著『胎教』『母と子』は、いずれも当時のベストセラーとなっている。『胎教』は一九一三年（大正二）から二三年（大正一二）までに四五版、その姉妹編である『母と子』は一九一五年（大正四）から二七年（昭和二）までに二一版を重ね、一九三八年（昭和一三）には女高師の生徒が書いた作文のなかから「母に関するものを精選して」取り入れ『母性読本』として出版される。ではなぜ、下田の母性愛論が歓迎されたのだろう。母性愛論と新中間層家族の子育てへの期待との関わりを考えてみたい。

この手紙には、妻は下田の『胎教』を「長男出生迄に二回、次男出生迄に前後六回熟読」したこと、生活には余裕がないが、精神的には「幾分の余裕を得居る積り」だと記されている。夫婦は「この本をも胎教実行の一部として」

「精神上の日光に浴して居るやうな気分」で読むことを求めた『胎教』の忠実な実践者であった。では、新中間層家族が『胎教』の実践によせた期待とは何だったのだろう。下田は『胎教』が必要な理由を次のように述べる。

僅《わず》か二八〇日間の胎教が、生れて後の十数年の長い時日《じじつ》と、多くの労力と費用とに由《よ》って行はれる教育にも匹敵《ひってき》して、劣らないほどの効力があることを思へば、胎教を能くすることは、立派な人間を造る極《きは》めて経済な方法といわねばなりません（第一版序より）。

ここに示された、子育て、教育には多くの時間と労力と費用がかかるという子育て意識。それは手紙に記された「子供丈は相当の養育を致し度所存」という子育て意識と重なりあう。しかも、こうした子育て意識を持ちながらも物質的余裕のない夫婦にとって、わずか二八〇日の胎教は、生まれてからの多くの「労力と費用」による「教育」に劣らない「効力」がある「極めて経済な方法」と説く下田の『胎教』は、相当に魅力的だったはずだ。また下田の胎教では、精神が身体に影響を及ぼすこと、なかでも驚かしや恐れの感情は、身体の機能を「萎縮減退」させるものとして危険視された。この家族が、「虚偽、驚かし」に注意を払おうとしたのも、そのためである。いわば、この手紙には、新中間層の家族が子どもによせた期待と、その期待を実現しうるものとしての下田の母性愛論への期待とが二重写しになっている。

母性愛論の構造

下田によれば「胎教といふことは母体という大自然が、胎児に与える刺激と、感受とを研究して、胎児に優良な母体を保持させること」であった。母体は、何よりも優秀な子どもを産みだす「母体」、胎児にとっての環境とされる。また受胎については「男子の精子は自ら運動して一分間に一ミリから八ミリ位宛進出して、卵子のあるところに辿り着いて受胎作用を完了する」と説明する。受胎は、男子の精子の能動性と、精子がたどりつくのを待つ卵子というよ

図32 「母と娘」ルブラン夫人自画像
（下田次郎『母と子』1927年）

うに、男は能動的、女は受動的といった近代社会の男女のジェンダー秩序で説明される。しかも、「夫婦の性生活は偏《ひとえ》に勝れた子孫を生みだすため」と、優秀な子どもを産むための性と生殖の一致が求められる。

　ところで、下田が示した母性や母性愛のイメージは、著書に添えられた絵画（図32）や彫刻のイメージとも相俟って強烈であった。しかしその一方で、子産み・子育ての具体的な内容や現実的な条件については抽象的であり、生物学的レベルでの雄と雌の関係としてのみ語られる。下田は、有性の生物界一般の雄と雌の差異――「花でも雄べは早く萎れ、雌しべのみ残る」ことや「昆虫では受精が終れば雄蟲は用がない」こと――から、雌の育む性を強調し、雄の役割を軽視する（下田　一九二七）。また、生物の進化の最高段階に哺乳類を位置づけることで、母親の「哺乳」に大きな価値を与え、「高等動物に於ても、妊娠、哺乳といふ事は母のみにあることで、父にはありません。つまり生殖に要する負担は女性の方が男性よりも遥に大であります」と述べる。

　いわば、生物界一般と哺乳類の雌、雄の差異を根拠に、雄である父親を排除する論理が展開される。が、生物学的差異を強調するだけでは、母親の役割は妊娠、出産、授乳の機能に限られてしまう。そこで、女性を長期にわたる母役割に従事させるために持ち出されたのが、「母性」と「愛」の結合、母性愛の論理であった。人間の母は妊娠・出産・授乳という「生理的母性」だけではなく、「真の愛」「母心」を持つ。人間の母に至って初めて「母性愛」が生まれたというのである。

そこでは、次のような論理が展開される。人間の子どもが、一度に一人しか産まれず、しかも「未成熟」な状態で産まれてくるのは、「母の愛を一つのものに集注させ」「愛を発達せしめる時間」を長くするためである。だから人間の母の特徴は、母性愛を持って「長い間」子育てにあたることにある。また、その子育ては「生理的」であるとともに「倫理的には愛」という価値を与えられた「哺乳」に始まる。それゆえ「母子の関係」は重要であり、子育ては母の役割となる。

「男女共に心身両方面に於て大いなる差異」があり、「女性の身体は子を生むための身体としてより外には解釈できない」。だから「女性の天職は子を生み母となることにつきる。原則としては、どうしても結婚して母となる道行をふみ、又母とならねばならぬ」(下田　一九二七)。下田はそう主張する。ここでは「独身の生活」や「子を生まない女性、母にならない女性」「家族を見捨てて職業を執るといふこと」は「自然の期待に背く」「例外」とされる。言いかえれば、男女の生物学的、身体的差異と進化の理論で、女性の役割、ライフコース、母子関係を一元化し、性別役割分担家族を正当化する理論、それが母性愛論であった。

しかも、生物学的な雌雄の差異を根拠とする母役割の肥大化と父親の排除は、他方で公的領域(企業、社会、国家)への父親の取り込みと、母親の排除を意味していた。そのように考えると、実は、下田の母性愛論が公的領域については語らなかったことに意味がある。いわば語らないことで私的領域の女と公的領域の男という性別役割分担を正当化したと言えよう。しかしそのことは、母親、父親どちらにとっても一面的な世界の展開を意味するものであった。

しかも、母性愛論が流布される過程で、受胎、妊娠、出産、授乳といった「母性」の生物学的側面と、母親の子どもへの感情という社会的・文化的側面は混同され、「母性」の社会的・文化的側面までもが自然的、生理的なものとされていく。その過程は、母親の役割や子どもへの感情が歴史の産物である側面を見失わせ、あたかも超歴史的にそうであったかのように「常識」化させていく過程でもあった。

二 「母性愛」の両義性と育児体験談

母性崇拝と自己犠牲

母性愛論では、母性愛を強調する一方で、母の自己犠牲を説く。「人間の未成熟期の長い事は、母に道徳的修養の機会を與へ」「忍耐、同情、配慮、親切といふ四つの徳」をあたえたが、これのみでは「危難、飢饉、疾病等の危機に際し、母は子孫を残すことが出来」なかった。そのため「少し並み勝れた母は或時犠牲心を超起し我れを危くして子を助け」たというのである。母性愛論では、自己犠牲こそは母性愛の表現であるとして、母性崇拝と自己犠牲が表裏の関係にあるものとして説かれたのであった。『母性読本』には、母の自己犠牲を賛美する女高師の生徒達の作文が取り上げられる。

その一つには次のようにある。

一昨年の冬、東京の或《ある》学校の入学試験を受けて帰国しました所が、母の足の指の爪が、皆落ちて居《お》りました。驚いて譯《わけ》を聞きましたらば、母の言はれるには「お前《まへ》の試験の通る様に、鎮守《ちんじゆ》の御社《おやしろ》と、天満宮様へ跣足《はだし》参りをしたから」と。あゝこの言葉、深く深く膽《きも》に銘《めい》じてただ感涙《かんるゐ》にむせぶのみでございます。

この地は山間ゆゑ、冬は雪が積つて、中々消えません。しかも試験頃は毎日の降雪で、鎮守の森迄十餘町の山は、人跡《ひとあと》はございません。その中を跣足で往き来しつゝ、子を思ふ一念で、自分の身を忘るゝは、人の親の常とは云《い》ひながら、今更《いまさら》の如《ごと》く、親の恩の宏大なるを感ずるのみでございます（下田　一九三八：二〇七〜二〇八）[2]。

下田は、母の自己犠牲が、子どもの教育にとって持つ意味を強調し、「そういふ母の子に限って……成績も良い」（下田　一九三八：二二三）と述べる。母の自己犠牲が子どもの良い成績に結びつくと説く母性愛論は、新中間層家族の子どもの教育への強い関心に適合するものであった。

一九二四年（大正一三）、「親達が宝子を教へ育て立派な精神と身体とを築き上げるための参考書として稀有の生きた好資料」として東京市社会教育課から出された育児体験談の記録、『愛児の躾けと育て』に収められた育児体験談のなかで、七才と三才、二人の男の子の父親は、次のように述べる。

育児の為めには事業も能率も時間も位置も名誉も犠牲にしなければならぬとは、第一児誕生の日に妻と堅く誓約いたしたことでありましたが（後略）（東京市社会教育課　一九二四：三六）

この父親の言葉に示されるように、新中間層家族は、「子の教育のためには家庭はそうあらねばならぬという教育家族論」（中内　一九八五：九四）を持つ、子育てのための犠牲を受け入れる家族であった。この父親は、子育ての「大役を果たすべく任せられている」のは母親であり、父親は、その母親に対し「最大の援助と敬意を払う」べきだと述べる。子育てのための犠牲は、とりわけ母親によって払われるべきものであった。母性愛論は、産育権を手にし始めた母親たちに、母役割の理論的根拠を与え、母親たちの密度の濃い子育てを母性愛の語で価値化したことで、母親たちの支持を得た。しかし、母親による産育権の確立は一方で自己犠牲を引き受けることでもあったのである。

下田の『胎教』がベストセラーとなった一九二〇年代、育児体験談は、新中間層の大衆化を反映して質的転換を迎える。それは、書き手が鳩山春子のような著名な母親から一般の新中間層の主婦に変わったことだけを意味しない。著名人の母親たちによる体験談は、子ども部屋や遊具など理想的な子育ての環境や条件を調えることを強調するものであった。それに対しこの時期の体験談では、新中間層の大衆化とその生活条件を反映して、もっぱら「金の要らない日光と空気」「節約、忍耐の思想を子どもに与える」といった精神的条件への傾斜を見せる（II部第三章）。『愛児の躾けと育て』に収められた育児体験談の数々も、そのことを物語る。

下田の論でも、ひたすら母性愛という精神的条件が説かれ、子育ての物質的条件については空洞化している。育児体験談と下田の母性愛論を重ねあわせてみると、この母性愛論の抽象性にこそ意味があったことに気づかされる。母性愛論は、大衆化した新中間層、理想的な子育て環境を調えられず、精神的条件を求めざるを得ない人々に、その抽象性のゆえに受け入れられたのだった。

また著名な母親の体験談は明らかな「成功」の体験談だったが、この時期になると、「失敗」への不安が大きくなってくる。新中間層の大衆化は、他方で学歴社会での成功の可能性を縮小させるものでもあった。『愛児の躾けと育て』は、東京市の電車内ポスターとしてかかげられた原稿募集に「続々と集って」「パンフレットを刊行する積り」が「書物」になったという。ここに収められた育児体験談は一三一例。そのうち「子供に思はぬ病気や怪我をさせた実例」や「子供の躾けを誤った実例」といった失敗談は六八例と半分以上を占め、子育ての失敗を避けるために失敗談が提供される。しかも、失敗談のなかには愛児を亡くした体験談が登場する。

専門家と素人の図式

愛児を亡くした体験談では、子どもを「失った悔ひ」や「諦め難い悲み」「取返しのつかぬ悲み」が語られる。この「悔ひ」や「悲み」の表明が持つ意味は何だったのだろう。母性愛論との関わりで考えるとき、そこには子どもの死をめぐる心性の変化という以上の意味がある。下田によればそれは「慰められぬ愛の誠」であり、母性愛の強さの表明だという。しかも下田は「父は子を亡くしても慰められる。母はこれに反して慰めることが出来ない」とも述べる。しかし、この下田の言と育児体験談とはズレを見せる。愛児を亡くした嘆きは、母親だけでなく、父親によっても語られているからである。が、下田は意識的にこうした父親の存在を隠蔽していく。

親達はわが児を亡くすという失敗の原因を、一方では「親の不注意の罪」や「母の衛生思想の乏しい事」「無知」の問題として（図33）、一方では「素人としては是れ以上手の盡しやうがない」ほど手を加えたにもかかわらずというあきらめとして語る。両者は一見相反する事柄を述べているようにみえる。しかしどちらも専門家と素人の関係という枠組みのもとで語られている点では共通する。なぜなら前者は親としての知識の不足の問題として、また後者は親としての知識を十分に持っていたとしても、それは専門家の知識との関わりで言えば素人の知識にすぎないという問題として語っているからである。これら失敗談への専門家、小児科医の評は「子供に関する失策の大部分は育児の知識に欠けている」というものであった。

下田は、母親と育児の知識との関係について次のように述べる。

母の引き受けるものは子の身体のみならず、子の精神であります。……母は心理、特に児童の心理、及び教育のことは一通り心得て置き、また少なくとも普通教育に於ける子供の学習を補導するだけの修養が必要であります。中等教育に於いても、母が子の顧問となり得れば、一層結構であります（下田　一九二七：一四六）。

母親は子どもの「身体」「心理」の責任者として重責を担う一方で、専門家の下請け、専門家に対する素人の関係に置かれる。一八八二年（明治一五）に、「家庭教育」は学校教育の下請けとして位置づけられるが、下田の「普通教育に於ける子供の学習を補導するだけの修養」という言葉は、そのことの表現として読むことが出来よう。ここには、母性愛が強調され母親の占める位置が大きくなる一方で、母性愛の発揮とは、とりもなおさず専門家の知識に従うことなっていく様子が示されている。

図33 「体温計ある家庭に手後れなし」（大阪毎日新聞社編『大正十二年度婦人宝鑑』一九二三年）
体温計は「愛児」の熱をはかる母親の図柄とともに，母親の健康管理の役割と結び付けて宣伝される．

「母性愛」の持つ両義性からは、なぜ、当時、母性愛論が展開される必要があったか、その理由がみえてくる。母性愛論は、父親を子育ての場から排除し、いったんは母役割を肥大化させ、その肥大化した母の「育児」を専門家や学校教育に従属させることを介して、「家庭」を「国家」に取り込む、いわば「家庭」の「育児」を通して「家庭」を「国家」に取り込む装置でもあった。母性愛論は、その意味で、性別役割分担を支える理論的根拠を用意しただけでなく、「育児」を介して「家庭」を「国家」に従属させる（ひろた　一九九〇：二七八）役割をも果たしたと言えよう。

しかし一九三〇年代初頭には、子どもの教育に「最も熱心」な新中間層において家庭教育が「極めて無力」であること、その原因は、熱心さが「常に学校教育を対象」とし、「家庭教育と云ふのは家庭で学校教育の準備をすること」に堕してしまい「学校教育は年少の子女を家庭から奪ひとる」ものとなっていることにあり、「家庭それ自体の生活がない」との批判が登場する（赤井　一九三一：二一―二二）。この批判に示された新中間層家族の家庭教育不在の現実は母性愛論の展開がもたらす、ある意味では当然の帰結でもあった。

三　むしろ父性を保護せよ

「男女協力」の子育て

では、子育ての当事者である父母のなかから母性愛をめぐる葛藤や、母性愛論への批判はうまれなかったのだろうか。第一次世界大戦後の生活難は、下田が、正当モデルから外れる「例外」とみなした「職業婦人」を生み出しつつあった。一九一八年（大正七）から一九年（大正八）にかけておこなわれた「母性保護論争」は、これら「職業婦人」の増加を一つの背景とする。

この「母性保護論争」というネーミングは、田川建三によれば、その論者の一人、「平塚らいてうの問題意識に沿った名づけ方」であり、もう一人の論者、与謝野晶子にとっては「女性の経済的・職業的自立が議論の焦点」であった（田川　一九九九）。その意味で「母性保護論争」は「母性保護」の問題に限定されない、女が働くことの意味とライフコースの模索をめぐる論争であった。また、子産み・子育てに深い関心を寄せ始めた女性たちの、子育てと職業の矛盾への自覚を背景とする点で、論争の成立自体が、性別役割分担家族への批判の性格を持つ。

平塚らいてう、山川菊栄といった論者のなかで、特に父性について発言し、「寧ろ父性を保護せよ」（一九一九年〈大正九〉）（与謝野　一九八〇a）との論点を示したのが与謝野晶子である。母性保護論争が展開された時期は、主婦の誕生の時代でもあった。しかし、晶子は、「「主婦」と云ふやうな言葉」は好きではない、「女子が家庭に必ずこびりついて居ねばならぬとする考へに至っては私の最も同感し難い所」（与謝野「男女の平等な協力」一九二六年〈大正一五〉、一九八〇：二四一）と述べ、主婦を自明視する感覚には染まっていなかった（山田 二〇〇六）。また、女も自分自身の食い扶持を稼ぐために働かないと人間になれない、女、男の区別なく、すべての人間が自らの労働によって生きるべきという晶子の主張は、自ら働くことで生きてきた庶民の当然の感覚、町人の誇りに根ざしていた（田川 一九九九）。晶子は次のように語る。

私は労働階級の家に生れて、初等教育を受けつつあった年頃から、家業を助けてあらゆる労働に服した為めに「人間は働くべきものだ」と云ふことが、私に於ては早くから確定の真理になって居ました。私は自分の家の雇人の中に多くの勤勉な人間を見ました。また私の生れた市街の場末には農民の村があつて、私は幼年の時から其処に耕作と紡績とに勤勉な沢山の男女を見ました（与謝野「婦人改造の基礎的考察」一九一九年、与謝野 一九八〇c：二一二）。

その晶子にとって、男も育児を平等に担うのは当然のことであった。また晶子には、夫の与謝野鉄幹とともに著作活動で生計を支えつつ、一〇人の子どもを育ててきた自負があった（図34）。一方、この時期、男性自身の側からも、若い父親であり、教師である野村芳兵衛が「母性」「父性」の捉えなおしを提起する（Ⅰ部第四章）。両者は共に自らの自己実現の立場から性別役割分担を批判し、「男女協力」の子育てを主張したのである。同じ時期に、男女双方から同じような主張がなされたこと、また晶子、野村ともに、庶民の生活感覚を背景に「男女協力」の子育てを主張した点が興味深い。ここでは両者の主張を関係づけながら、男女の関係性のなかで「男女協力」の子育てとその「母性」「父性」論の構造をみていくことにしよう。

二人は当時の状況を「父性の退化、頽廃」として、父親が物理的に不在なだけでなく精神的にも不在であると捉えた。それは、男の側からすれば「子供に対する愛を女に奪われ」ている状態（野村）であり、女の側からすれば「親の責任を一手に引き受けて居る女子もまた甚だしい僭越を敢てして居る」（与謝野「寧ろ父性を保護せよ」）状態という男女相互の関係性の問題としてとらえられた。これは、子育ては父母どちらか一方の役割ではなく、また男女どちらも子育てを独占することはできないという主張でもあった。では、「父性の頽廃」の原因はどこに求められるのだろう。晶子は、性別役割分担家族のなかで生まれた「稼ぎ手」としての父親の役割と、従来からある「子煩悩を嘲《あざけ》り、女々しい男子のやうに侮辱する習慣」すなわち家父長的父親像とが結びつき、一方では「稼ぎ手」として、一方では「家父長」としてふるまうという形でしか存在しえない「父性の頽廃」がもたらされたのだという。

図34　晶子とその子どもたち
後列中央が晶子．その右へ長男光と次男秀．前列左より長女八瀬，三男麟，三女佐保子，次女七瀬．1914年，麹町中六番町三番地時代（『定本与謝野晶子全集』第十二巻，1981年）

すでに一八九九年（明治三二）、清水紫琴は、『女学雑誌』のなかで、もとは士族層のものであった家父長的父親像が中流以上の階層にも広がったことを次のように指摘している。

武士気質の遺習として、武士ならざりし人までも、中流以上の家庭といへば、子女

図35　A・ド・ヌービル『家庭の情景』（アンベール『幕末日本絵図』上〈新異国叢書〉1969年）

を膝にすることを、恥ぢたるの余習失せず（清水　一八九九）。

紫琴は「その日稼ぎの」「貧しき家」の父親は、妻が米を買いに走り夕食の準備を調えるまでは「大の男の、労れし身を、曲げても、子女の対手となり」「襁褓も替えれば鼻汁もかむ」「虫気といへば、それ灸だと、男の脚の達者に任せて、三里五里を、負ふても行くといふ風に、献身の愛を具象的に発表する」（清水　一八九九）と、民衆世界には、家父長的父親像とは異なる父親像が存在することを指摘した（古在　一九八三：五〇〇）。また幕末から明治にかけて欧米から日本にやってきた人々も、日本の民衆の男たちの子どもとの関わりに注意を惹かれ、そのことを文章や絵（図35）にしている[4]。すでに、近代家族を形成し育児が母親の役割となっている欧米の人々の眼には、日本の民衆の父親たちの子どもとの関わりは印象深く受け止められたのだろう。この民衆世界の父親像を近代に継承しようとしたのが野村であった。

晶子と野村は、性別役割分担家族のもとでの「父性の頽廃」に対し、「男女協力」の子育てを提起する。そこには次のような意味があるとされた。一つは、子育てに父母がともに関わることで、父親にとっては「父親の人格が道徳的に大いに高められ」、また母親にとっては「親の責任をより完全に果たすことが出来ると共に」「子供以外の生活に、力を延ばす余裕をもつ」（与謝野「親としての男女協力」）という男女相互の人間性回復の意味を持つ。二つには、そのように「男も女も平等に家庭生活を営みながら同時に家庭を超越した、それ以上の広汎な生活を同じく平等に営むことが出来る」（晶子）からであった。野村は「女の要求を加えて立てた文化は今よりものろいものになる」としても「協力の上に立てた文化の方が人生的意味が深い」と述べ、晶子は「そこに男女相互本位のむつましい社会が実現するに違ひ」ないと述べている。

しかも、そのように平等な関係にある父母の力で育てられることは、何よりも子どもの発達にとって意味を持つのだという。それは「子女は父母の平等な愛護の中に哺育されるのが正常」であり「父と母と二倍の力で育てられる子供の幸福なことは言ふまでもない」（与謝野「親としての男女協力」）からであった。とりわけ親としての責任が「単に種族保存という生物学的責任のみではなく、文化生活の継承者であり併せて開拓者である新しい人類を創造するため」であることを考えるとき、男女ともに、この重大な責任にあたるべきとされたのであった。晶子は「この偉大なる事業を片親のみで負担しようとする女子は甚だしい僭越を敢てする愚者であり、女子を駆って獨りこの重大なる責任に當らしめようとする男子は、父性の義務を抛《なげう》って、この偉大なる事業を裏切る怠け者である」（与謝野「寧ろ父性を保護せよ」）と述べている。これは母性愛論が主に種族保存を強調し、そのための母役割の重大さを強調したことへの痛烈な批判であった。

「親性」の主張

では、子育てに男女双方があたるとするならば父親の役割とは何か。それは「本当に負ぶったり抱いたり」（野村）「乳呑児を抱いたり寝かせつけたり、襁褓の世話をしたり」（晶子）、「一寸とした生活の触れ合いにぼつぼつと語り聞いたり」（野村）「一日に必ず二時間でも子供と一緒に居たり」（晶子）することだ。それぞれの体験に根ざして二人はそう語る。その意味では二人とも、父と母の子育て行為を区別していないし、母親と同様に子育てをする、従来の家父長的父親像からすれば「男子の恥辱と感じ」られるような父親像が肯定的に捉えられる。こうした父親像を肯定する理由として晶子は「父は厳なるが好い。母のみが愛を以て育てると云ふ風では、子どもは父の人間性に触れずに仕舞ひます」(与謝野「寧ろ父性を保護せよ」)と述べ、野村は父の立場から、「子どもを育てるといふことの中心は実際に「手足を動かす様な事」にあり、そのなかでこそ子どもへの愛情は生まれるのだとした。

そして、この観点から、当時の男＝父性、女＝母性という考えからすれば異端とも言える母性、父性論を展開する。野村は「男でも女でも父性と母性の二つの愛の表はれがあると思ふ」と述べ、「子供の生活を静観するのは父性」であり、「子供を抱きかかえ……小便をやってやるような態度に出る愛」が「母性」であり、ともに「子供のよき成長」に深い意味を持つ(野村 一九七三a：二二六)とした。そして「(親が)最も自分らしく生きることによって最もその子供らしく育てるやうに働きかけること」(野村 一九七三a)こそが、子育てだと捉えた。

他方、晶子は「母性を強調して子供の事は母一人の本務」とするのは「男女協力の理想」に反するし、「男にも女にも「本務」として軌道的に決定されたものは一つも無」く「自己の個性に適した活動が其人の本務」(与謝野「親としての男女協力」)なのだとする。晶子によれば、親であることも人間であることの一部であり「親としての活動にのみ跼蹐《きょくせき》することは、人間としての全活動に背を向ける逃避的、退嬰的、非文明的の態度」であり、むしろ人間として発達することが親としての発達に通じるのだとする。晶子は、「個性」重視の観点から、「母性」「父性」という男女の属性や本務とみなされやすい言葉に変えて「親性」という言葉を用いている。

母性愛論が生物学的な雌雄の差異を出発点に「母性愛」を持つゆえの母役割を説いたのに対し、晶子と野村は男女共に人間として同等であることを出発点にする。また、母性愛論が親であることで母親の全存在を覆おうとしたのに対し、晶子と野村は親であることも人間であることの一部とした点で、その論理のベクトルは、全く逆の方向を向いていた。注目すべきことは、晶子も野村も、子どもの側から、子どもの発達にとって必要な要素として「母性」「父性」を捉え直そうとした点である。そこに登場したのが、男にも女にも「母性」「父性」があるという、男女の属性を越えた「母性」「父性」の相対化の視点であった。また子どもの発達にとって必要な育み教える要素を重視したときに、父でも母でもない男女を超えた「親性」が提起されたのであった。

「母性」「父性」をこえて

では、若い学生たちは性別役割分担家族と母性、父性の問題をどのように考えているのだろう。最後に彼らのレポートの内容に立ち入ってみたい。

若い学生、特に男子学生は、ジェンダーの問題が、女性だけの問題ではなく男性の問題でもあること、性別役割分担という家族のあり方は、女性だけでなく男性の選択を奪うものでもあることに気づきつつある。(5)

また彼らの多くは、性別役割分担家族について「どこかお互いを個人として尊重し、みつめあう態度が欠けていると思う。夫婦は、子どもの教育というものによってつながっていて子どもを自分たちの思う通りの優良児に育てることに関心を奪われている。子ども中心のようでいて子どもの人格は無視され管理されている」という批判を持っている。彼らのレポートを読んでいて面白いのは、つい最近まで子ども時代を過ごしてきた者として、子どもの側から性別役割分担家族を見ているところである。また、これから夫婦となり家庭を築くという立場から、自分たちの未来や人生に対する期待感のなかで、新しい男女関係を模索しているところが興味深い。ここでは特に「母性」「父性」の問題にしぼって彼らの考えをみてみることにしよう。

「母性」「父性」の関係について彼らは次のように述べる。

「これまで言われてきた母性、父性というのは、あくまで母性＝母＝女や、父性＝父＝男という暗黙の了解のうちに社会によって教えこまれたものだと思う。もし父性、母性を両親を構成するためのただ二つの要素だと考えると、無理に、男が父性に属したり、女が母性に属したりすることはないということになる。」

「身体的な違いから女性にだけ子どもを愛する母性愛が必然的に備わっていると考えるのはおかしいのではないだろうか。この機能は直接愛へとつながっているのではない。（略）母性愛も愛の一つであるので、お互いの相互関係の中から生まれてくるのだと思う。（略）父性愛もまた母性愛と同様に子どもと共に育ってゆく当然の愛と言うべきではないだろうか。しかし父性愛が母性愛とは基本的には同じであっても、異なった愛情表現であるために、両者は子どもにとってどちらも必要不可欠なものになる。」

ここには、男女の役割を固定化するものとして働いてきた「母性」「父性」という男女の境界線そのものを疑い、よりボーダーレスな男女の関係を問おうとする模索が示されていると言えよう。彼らは、「男だから、女だからという議論に終始するばかりでは本質的な改善策は出てこない」のであって、「母性」「父性」といった女と男の境界線を取り払い、家庭と社会に女と男が相互にのりいれていくことが「これからの男と女の新しい関係が創れるかどうかに対して重要な意味を示してくれるだろう。個と個の本来的結びつき、これが夫婦であり、親子であり、家族なのである」と述べる。しかも「そのことによって男性、女性が互いに影響を及ぼしあいながら向上していく社会の構図が見え」「男、女、子どもみんなが個人として尊重され、互いに向かい合って触れ合って生きていくことができると思うから」より一層重要なのだと言う。

では、そのことは、どのようにして可能になると彼らは考えているのだろう。その一つは、条件整備を求める次のような意見である。

近年では家庭内においては、女性がそれまで抑圧されていた父性を発揮する条件がかなり整いつつあるが、男性が母性を発揮する条件は、まだまだ整備されていない。今女性の「父性発揮」のことばかり採り上げられているが、それと同じくらいに、労働時間の短縮など、男性が母性を発揮できる条件を整えなくてはならないと思う。それはまた、女性が父性を十二分に発揮するための近道でもあろう。

しかし、一方で彼らは、日本企業社会の構造が、そう簡単に条件整備を許すものではないことも予想している。「今僕に言えるのはずいぶん間抜けで分かりきったことなのだが、結局、両親が頑張って、特に父親が頑張って子育てに関わるということでしかない。そういう分かりきったことが一番大切で、一番難しいことなのだ」という。ともかく「頑張る」しかないという結論、そこには現代社会の複雑な矛盾のありようや、そこでの困難への予想が示されていると言えよう。

私はこうした模索のなかに、現代社会の複雑な矛盾や自分のなかの不安と向き合いながら自らの未来を考えようとする若い世代の模索の出発点を見たいと思う。

注

（1）原書では、総ルビとなっているが、煩雑になるため、一部にとどめた。

（2）原書では、総ルビとなっているが、煩雑になるため、一部にとどめた。

（3）与謝野晶子は、鉄幹との間に、一一人の子ども（一人死産、一人早世）を抱えるという多産ななかでの厳しい経済事情にあって、執筆活動を行う。教育に関しては、自由主義教育を唱え、一九二一年（大正一〇）文化学院の創設に参加している（『日本女性人名辞典』一九九三年、日本図書センター）。

（4）渡辺京二の『逝きし世の面影』（一九九八→二〇〇五）第十章「子どもの楽園」には、そのことが詳しく紹介されている。たとえば、ラザフォード・オールコックは「江戸の街頭や店内で、はだかのキューピッドが、これまたはだかに近い頑丈そうな父親の腕に抱かれている」のが、ごくありふれた光景であり、「父親はこの小さな荷物を抱いて、見るからになれた手つきでやさしく器用にあやしながら、あちこち歩きまわ」る姿に注意を惹かれている。エドワード・モースも、父親が子どもと手をつなぎ、「何か面白いことがあると、それが見えるように、肩の上に高くさし上げる」光景を珍しげに書き留めている。またイザベラ・バードは一八七八年（明治一一）の、日光での見聞として「毎朝六時ごろ、十二人から十四人の男たちが低い塀に腰を下して、それぞれに自分の腕に二歳にもならぬ子どもを抱いて、かわいがったり、一緒に遊んだり、自分の子どもの体格と知恵を見せびらかしている……。その様子から判断すると、この朝の集会では、子どものことが主な話題となっているらしい」と記している（バード 一九七三：八六）。

（5） たとえば、岡山大学の経済学部の男子学生は、「ジェンダーを考える視点が女性は『不当な扱いを受けている』『それを考え直そう』というだけで本当にいいのだろうかと思うようになった。……『妻（女性）は家庭を守るべきだ』という言葉の裏には『夫（男性）は外で働くべきだ』という言葉があり、男性からその他の選択を奪っている」と指摘している。なお、岡山大学でのジェンダーに関する講義での学生の受けとめかたについては、倉地・沢山編（一九九七、二〇〇〇、二〇〇八）三冊の講義録に、「講義を終えて」「学生との対話」として収録しているので参照されたい。

終章　歴史のなかの近代家族と子育て

一　「子育ては『当たり前』ですか」

一人の母親の投書から

二〇一二年四月一八日の「朝日新聞」、「声」の欄に「全国で赤ちゃんポスト拡充を」という見出しで、四九歳の男性の意見が掲載された。「社会の格差と人の生き方の多様化が広がる中、中絶の悲劇を減らす」ためには、「このような施設をもっと全国で拡充してほしいと願って」いるという男性は、「「心配しないで産みなよ。困ったら後はみんなで育てるから」という包容力が、今の日本社会には必要です。「責任が果たせないなら子を持つな」という突き放しが、結果的に幼児虐待という事態を引き起こしているのではないでしょうか。子どもは社会の宝ですし、少子高齢化の時代ではなおのことです」と述べている。

その四日後、四月二二日の「声」欄には、「子育ては「当たり前」ですか」という見出しで、二人の子どもを育てる三三歳の母親の投書が掲載されている。二年前に三人目を中絶したという母親は、「心配しないで産みなよ。困ったら後はみんなで育てるから」という言葉に涙が出たという。あの時、この言葉を聞いていたら、「勇気を持って産む事が出来たかもしれません」と、次のように訴えている。

子育てを始めて八年。産んだからには「完璧に育てて当たり前」。子どもがかわいいのなら「イライラしなくて当たり前」。全ての家事、育児をするのは「女なんだから当たり前」。社会からは「当たり前」を毎日突きつけられていると感じています。……「自己責任」「当たり前」という言葉を、全力で頑張っている相手にぶつける社会は、あまりにも冷たいと思います。

本書では、「近代家族と子育て」をテーマに、「近代家族」としての「家庭」が形成される歴史的プロセスと「家庭」という家族の構造、そして「家庭」での子どもを育てる営みに焦点をあて、「家庭」とは人々にとって何であったのか、そこに生きた人々の具体的経験に即して考えてきた。そのことはまた、この母親が訴えているような、いま、子育て中の母親が抱える息苦しさの根源を探る試みであり、「当たり前」とされることが、本当に「当たり前」なのか、歴史のなかに探る試みでもあったと言える。

日本の近代社会を「近代家族」と「子育て」という二つの視座から問い直すために本書が重視したことは四点ある。その一つは、近代における「家庭」や「育児」概念、「家庭」によって「保護される子ども」という規範の生成と大衆化といった単線的理解に陥らないために(1)、「家庭」という私的空間と国家や社会、学校という公的空間、「家庭」を形成する女と男、「保護される子ども」と「保護されない子ども」としての捨て子、育児を担う母とわが子、女にとっての妻役割と母役割、男にとっての夫役割と父役割など、様々な関係性や相互のせめぎあいを重視すること。二つには、「家庭」という人々が生きた現場に根差し、「家庭」という生活世界の内部に生きた女と男、子どもが抱え込んだ矛盾や葛藤、相互の利害のぶつかりあいに注目し、矛盾や葛藤が生まれる過程をつぶさに見ることで、「家庭」とは、人々にとって何であったのか、その深部から探ること。三つには、当事者に即して、近代家族としての「家庭」と、そこでの「育児」という名の子育ての歴史性を問うために、育児体験談、手記、育児日記、投書、自伝、手紙など、当事者が残した史料とそこに書かれた当事者の言葉に着目すること。四つには、そのことで、「家庭」や「育児」、

「母性愛」といった近代家族規範の受け手というだけではない、当事者である女や男たちの欲望、利害や希望、抵抗も含めて描きだすこと。この四点である。

近代家族と子育て・再考

では、そのことで、何が明らかになったのか、近代に先立つ近世（江戸時代）、そして現代の問題にもふれながら、改めてふりかえってみたい。

子どもは保護されるべきものとする子ども中心主義の「育児」規範、母親に「育児」役割を求める性別役割分担、母親の「育児」役割の根拠を「母性愛」に求める「家庭」規範の登場は、歴史のなかで、そう古くはない。ホームやハウスワイフの翻訳語としての「家庭」や「主婦」は一八九〇年代に登場した言葉であり、その担い手となったのは、資本主義社会の成立に伴い、資本家と労働者の間に新しくうまれた新中間層の職住分離の家族であった。

「家庭」の成立は、「家庭」によって「保護される子ども」という大人とは異なる「無垢」性を子どもに求める新たな子ども観をともなうものであった。そのことは、近世社会には許容的であった、自らは育てられない子どもを世間という公共空間にゆだねる捨て子がされにくい社会状況を生むものでもあった。明治初年の産育政策は、堕胎・間引き取り締まりと捨て子の保護から出発するが、一八七一年（明治四）に制定された戸籍法では、捨て子は「棄児」と称される。近世の生類憐み令では、拾う者の存在をうかがわせる「捨子」の語が用いられた。しかし近代には、「棄」の字が用いられ、捨て子には否定的意味が色濃く付与されることとなる。

この「家庭」の成立期にあたる一九一〇年に結婚し、「家庭」の理想を実現しようとした夫婦に三宅やす子、恒方がいる。やす子、恒方、双方の語り、そして子どもの語りを突き合わせるなかでみえてきた、生きられた空間としての「家庭」という生活世界とは、どのようなものであったのだろうか。性と世代で結ばれた「家庭」は、女、男、子ども相互の矛盾と葛藤を孕む家族であった。「主婦」役割規範を内面化しようとしながらも、やす子は、妻役割と母役割の矛盾に悩み、母役割に自己実現の道を見出す。さらに夫の死後、社会から期待される女性役割を逆手にとって社会に進出しようとしながら、それゆえに、幾重にも規範に絡め取られていく。一九二四年（大正一三）に出されたやす子の代表的な著作が、『母の教育』と『我子の性教育』という、母のわが子に対する教育、そして近代家族の親たちにとって危険と意識された性から子どもをいかに隔離し、とくに女の子の純潔を守るかを述べたものであったことは、その意味で象徴的である。

他方、夫の恒方は、近代家族の理想を実現しようとしながら、稼ぎ手としての役割と自己実現、公人と私人との矛盾に苦しみ、私人として生きようとした矢先に急逝する。恒方の矛盾は、近代家族のなかで稼ぎ手役割を担う男たちが共有する矛盾でもあった。「近代家族」は構造的に男の不在をもたらす、またそこに生きる女と男が役割によってしか互いを理解できない家族、そして互いの役割を担うためにも、夫婦の絆を深めていく時間と空間を共有しえない家族であった。

やす子、恒方が三人の子どもをもうけた一九一〇年代から一九二〇年代は、日本の子育てと子ども観の歴史の上で重要な画期にあたる。なぜなら「保護される子ども」という子ども観、そして性と生殖に関わる子どもを「つくる」技術と思想が、新中間層家族のなかに現れ始める、少産少死型社会への胎動と始発の時期だからである。この時期、専門家たちに推奨された「母性愛」にもとづく「教育」的で科学的な「育児」役割、学校教育の下請けとしての「家庭教育」の担い手となることに、母親たちは自己実現の期待をよせていく。他方、父親たちが行っていた子どもとの様々なふれあいは、教育としての「育児」とはみなされなくなるとともに、稼ぎ手役割を期待された父親たちは「育児」の場から消えていく。

そうした母親たちの支持を得たのが『母性愛日記』（一九二九年）の書名で公刊された室井きさ子の育児日記である。その育児日記からは、妻としての地位の不安定さゆえに母役割に傾斜していく女性の姿、公的世界での自己実現を阻まれたがゆえに子どもを公教育での成功者にすることに自己実現の期待をよせていく女性の姿が浮かび上がる。

自己実現を阻まれているという点では、近代家族の男性も同じであった。新中間層の親たちに強く支持された童心主義子ども観の母胎でもあった『赤い鳥』（一九一八年創刊）の主宰者、鈴木三重吉は、悪である大人の現実社会に子どもの無垢を対峙させることで、日本近代の矛盾を克服しようとした人物である。彼にとって童心は、自己実現を阻む実生活からの逃避、慰安としての側面を持っていた。そうした心情は、三重吉だけのものではない。現実社会での自己実現の難しさを意識した男たち、子どもとの接触の時間を奪われた男たちが共有する心情でもあった。

しかし他方で、性別役割分担家族は資本主義に適合的な家族として出現したこと、その家族のありかたは、男を子育てから遠ざけ、子どもに対する愛を奪うものであることへの批判もまた登場してくる。野村芳兵衛は、夫も妻も共に働く近世以来の民衆たちの夫婦関係と子育てのあり方を継承する形で近代家族批判の視点を手繰り寄せた人物であった。その子ども観は、無垢な子どもという童心主義子ども観とは異なる、大人とともに同じ社会を生きるものとして子どもを捉える、また子どもの野蛮さや残酷さにも眼を向ける子ども観であった。

近代家族と公共空間

社会のなかに生きる子ども、「家庭」のなかで「保護される子ども」の対極にある捨てられる子どもの姿もまた、逆説的な形で近代家族としての「家庭」や「育児」規範の歴史性、「家庭」という空間と公共空間との関係の歴史性を抉り出す。近世の捨て子は、多くは、富裕な家の戸口や軒下、人通りの多い路上、神社の境内に捨てられた（沢山二〇〇八）。それは、自らは育てることのできない子どものいのちを、公共的な機能が期待される世間に託す行為であった。近世には、町、村、藩の捨て子救済システムが存在し、捨て子の養育は、重層する場によって構成されていたのである。(3) しかし、近世末になると、町、村や「世間」が捨て子に対応できない状況が広がるなかで、津山藩の育子院のような構想が出されるに至る(沢山 二〇〇八)。さらに近代になると、捨て子の養育は、東京市養育院のような公的機関でなされるようになる。「家庭」や「主婦」の語が登場する一八九〇年代には、保護されるべき存在としての子ども観が強調されるにつれて、捨て子は倫理的に許容されなくなる時代が始まる(牧原 二〇〇八)。

東京市養育院の捨て子たちに対して一九〇〇年代初頭におこなわれた、捨て子たちの将来像についての調査からは、家族の外に放り出された捨て子たちの、「旦那」や「奥様」になりたいという「家庭」への憧れが垣間みえる。この一九〇〇年代初頭の時期は、近代家族としての家庭規範が登場するなかで、「家庭」への憧れが生まれる時期でもあった。

しかし閉ざされた「家庭」のなかに生きる親たちにとって「世間」は、もはや、子どもを託せる場ではなかった。一九二〇年代から一九三〇年代には、世間にわが子を託せないとして子どもを道づれにする親子心中が、捨て子と並んで社会問題となっていく。しかも、親子心中の原因には、男親の場合は生活難という扶養責任、女親の場合は「家庭不和」という家庭責任というジェンダー規範が色濃く刻印され、明治から昭和までを通し、母子心中は、父子心中の三倍にのぼる。このような、親子心中、しかも母子心中の増加は、「家庭」のなかで母性愛を持つ母親によって「保護される子ども」という規範の矛盾を象徴的に示す。

しかし同じ時期、都市下層の人々は、心中よりは、捨て子を選択するといった階層による分化も見られる。こうした親子心中と捨て子の併存という事態は、近代の現実の家族は、「家庭」や「保護される子ども」という規範に一元化されない重層性を持って存在していたことを写し出す。

「保護される子ども」と母性愛論

では、母子心中という形でその矛盾を露呈する「保護される子ども」という子ども観とは、どのようなものだったのだろう。母親による育児日記の最初の出版物、柴崎ゆうの『我が児の生ひ立ち』（一九一七年）、その翌年に出版された「保護される子ども」観の具現化ともいえる『赤い鳥』の支持者であった野上弥生子、富本一枝の子育ての記録は、その子ども観の内実に接近する手がかりを与えてくれる。童心を持つ無垢な子どもの守り手であるための彼女たちの努力は、俗悪な社会、民衆の子どもたちの社会からわが子を隔離し、よりよい「教育」を求めて早教育を施すことに向けられる。彼女たちにとって、「家庭」の外の世界は、子どもをそこから隔離すべきものではあっても託すべきものではなかった。しかし、そうした育児は、当の子ども自身にとっては孤独と寂寥をうむものでもあった。

では、なぜ、母親たちは、この矛盾に満ちた役割を引き受けたのだろう。近代家族の「育児」の担い手となったのは、高等女学校という閉ざされた空間のなかで、妻、母になるための教育を受け、家庭という閉ざされた空間での「育児」に自己実現への期待をよせた女性たちであった。彼女たちにとって、わが子を俗悪な社会から隔離し、教育的なまなざしの下に管理する「育児」の担い手となることは自立のしるしであり、自己実現でもあったのである。母性愛を持つがゆえの母親役割を説く母性愛論は、その意味で、自らの育児役割に根拠を与えるものとして支持された。

ところで、母性愛論の特徴は、もっぱら私的領域での育児役割を母親が犠牲的に果たすことを説き、公的領域については語らない点にある。実は、公的領域については語らないことに意味があった。なぜなら、語らないことで、家庭からの父親の排除の一方での公的領域からの母親の排除を隠蔽し、男女の性別役割分担を正当化するとともに、家庭の育児を通して、家庭を学校教育の下請けの場として組み込む意図がそこにはあったからである。

近代家族は、子どもに高等教育を受けさせる必要から子どもの数を限り、子どもの教育に熱心な「教育家族」としての性格を持っていた。少産少死型社会への始発の時期は同時に、学歴社会成立の時期でもあったのである。新中間層の大衆化と学歴競争の激化のなかで、母親たちの関心はわが子に向けられ、わが子を学歴社会での勝利者にするためにも、母性愛論をはじめ、専門家の育児知識や学校への従属を強めていく。たとえ、学力競争の勝利者になれないとしても、学力では測れない純粋無垢という価値を持つわが子を守るためにも、また自らのささやかな努力が報われるためにも、母親たちは教育熱心であり続けたのである。

こうした状況に対し、女にも男にも「母性」「父性」があるとする野村芳兵衛、そして男女の属性を超えた「親性」と称すべきだという与謝野晶子の提起は、「家庭」によって「保護される子ども」という子ども観や育児規範への異議申し立てでもあった。またその主張は、自ら働いて夫婦で子どもを育ててきた近世以来の農民や町人の子育ての遺産を近代に継承し、生かそうとするものであったことに着目したい。

近代家族と子育てへの問い

本書では、近代家族としての「家庭」という生活世界と子育てに焦点をあて、そこに生きた当事者に即し、女、男、子ども、私的世界と公的世界など、様々な関係性とせめぎあいに留意しその歴史的展開をたどるなかで、近代家族とは人々にとって何であったのかを探ってきた。そのなかで、女性の自立や自己実現への願いが近代家族の女性役割、とりわけ母親役割にからめとられてしまう矛盾、男性の稼ぎ手役割と自己実現の矛盾が、童心や無垢な子どもに慰めを求める現実逃避に陥ってしまう矛盾、子どもを無垢な童心のままに守るために社会から隔離し「家庭」のなかに「保護」し囲い込む子ども観が、結果的には母子心中を招き、子どものいのちすら奪う結果になるという矛盾、性別役割分担という家族のあり方は、夫と妻の間に空白の時間と共有できない世界をもたらすものであったという矛盾など、様々な矛盾と葛藤のプロセスが浮かび上がってきた。

と同時に、その後、歴史の表舞台からは消えてしまったものの、男と女がともに働く生活のなかで子どもを育てるという、近世以来培われてきた民衆たちの子育ての遺産を近代に主体的に継承しようとする試みがあったこともみえてきた。野村芳兵衛の問いは、近代家族のなかで失われたものとは何か、そして近代以前の世界には、どのような親と子の生活空間があったのかという問いであると同時に、父親としての自己主張でもあった。野村は、性別役割分担の近代家族は、実は資本主義にとって都合の良い家族であるが、女の要求も加え、協力の上に立てた文化のほうが、人生的意味が深いと述べ、近代以前の民衆の家族がともに働くなかで培ってきた夫婦のあり方や生活のなかで親と子が共に生きる「同行」という子育ての遺産を継承する形で、近代家族を相対化する視点を提示する。野村や与謝野の提起は、子どもを「家庭」のなかに囲い込み、母親が排他的、自己犠牲的に「教育」する「育児」という近代固有の子育てのあり方の歴史性や特殊性を浮き彫りにする。

また柳田國男は、近代家族と母親によるわが子の私物化の果てに母子心中があること、そして近代の子どもたちは、間引きや捨て子が存在していた時代の子どもたちに比べ、人々の交わりのなかで育つ機会を失い、社会の子としての子どもの生存権は、むしろ近代社会のなかで、守られていないのではないかと問う。

注目したいことは、野村も柳田も、近代以前の民衆たちの子育て思想を継承する形で、具体的には、自らが子ども時代を過ごした一八九〇年代以前、近代家族が登場する以前の社会を歴史的に振り返り、そこでの遺産を継承する形で、近代家族と子育てを相対化する視点を手繰り寄せている点である。

二 「育児」から「子育て」へ

「子育て」の復権

「はしがき」でも述べたように、「育児」は、近代になって登場した言葉である。近代化の過程は、出生抑制の手段としての、堕胎・間引き、捨て子が国家により禁止され、量的のみならず人口の質的向上が図られていく過程でもあった。またその過程は、近世に用いられていた「子育て」(3)や「養育《そだて》」といった、動物のみならず植物にも共通する生を養う営みを意味する言葉から、幕末・明治初期に、ヨーロッパ語、とくに英語"education"の翻訳語として定着した「教育」に付与された学校教育中心、知育中心のイメージ(寺崎・周 二〇〇六)を強く持つ「育児」という言葉に転換する、いわば人々の子どもを産み育てる営みが、近代的な「〈教育〉にからめとられる」(宮坂 一九九〇)過程でもあった。

しかし一九七〇年代半ば以降、「育児」の語は「子育て」の語にとって代わられていく。国立国会図書館の書誌目録をもとに、「子育て」「育児」の書名を持つ書籍点数を追ってみると(図36)、「子育て」のタイトルを持つ書籍は一九七五年までは、年間ゼロか、一、二冊だったのに対し、一九七六年から増えはじめ、一九八一年には逆転する。逆に、「育児」の語は、育児不安、育児ストレス、育児ノイローゼなど否定的な色合いを帯びて使われていく。「子育て」の語は、近代家族の家族病理が「育児」の語を冠して問題とされる、まさにその時期に、再び登場したのであった。教育学者の堀尾輝久は、「人間の誕生から一人前になるまで」の「子育てから子別れにいたるまでの人間の成長過程の全体」を想起させる「子育て」の語復権の背景には、現代の教育の困難を「人間が生まれ、成長する原点に立

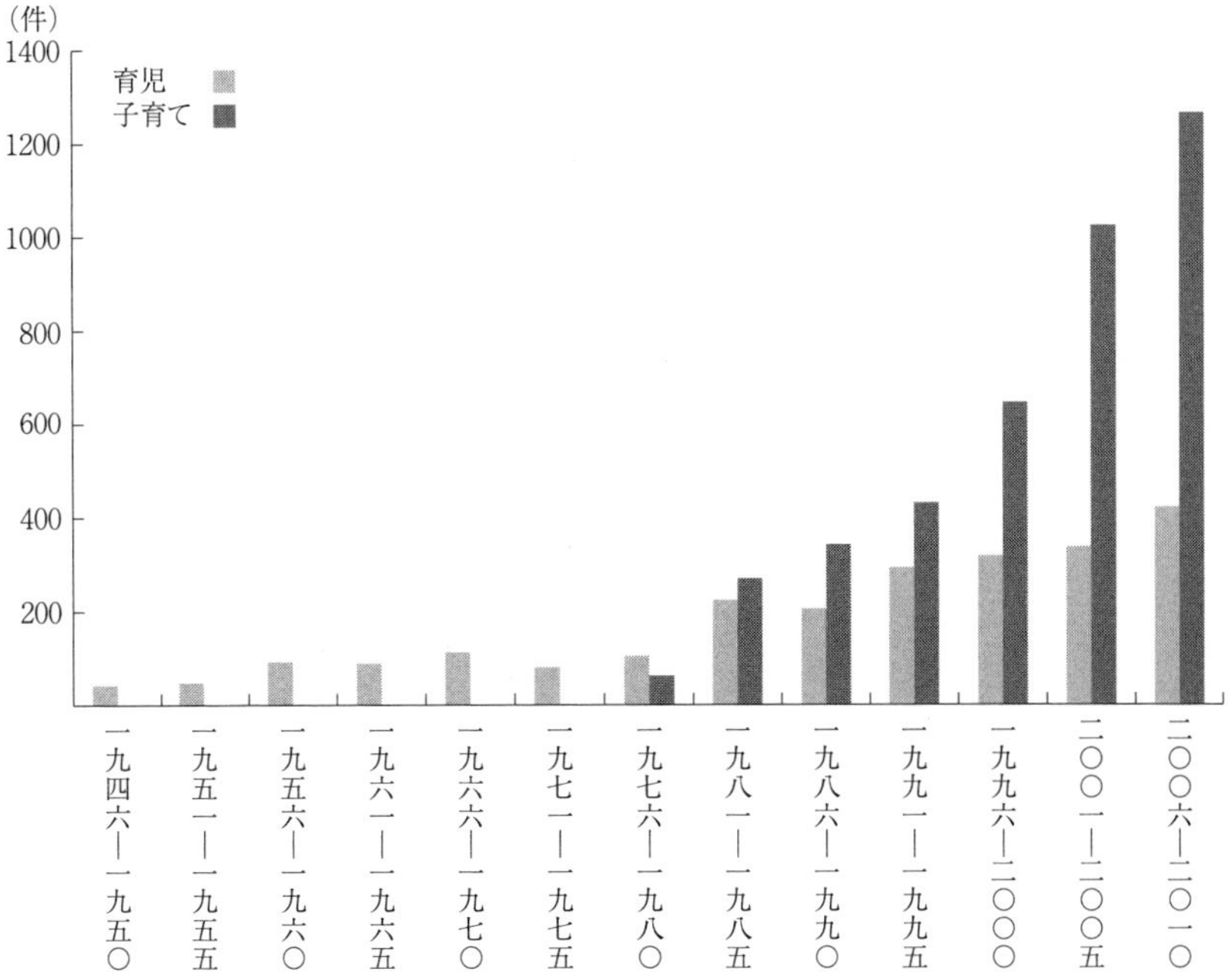

図36　「育児」，「子育て」を題名とする書籍の年次別件数
出典：国立国会図書館の書誌目録をもとに作成

ち返って」考え直す必要があるとの認識があったと指摘している（堀尾　一九八四）。

　戦後日本社会における子捨て・子殺し問題という、いわば「保護される子ども」からの逸脱行為の系譜を追った田間泰子は、「子の受難」にかってないほどの社会的注目が集まり、「母性愛の喪失」「家庭崩壊」「コインロッカーベイビー事件」といった形で社会問題化した年として一九七三年に注目している。この年、実際には子の死亡件数は増加していないにも関わらず、子殺し・子捨てについての報道件数が著しく増加し、しかも実際の事件は父母双方によって引き起こされたにもかかわらず、「母と子」の物語として、またそれまでは子捨て・子殺しと分離されていた中絶も含めて「子の受難」として語られたという（田間　二〇〇一：三三—七〇）。

　また、土屋敦は、一九六〇年代後半以降に、児童問題を論じる枠組みが転換したと指摘する。

一九五〇年代初頭から半ばにかけては「最悪の家庭は最良の施設に優る」という標語とともに、児童を家族や実母から切り離すことに否定的であった。それに対し、一九六〇年代後半以降になると「問題のある家庭」のなかに放置される児童を家族や実母から切り離し、救済すべきという主張へと転換し、児童施設は「劣悪な家庭」からの「避難場所」としての地位を獲得していく。土屋によれば、一九九〇年代以降に問題となる「ネグレクト」を含む「児童虐待問題」と、児童に対する公的救済の重要性を説く論調も、この一九六〇年代以降に登場する、新しい枠組みの延長上にある（土屋　二〇一四）。

田間や土屋が着目する一九六〇年代から七〇年代にかけての時期は、荻野美穂によれば、日本における近代家族の完成期であると同時に、結婚と夫婦の性愛に付与されていた特権性が、婚姻前／外性行動によって浸食されていく形で、その足元が揺らぎ始める時期でもあった（荻野　二〇〇八：三〇四）。この近代家族の完成期であると同時に揺らぎの時期、一九六〇年代後半から一九七〇年代半ばの時期に、「家庭」と「母性」によって「保護される子ども」という近代家族規範が、「家庭崩壊」「母性愛の喪失」「最悪の家庭は最良の施設に優る」といった逆説的な形で強調され、近代家族の「育児」に否定的意味が付与されていく。

いのちを育み育てる

そうした状況のなかで、子育ての語は復権し、一九七六年には、「子育て」の語をタイトルとした『子育ての書』全三巻が刊行される（山住・中江編注　一九七六）。『子育ての書』は、近世以前の子育て論に始まり、子育ての方法と、子育て環境としての家庭について描いた福沢諭吉の子育ての記録『福沢諭吉子女の伝』（一八七六年〈明治九〉）、自由民権運動の理論家、植木枝盛が子育ての具体的な方法について書いた『育幼論』（一八八七年〈明治二〇〉）で終わる。

編者の山住は、福沢の環境としての家庭作りと子育ての方法の両面への追求は、近代の、とりわけ変革期の子育て論の特徴ではないかとする。なぜなら、近世の子育て書は、主として子育ての方法上の発展にとどまったからである（山住・中江編注『子育ての書1』一九七六：四七）。他方福沢は、『西洋事情』初編で、幼院・孤院・棄児院にも触れている。しかし、これらは、「貧院」という貧しい人々のための例外的施設として一括されるにとどまる。福沢にとっての子育て環境は、あくまでも愛情豊かな家庭、一夫一婦を中心とする家庭であった。子どもたちは、一人前になるまで家庭内の存在であり、一人前になってはじめて社会の一員となるという子ども観は、福沢、植木に始まり、以後、曲折を経ながらも、すべての階層に広がっていく。山住は、そうした見通しを示しているが、近代家族の「育児」という子育てのありかたも、この系譜にあることは言うまでもない。

山住はもう一つ重要な指摘をしている。それは、近世から近代への展開のなかで、幕末農村の現実や村々の子育ての習俗と結合しながら導きだされた佐藤信淵、大原幽学らの地域ぐるみの子育て思想は、近代には引き継がれなかったというのである。『子育ての書』には、柳田國男らの努力で収集された民衆たちの子育ての習俗を集めた『産育習俗語彙』（一九三五年〈昭和一〇〉）を付録として収録している。「病気や災害で子どもを失うことが多かった」日本の民衆が、「集団的にその生命を保障し、成長させる手段を考え」「ひ弱な人間の子を、多くの儀式によって成長を確認し励ましながら、一人の落ちこぼれもなく、一人前に育てあげようとしてきた」蓄積が、「子育ての習俗」にはあるとの認識がそこにはあった。

確かに、明治初頭の『民事慣例類集』（一八七七年）に収録された習俗の数々も、女、子どものいのちが失われやすかった状況のなかで、産みだされたものであった。『民事慣例類集』には、近代以前から民衆が蓄積してきた様々な仮親の習俗が記され、子どものいのちをはぐくみ育てる営みは、家族だけの営み、まして母親だけの営みではなかったことがうかがえる。近世には、女性が出産によっていのちを失う率は高く、歴史人口学の研究成果によれば、産後死と難産死は、二一歳から五〇歳の女性の死因の二五パーセントを上回り、また近世後半には、出生児の二〇パーセント近くが一歳未満で死亡していたとされる（鬼頭　二〇〇〇：一四二—四四、一五〇）。

このように、女と子どものいのちが奪われることが多く、赤子が死んでも母親が無事であれば「安産」と表現する（沢山　一九九八b：一四六）近世社会のなかでは、母一人の手に子育てをゆだねる観念や母親が自己犠牲的に子どもを育てる観念は生まれようがなかった。仮親という習俗は、こうした女と子どものいのちが失われやすい社会のなかで、そのリスクを回避し、いのちの安全を保障するためのシステムでもあったのである。また近世には、「人乳」「女の乳」という言葉はあっても「母乳」まして「実母哺乳」といった乳と母を結びつける言葉や、授乳を母性愛の象徴とみなす観念はなかった。近世社会にあって乳は赤子の命綱であり、赤子の捨て子が発見された時にまずとられる処置は、乳を与えることであり、誰の乳かは問われなかった（沢山　二〇一七）。

いわば、近世社会には、子育ての基本は、子どものいのちの保証にあり、いのちを保障するためには、乳を始め、様々な人的ネットワークや子どもをめぐる人垣といった子育てをめぐるセーフティネットが必要であることを意識せざるを得ない状況が存在していたのである。しかし、近代になると、子育ての基本は、何よりも子どものいのちの保障にあることや、母親だけでは、子どものいのちは守れないという厳然たる事実が見失われていく。

このように見てくると、性別役割分担の閉鎖的な「家庭」のなかでの「育児」は、近代社会に固有の家族と子育てのありかたであり、子育てへのセーフティネットを欠いたものであることが明らかとなる。その意味で、「家庭」が、特に女が、自らの役割として、しかも自己実現の代償として、子どもを産み育てる責任を一身に負う「育児」という子育てのありかたは、その出発点から矛盾を孕むものであった。

一九七〇年代に隆盛となった三歳児神話は、「子どもが三歳になるまでは母親は育児に専念すべき」として、冒頭に挙げた母親が投書で述べているような、育児をするのは「女なんだから当たり前」という「当たり前」を母親たちに求めるものであった。しかしそれは、子どもが三歳になる前に母が若くして死なず、子どももまた三歳以後まで生き延びること、そして生活費は夫が稼ぎ、妻は育児に専念できることを前提としてのみ「実現可能」となる（田間二〇〇六：二）歴史的産物であったのである。

では、こうした近代家族と育児規範の底流に存在し続けた、近代社会の「当たり前」という規範を問い、近世以来の子育ての遺産を生かそうとする潮流、あるいは近代家族以外の、夫婦ともに働き多産な労働者夫婦の、学歴主義とは無縁な生活世界のなかでの人間形成のあり方(4)や、農民家族の子どもを産み育む営みが、どのような歴史的プロセスを経て、現代に引き継がれているのか、あるいはいないのか。その歴史的系譜をたどる課題、そして幕末期から明治維新期への近世から近代への展開のなかで、地域ぐるみの子育て構想が、なぜ近代に引き継がれなかったのか、近代の家族と子育てについて、より重層的に複眼的に、また歴史的プロセスのなかで描き出す課題が残されている。それはまた、日本の近代とは何かを問うことにもつながる。

本書では、近代家族の形成と子育てを自らの課題として引き受けた当事者である女と男、そして子どもたちの様々な矛盾や葛藤、あるいは抵抗を、家庭という日常生活が営まれる場で、その自己意識にまで入り込む形で、歴史具体的に探ることを通して、今も私たちを縛る家族と子育てをめぐる規範の歴史性を明らかにすることを試みた。その試みが成功しているか否かは、読者の判断にゆだねたい。が、できるなら、本書が、子育て中の、またこれから子育てをしたいと思う若い世代に届くことを願っている。

注

（1）土屋敦は、近代家族論を含む家族史や歴史社会学研究の問題点として、とかく近代における家庭概念や育児概念の生成とその大衆化過程を主題化しがちであったことをあげている（土屋　二〇一四）。

（2）倉地克直は、捨て子が捨てられる富家も「世間」の構成要素であり、徳川日本のあちこちに公共空間としての「世間」が存在し、「世間」は「仁風」が吹く場、言い換えれば、公共的な機能が期待される場であったと指摘している（倉地　二〇〇八：二七四―二七五）。

（3）「子育て」の語は俳諧や滑稽本、また民衆の堕胎・間引き、捨て子を教化の対象に子どもの価値を説く近世後期の間引き教諭書のなかにみることができる。例えば、美作の医師、二木家の間引き教諭書「こそだてのおしへ」（一八〇八年〈文化五〉、沢山　一九九八：一九七）や、「子そだて和讃」（高橋梵仙　一九五五）など。

（4）労働者夫婦の子育てのあり方を取り上げたものに中内敏夫の「家族と家族のおこなう教育」（中内　一九八七b）、そのほか、近代の「都市家族」と子育ての問題に触れたものとして中川清の仕事（中川　二〇〇〇）がある。

あとがき

二〇一一年三月一一日の東日本大震災以後、私の故郷の福島は「フクシマ」になり、その後、個人的にも、辛い出来事が続いた。私はここ数年、「いのち」の問題をテーマとしてきたが、どれだけのリアリティと切実さをもって「いのち」の問題を考えていたのか、私の研究など、この重い現実の前に、どれほどの意味を持っているのかという悔いにも似た思いに捉われた。また、どれほど強く心をこめて願ったとしても、決して三月一一日の前には戻れない、その現実を前に、歴史学の対象は、過ぎ去って二度と還らない過去の事実なのだということを身に沁みて思った。

震災後の四月九日の「終わりと始まり」(『朝日新聞』)で池澤夏樹は、自らの連載のタイトルとしたポーランドの詩人、シンボルスカの詩集『終わりと始まり』(未知谷刊)のなかの「眺めとの別れ」の一節を引用している。「またやってきたからといって/春を恨んだりはしない/例年のように自分の義務を/果たしているからといって/春を責めたりはしない」。そしてシンボルスカは言う。「わかっている。私がいくら悲しくても/そのせいで緑の萌えるのが止まったりはしないと」。

この詩の書かれた時期は、社会主義体制の崩壊と、夫の死という悲痛な個人的な出来事が重なった時期であったという。しかし、この『終わりと始まり』という、まず「終わり」があって、それから「始まり」が来るというタイトルの語順は、「すべてが終わったとしても、たとえゼロからでもまた詩は新たに書き始められなければならない、というきっぱりとした決意の表明ではないか」、そう訳者の沼野充義は述べている。

私にとっての「終わりと始まり」もまた、「新たに書き始め」ること以外にはないと思った。しかもそれは、大学院生のとき以来ずっと考え続けてきた「近代家族」の問題について、もう一度改めて考え直し「書き始め」ること以外にない。半ば切羽詰った気持ちでそう思った。

本書は、二五年という四半世紀近くのあいだ「近代家族」をめぐって少しずつ考え続け、折に触れて紀要や共著に発表してきた拙稿がもととなっている。本としてまとめるにあたり、新たに、序章と終章を書き下ろし、それぞれの論文についても加筆修正をおこなった。その過程は、「近代家族」論、女性史、ジェンダー史の研究史を改めて勉強し直し、また拙稿とそこで用いた史料を、今の私自身の眼で改めて読み直す過程でもあった。繰り返し史料に問いかけ、繰り返し過去を読み直す過程は、過去に生きた一人ひとりの生を、いのちある存在として捉え直す過程だったように思う。

私の近代家族をめぐる研究の出発点は、一九七〇年代の末、大学院の博士過程在学中に長男を出産したときに直面した「子どもは母性愛を持つ母親に育てられるのがいちばん」という世間の常識への疑問にある。今振り返ってみると、この時期は、母性が強調された時期、三歳児神話の隆盛期でもあった。そのなかで私に芽生えた、「母性愛を持つ母親」という常識はいつから常識になったのか、この問いを解かなければ、私は研究を続けることについて、ずっと子どもに後ろめたい思いを抱えたまま過ごしてしまうのではないかという思いが、研究の出発点になった。

しかし、その頃は、母性愛についての研究も、日常的な営みである子育てをめぐる研究も日本にはなかった。しかしフランスの社会史研究には、母性愛も歴史のなかで作られたものだとする研究がある、そのことを知った時の、眼の前が開けるような思いは今も忘れられない。とはいえ、日本については、手探りで始めるしかなかった。まずは、国会図書館の書名カードを一枚一枚めくって「母性」という言葉がいつから登場するかを調べる、母校のお茶の水女子大学の図書館の書庫に入り込み、そこに収蔵された育児書をつぶさに調べるという素朴なことから始めた。

そんな手探りの状態から研究を始め、近代家族と母性をテーマに少しずつ研究を積み重ねていった。しかし、一〇年ほどたったころから、私は近代を、また近代人である自分を相対化できていないのではないかという、自分の視野の狭さへの不安と研究の行き詰まりを感じるなかで、近世史研究に足を踏み入れた。それから今まで、近世の女性の身体観、さらに、子どものいのちをめぐる問題へと研究をすすめてきたが、今の私たちにとって異文化ともいえる近世を対象とした研究は、様々な問いをつきつけられる刺激的な模索の連続であった。その一方で、近代家族の問題についてもほそぼそと考え続けてきた。

では、近世史研究をくぐった眼で、近代、そして近代家族を歴史的に改めて見直した時、何が見えてきたのか。本書を書き終えた今になっても、こうだと、確たることが言えるわけではない。ただ、最近よくみられる、現代と近世を対比し、児童虐待などでいのちを失う子どももいる現代に対し「江戸の子育て」を理想的に描く、いわゆる「江戸の子育て論」のような単純な対比で問題が解決するとは思えない。近世から近代へ何が引き継がれ、何が引き継がれなかったのか、歴史の表面のみならず、その底流も含めた重層的な流れと、近代、そして近代家族の複雑さに眼をこらし、そこに生きた一人ひとりに即して考える必要がある。そのことが、私なりにこだわり探求を続けてきた過程のなかで見えてきたこれからの私の課題である。

これまで考えを詰めてきた道程で、またこうして本という形になるまで、数えきれないほど多くの方々、そして岡山大学、ノートルダム清心女子大学、国立民族学博物館図書館をはじめとする機関にお世話になってきた。そのすべての方々のお顔を思い浮かべつつ、ここでは、五人の方のお名前を挙げさせていただく。

大学院時代、研究科のなかで初めての母親院生となった私に、寝る時間を削ってでも勉強しろと厳しく励まし、私のその後の研究の土台をつくってくださった中内敏夫先生。大学院時代に書いた私の母性に関する論文に目をとめ、「歴史のなかで考えることが、今、子育てに悩む母親たちを励ますことになる」と岡山まで訪ねてきてくださった「知る楽　歴史は眠らない　ニッポン　母の肖像」のディレクター、村田裕子さん。近世史研究に足を踏み入れて以来、常に「歴史とは、歴史学とはどういう学問か」という根源的な問いへと誘《いざな》い、近世についての研究を積み上げつつ、いつかは、近代についての研究をまとめるようにと励まし続けてくれた近世史の倉地克直さん。近代について考え執筆する機会を与えてくれ、この本の構想段階から伴走者のようにアドヴァイスをくださった近代史の大門正克さん。そして、ぜひ一書にまとめるようにと強く勧めてくださった吉川弘文館の永田伸さんと、実務を担当された大熊啓太さん。こうした良き結びつきに支えられながら本書を編むことができたことに、心からお礼を申し上げたい。

今まで私は本のあとがきに家族への感謝の言葉を記したことはない。家族への感謝の思いは、家族のなかで、そっと手渡せば良いと思ってきたからである。しかし、ここでは最後に、家族への感謝を記したい。というのも、この本は、大学院生夫婦として歩み始めてからの三七年間、共に歩み、共に研究と子育てをしてきた夫、そして二人の息子たちとの歴史のなかで紡ぎだされたものに他ならないからである。

心からの感謝をこめて、あまりにも早く逝ってしまった、そして最期のときまで私の良き理解者であろうとした夫、信一、そしてそれぞれ新しい家族に恵まれた二人の息子、建史と遼に、この本を捧げたい。

二〇一二年一二月二六日

沢山美果子

引用・参考文献　著者名の五十音順

赤井米吉　一九三一「家族教育不振の原因と将来の問題」（『家庭教育と学校家庭連絡の実際』文化書房）
赤澤乾一　一九二九「子供を社会的に発見せよ—都市と児童遊園地—」（『連帯時報』九巻五号、一九二九年五月）
朝日新聞社　一九八八『週刊朝日百科　日本の歴史　近代Ⅱ—2　②　現代庶民生活の原型4』朝日新聞社
安達憲忠　一九八三「乞食悪化の状況」『日本児童問題文献選集2』日本図書センター
阿辻哲次　二〇〇三『漢字の知恵』ちくま新書
安部磯雄　一九二二「産児制限に就き受け取った手紙」（『小家族』一九二二年五月一三日）
アリエス、フィリップ　一九九〇『〈子供〉の誕生—アンシァン・レジーム期の子供と家族生活〉—』杉山光信・杉山美恵子訳
　みすず書房
有川幾夫　一九九五「家族の肖像」（『「家族の肖像—日本のファミリーポートレート—」図録』宮城県美術館）
有島行光他　一九八九『父の書斎』筑摩叢書
有地亨　一九七七『近代日本の家族観　明治編』弘文堂
——　一九八六『日本の親子二百年』新潮社
有賀喜左衛門　一九六九「捨子の話」（『有賀喜左衛門著作集Ⅷ』未来社）
石田雄　一九七五「『家』および家庭の政治的機能」（『家族　政策と法　Ⅰ総論』東京大学出版会）
石谷二郎・天野正子　二〇〇八『モノと男の戦後史』吉川弘文館
板橋春夫　二〇〇七『誕生と死の民俗学』吉川弘文館
一番ケ瀬康子　一九九八「児童福祉研究に思う」（『社会事業史研究』二六号）
伊藤美登里　二〇〇一「家庭領域への規律的時間の浸透」（橋本毅彦、栗山茂久編『遅刻の誕生』三元社）
稲井智義　二〇一二「書評　Mark A. Jones, Children as Treasures: Childhood and the Middle Class in Early Twentieth

Century Japan（『宝物としての子ども：二〇世紀初頭の日本における子ども観と中間階級』）」（『東京大学日本史学研究室紀要』第十六号）
犬丸義一校訂　一九九八『職工事情（中）』岩波文庫
井上俊他編　一九九六『岩波講座現代社会学　一九〈家族〉の社会学』岩波書店
井上俊・伊藤公雄編　二〇一〇『社会学ベーシックス第5巻　近代家族とジェンダー』世界思想社
猪熊葉子（ほか）編　一九七四『講座日本児童文学』第二巻　明治書院
伊福部敬子　一九九二『母の世紀の序』『近代女性文献資料叢書　6　女と戦争第6巻』大空社
今井康子　一九九二「〈主婦〉の誕生」（『女性学』創刊号）
岩見照代編　二〇〇二『アンソロジー〈新しい〉女たち』ゆまに書房
厳本善治　一八八六「母親の心得　愛育と云ふ事」（『女学雑誌』一四号一八八六年二月）
――　一八八七「子守女の論」（『女学雑誌』五七号）
――　一八八八ａ「日本の家族（第一）一八八七号三月、一家の和楽団欒（『女学雑誌』九六号一八八八年二月）
――　一八八八ｂ「日本の家族（第三）和楽なき家族より起る害毒」（『女学雑誌』九八号）
岩本通弥　一九八九「血縁幻想の病理―近代家族と親子心中―」『都市民俗学へのいざない　1　混沌と生成』雄山閣出版）
上野千鶴子　一九九四『近代家族の成立と終焉』岩波書店
大門正克　二〇〇〇→二〇一九『民衆の教育経験―戦前・戦中の子どもたち―』岩波現代文庫
――　二〇〇八「序説『生存』の歴史学―「一九三〇～六〇年代の日本」と現在との往還を通じて―」（『歴史学研究』八四六号）
大門正克、安田常雄、天野正子編　二〇〇三『近代社会を生きる』吉川弘文館
大阪毎日新聞社編　一九二一『子供の育て方』大阪毎日新聞
――　一九二三『大正十二年度婦人宝鑑』
太田典礼　一九六四『日本産児調節百年史』人間の科学社
太田素子　一九九四→二〇一七『江戸の親子　父親が子どもを育てた時代（読みなおす日本史）』吉川弘文館

―― 二〇〇〇「子育ての歴史　研究の課題と展望」（『日本教育史研究』一九号）
―― 二〇〇七「日本における〈近代的子ども〉の成立史研究」（教育史学会編『教育史研究の最前線』日本図書センター）
―― 二〇一〇「人間形成の社会史における〈家族〉―「家」の教育・家庭教育・共有ネットワーク」（『日本の教育史学』五三号）
―― 二〇一一「『家』継承のための子育て」（『近世の「家」と家族』角川叢書）
大塚英志　二〇〇四『「伝統」とは何か』ちくま新書
大藤修　一九九四『近世農民と家・村・国家』吉川弘文館
大橋隆憲　一九七一『日本の階級構成』岩波新書
大牟羅良　一九五八→二〇二〇『ものいわぬ農民』岩波新書
岡百合子　一九七六「同行三人」（高史明・岡百合子編『僕は十二歳―岡真史詩集―』筑摩書房）
岡野治子　二〇〇四「命のはじまり」（『岩波講座　宗教　第七巻　生命』岩波書店）
岡山県社会課　一九二五『婦人労働者のために―家事講習会の経営―』（『社会事業研究資料』第五編、村尾印刷）
岡山県史編纂委員会編　一九八七『岡山県史』近代Ⅱ　山陽新聞社
岡山児童相談所　一九二八「性能調査報告」第一回（『連帯時報』八巻九号）
荻野美穂　二〇〇八『「家族計画」への道―近代日本の生殖をめぐる政治―』岩波書店
小口偉一編　一九三六『成城文化史』成城高等学校同窓会
長志珠絵　二〇〇二「『家』から『家族』へ―日本近代家族と女性―」（歴史学研究会編『現代歴史学の成果と課題　一九八〇―二〇〇〇年　Ⅰ　歴史学における方法的転回』青木書店）
落合恵美子　一九八九『近代家族とフェミニズム』勁草書房
―― 一九九四『二一世紀家族へ』有斐閣選書
―― 一九九六「近代家族をめぐる言説」（『岩波講座現代社会学　一九　〈家族〉の社会学』岩波書店）
―― 一九九七「女性史における近代家族と家―女性史のもたらしたものとその陥穽―」（田端泰子・上野千鶴子・服藤早苗編『ジェンダーと女性〔シリーズ比較家族　八〕』早稲田大学出版会）

小野沢あかね　二〇〇〇「近代女性史研究の現状」(『日本史研究の最前線』新人物往来社)
小原国芳　一九二五『母のための教育学』イデア書院
折井美耶子・高井陽　一九八五『薊の花―富本一枝小伝』ドメス出版
折井美耶子編　一九九一『資料　性と愛をめぐる論争』ドメス出版
海妻経子　二〇〇四『近代日本の父性論とジェンダー・ポリティクス』作品社
柏木惠子　二〇〇一『子どもという価値―少子化時代の女性の心理』中公新書
柏木博　二〇〇〇『肖像のなかの権力』講談社学術文庫
加藤シズエ　一九八一『ある女性政治家の半生』PHP研究所
加藤秀俊、前田愛　一九八三『明治メディア考』中央公論社
加藤田恵子　一九八三「児童保護事業調査」(社会事業調査会編『戦前日本の社会事業調査』勁草書房)
金津日出美　一九九二→二〇〇二「明治初年の『妾』議論の再検討」(馬原哲男・岩井忠熊編『天皇制国家の統合と支配』文理閣
〈再収『日本家族史論集5　家族の諸相』吉川弘文館　二〇〇二年〉)
鹿野政直　一九八三『戦前・「家」の思想』(叢書身体の思想:九)・創文社
上笙一郎　一九七六『日本児童文学の思想』国土社
香山リカ　二〇一〇『ニッポン母の肖像』(『NHK知る楽　歴史は眠らない』五巻一八号
川上武　一九八二『現代日本病人史』勁草書房
河原和枝　一九九八『子ども観の近代―『赤い鳥』と「童心」の理想』中公新書
神立春樹　一九八七『産業革命期における地域編成』(〈岡山大学経済学研究叢書〉第四冊、一「岡山市等の本業者職業別構成―一
九二〇年」)
鬼頭宏　二〇〇〇『人口から読む日本の歴史』講談社学術文庫
木村不二男　一九七二「鈴木三重吉」(『童話』一九七二年九月)
木村涼子　二〇一〇『〈主婦〉の誕生　婦人雑誌と女性たちの近代』吉川弘文館

木本喜美子　一九九五『家族・ジェンダー・企業社会』ミネルヴァ書房
倉敷伸子　二〇〇七「近代家族規範受容の重層性―専業農家経営体解体期の女性就業と主婦・母親役割―」（『年報　日本現代史』第一二号）
倉地克直　一九九七「開講にあたって」（倉地克直・沢山美果子編　一九九七）
――　一九九八「御巻と箕」（『性《せい》と身体《からだ》の近世史』東大出版会）
――　二〇〇〇「まとめの講義」（倉地克直・沢山美果子編　二〇〇〇）
――　二〇〇八『全集　日本の歴史　第一一巻　徳川社会のゆらぎ』小学館
倉地克直・沢山美果子編　一九九七『「性を考える」私たちの講義』世界思想社
――　二〇〇〇『男と女の過去と未来』世界思想社
――　二〇〇八『働くこととジェンダー』世界思想社
古在由重編　一九八三『紫琴全集』、草土文化
小玉亮子　二〇一〇「近代ドイツにおける家族と国家、そして第三項―西洋教育史における家族研究の射程―」（『日本の教育史学』第五三号）
小林千枝子　一九八七「到達度評価と学習意欲」（『到達度評価研究会報』第一〇号）
小松裕　二〇〇九『全集　日本の歴史　第一四巻「いのち」と帝国日本』小学館
小峰茂之　一九三七→二〇〇九「明治大正昭和年間に於ける親子心中の医学的考察」〈再収『日本子どもの歴史叢書』慶応義塾大学社会事業研究会編、久山社〉
小森陽一　一九九五『漱石を読みなおす』筑摩新書
――　一九九九『世紀末の預言者・夏目漱石』講談社
小山静子　一九九一『良妻賢母という規範』勁草書房
――　一九九五→二〇〇二「家族の近代」（西川長夫・松宮秀治編『幕末・明治期の国民国家形成と文化変容』新曜社〈再収『日本家族史論集4　家族と社会』吉川弘文館　二〇〇二年〉）

―― 一九九九『家庭の生成と女性の国民化』勁草書房
―― 二〇〇二『子どもたちの近代―学校教育と家庭教育』吉川弘文館
近藤和子 一九九五「女と戦争―母性／家族／国家」（奥田暁子編『女と男の時空―日本女性史再考 V鬩ぎ合う女と男―近代』藤原書店）
斉藤茂男 一九八二→一九九四『妻たちの思秋期』講談社（＋α文庫）
佐藤 泉 二〇〇二『漱石 片付かない〈近代〉』NHKライブラリー
沢山美果子 一九七九「近代日本における『母性』の強調とその意味」（人間文化研究会編『女性と文化―社会・母性・歴史』白馬出版）
―― 一九八七→二〇〇三「近代的母親像の形成についての一考察」（『歴史評論』第四四三号〈再収『日本家族史論集 一〇 教育と扶養』吉川弘文館 二〇〇三年〉）
―― 一九八八「母子関係史からみた母性」（『順正短期大学研究紀要』一三号）
―― 一九九六a「主婦と家庭文化」（『順正短期大学研究紀要』二四号）
―― 一九九六b「『結婚の条件』の近代」（小玉美意子、人間文化研究会編『美女のイメージ』世界思想社）
―― 一九九八a「『近代家族』とセクシュアリティ」（安井信子、沢山美果子、今関敏子『成熟と老い』世界思想社）
―― 一九九八b『出産と身体の近世』勁草書房
―― 二〇〇〇「教育家族の成立と展開」（倉地克直・沢山美果子編二〇〇〇）
―― 二〇〇八『江戸の捨て子たち』吉川弘文館
―― 二〇一〇「書評 荻野美穂『「家族計画」への道』」（『歴史学研究』八六九号）
―― 二〇一一「『乳』からみた近世大坂の捨て子の養育」（『文化共生学研究』一〇号）
―― 二〇一七『江戸の乳と子ども いのちをつなぐ』吉川弘文館
三田谷啓 一九一八「知能と身体との関係」（『児童学研究紀要』第一巻）
しげ子 一九二七「宮詣りの日に愛児を失った経験」（『連帯時報』七巻七号）

柴崎ゆう　一九一七『我が兒の生ひたち　愛撫八年』広文堂
渋沢栄一　一九九八『回顧五十年』（『日本〈子供の歴史〉叢書二七』久山社）
司法省編　一八七七『民事慣例類集』司法省
清水紫琴
――　一八九八「稚児の育て方に就いての注意」（『女学雑誌』四五七号、一八九八年一月）
――　一八九九「家庭に於る父子の関係に就て」（『女学雑誌』四八二号、一八九九年二月）
下田歌子　一九一五『家庭』実業之日本社
下田次郎　一九二二『婦人の使命』実業之日本社
――　一九二五→二〇一六『胎教』〈再収『文献選集　近代の親子問題　第Ⅰ期　親子関係と子育ての変化』日本図書センター〉
――　一九二七『母と子』実業之日本社
――　一九三五『高等教育女子教育学』東洋図書
――　一八三八『母性読本』実業之日本社
社会事業調査会編　一九八三『戦前日本の社会事業調査』勁草書房
庄司吉之助、林基、安丸良夫校注　一九七〇『日本思想大系五八　民衆運動の思想』岩波書店
女性史総合研究会　一九八二『日本女性史　第四巻　近代』東京大学出版会
女性史総合研究会編　一九九〇『日本女性生活史　第四巻　近代』東京大学出版会
――　一九八三『日本女性史研究文献目録』東京大学出版会
――　一九八八『日本女性史研究文献目録（Ⅱ）一九八二―一九八六』東京大学出版会
――　一九九四『日本女性史研究文献目録（Ⅲ）一九八七―一九九一』東京大学出版会
――　二〇〇三『日本女性史研究文献目録（Ⅳ）一九九二―一九九六』東京大学出版会
神野由紀　二〇一一『子どもをめぐるデザインと近代―拡大する商品世界―』世界思想社
神門とも　一九〇一「母と子供」（『婦人と子ども』一巻三号、一九〇一年三月）
珠久捨男　一九六四『日本小児科医史』南山堂

鈴木貞美　一九九六『「生命」で読む日本近代』日本放送出版協会
鈴木珊吉　一九六四「おやじ―赤い鳥の心」（『朝日ジャーナル』一九六四年八月九日号）
鈴木すず　一九八二「父と私」（鈴木三重吉赤い鳥の会編『鈴木三重吉への招待』教育出版センター）
鈴木智道　一九九七「戦間期日本における家族秩序の問題化と『家庭』の論理―下層社会に対する社会事業の認識と実践に着目して―」（『教育社会学研究』六〇集）
鈴木三重吉　一九三八「書簡」（『鈴木三重吉全集6』岩波書店）
首藤美香子　二〇〇四『近代的育児観への転換　啓蒙家　三田谷啓と一九二〇年代』勁草書房
瀬知山角　一九九六『東アジアの家父長制　ジェンダーの比較社会学』勁草書房
千田有紀　二〇一一『日本型近代家族　どこから来てどこへ行くのか』勁草書房
大日本女子社会教育会編　一九六六『家庭教育に関する参考資料―江戸期～昭和二〇年』
高井陽・折井美耶子　一九八五『薊の花―富本一枝小伝』ドメス出版
高橋梵仙　一九五五『日本人口史之研究　第二』日本学術刊行会
高群逸枝　一九五八→一九七二『女性の歴史』下　講談社文庫
田川建三　一九九九「与謝野晶子―町人の自立と女性の自立」（『女性学研究』七）
竹内利美・谷川健一編　一九七九『日本庶民生活史料集成　第二十一巻　村落共同体』三一書房
竹内洋　一九九一『立志・苦学・出世――受験生の社会史』講談社
舘かおる　一九八四「良妻賢母」（女性学研究会編『講座女性学1　女のイメージ』勁草書房）
立川昭二　一九九八『日本人の死生観』筑摩書房
田中寛一　一九二六『教育測定学』松邑三松堂
田中芳子　一九二四「中村春二先生」（『婦女新聞』一二三九号）
――　一九二五『親心子心』同文館
田間泰子　二〇〇一『母性愛という制度―子殺しと中絶のポリティクス―』勁草書房

田間康子　二〇〇六『「近代家族」とボディポリティクス』世界思想社
千本暁子　一九九〇「日本における性別役割分業の形成―家計調査を通して―」（荻野美穂他『制度としての〈女〉―性・産・家族の比較社会史』平凡社）
塚本はま子　一九〇〇→一九七〇『家事教本』金港堂（再収『家政学文献集成　続編明治期Ⅷ』渡辺書店　一九七〇）
土屋敦　二〇一四『はじき出された子どもたち―社会的養護児童と「家庭」概念の歴史社会学―』勁草書房
寺崎弘昭　一九九八「一八・一九世紀イギリスの父親像―その強迫性と不安―」（黒柳春夫他編『父親と家族―父性を問う―』〈シリーズ比較家族代Ⅱ期　二〉早稲田大学出版部）
寺崎弘昭・周禅鴻　二〇〇六『教育の古層―生を養う』（「かわさき市民アカデミー講座ブックレット」No27かわさきアカデミー出版部）
暉峻義等　一九一九「二、三の社会的問題の医学的観察」上（『国学医学雑誌』三八四号）
東京市社会教育課　一九二四『愛児の躾けと育て』実業之日本社
東京市社会局　一九三七「東京市内に於ける棄児調査」
東京都養育院編　一九七四『養育院百年史』東京都
戸田貞三　一九三七『家族構成』弘文堂
富本一枝　一九三八「明日の若木―娘から孫へ―」（『婦人公論』一九三八年九月）
中川清　一九八五『日本の都市下層』勁草書房
――　二〇〇〇『日本都市の生活変動』勁草書房
中川清編　一九九四『明治東京下層生活誌』岩波文庫
中内敏夫　一九七二「能力についての考え方の歴史」上（『教育』国土社、一九七二年六月）
――　一九七三「解説」（『野村芳兵衛著作集8』黎明書房）
――　一九七七『生活綴り方成立史研究』明治図書
――　一九八五「『新学校』の社会史」（「産育と教育の社会史」編集委員会編〈叢書・産育と教育の社会史〉第五巻『国家の教師

民衆の教師』新評論）
――　一九八七ａ『新しい教育史―制度史から社会史への試み―』新評論
――　一九八七ｂ「家族と家族のおこなう教育」（『中内敏夫著作集Ⅲ日本の学校―制度と生活世界―』藤原書店）
――　一九八八『教育学第一歩』岩波書店
――　一九九八ａ「新学校の社会過程」（『中内敏夫著作集Ⅱ匿名の教育史』藤原書店）
――　一九九八ｂ「日本資本主義と女学校」（『中内敏夫著作集Ⅱ匿名の教育史』藤原書店）
中嶋みさき　一九九九→二〇〇一「『近代家族』への問いと女性史の課題」（『歴史評論』第五八八号、一九九九年四月〈再収『日本家族史論集2　家族史の展望』吉川弘文館　二〇〇一〉）
中谷文美　二〇一一「家族をめぐる『自然』と『文化』」（本多俊郎・大村敬一編『グローバリゼーションの人類学』放送大学教育振興会）
夏目漱石　二〇一〇『門』新潮文庫
波平恵美子　一九九六『いのちの文化人類学』新潮選書
成沢光　一九九七『現代日本の社会秩序』岩波書店
西川佑子　一九九〇「住まいの変遷と『家庭』の成立」（女性史総合研究会編『日本女性生活史　第四巻　近代』東京大学出版会）
――　一九九一「近代国家と家族モデル」（河上倫逸編『ユスティティア』２・特集「家族・社会・国家」ミネルヴァ書房）
――　一九九四「日本型近代家族と住まいの変遷」（『立命館言語文化研究』六巻一号）
――　一九九五「雑誌『文化生活』と男性本位の家庭イデオロギー」（『文化生活』解説・総目次・索引、不二出版）
――　二〇〇〇『近代国家と家族モデル』吉川弘文館
西本郁子　二〇〇六『時間意識の近代―「時は金なり」の社会史―』法政大学出版局
西山卯三　一九八九『すまい考今学　現代日本住宅史』彰国社
西山哲治　一九一八『赤ん坊の研究』南北社出版部
二宮宏之　一九八三「歴史の中の『家』」（二宮宏之・樺山紘一・福井憲彦編『叢書　歴史を拓く―アナール論文選２　家の歴史社

会学』新評論）
日本近代文学館編　一九七七『日本近代文学大事典』第三巻　講談社
布川弘　『神戸における都市『下層社会』の形成と構造』部落問題研究所
野上素一「母の横顔」（『婦人之友』一九六二年一月号）
野上弥生子　一九二五→一九八〇『小さい兄弟』（『野上弥生子全集』第三巻、岩波書店）
ノッター、デビット　二〇〇七『純潔の近代—近代家族と親密性の比較社会学』慶応義塾大学出版会
野村芳兵衛　一九七三ａ「新教育に於ける学級経営」（『野村芳兵衛著作集２』黎明書房）
——　一九七三ｂ「私の歩んだ教育の道」（『野村芳兵衛著作集８』黎明書房）
——　一九七四「生命信頼の修身教授法」（『野村芳兵衛著作集１』黎明書房）
長谷川貴彦　二〇一二「書評　大野誠編『近代イギリスと公共圏』」（『史学雑誌』一二一編三号）
バード、イザベラ　一九七三『日本奥地紀行』高梨健吉訳、東洋文庫
花泉町教育委員会編　二〇〇一『花泉町文化財調査報告書第八集　観音堂文書—一—』
鳩山春子　一九一九『我が子の教育』婦女界社
——　一九二九→一九九七『我が自叙伝』（再収『我が自叙伝（人間の記録３）』日本図書センター）
原ひろ子、我妻洋　一九七四『しつけ』（ふぉるく叢書１）弘文堂
濱田喜志乃　一九二七「育児の苦心」（『通帯時報』七巻七号）
林えり子　二〇〇五『この結婚　明治大正昭和の著名人夫婦七〇態』文春文庫
平川祐弘　一九八七『開国の作法』東京大学出版会
平田ノブ　一九二六「私の見た婦人その十二、田中芳子夫人」（『婦女新聞』一三八四号）
平塚眞樹　一九九二「日本における子どもの『保護』の制度化と『子どもの権利』（上）（下）（法政大学社会学部編『社会労働研究』三九巻二、三号）
平塚らいてう　一九八三ａ「独立するについて両親に」（『平塚らいてう著作集』第一巻、大月書店）

―― 一九八三b「個人としての生活と性としての生活との間の争闘について」(『平塚らいてう著作集』第二巻、大月書店)
―― 一九八三c「避妊の可否を論ず」(『平塚らいてう著作集』第二巻、大月書店)
―― 一九八三d「ある母の手紙―富本一枝さんに―」(『平塚らいてう著作集』第四巻、大月書店)
―― 一九八三e「母性愛が要求する産児制限問題」(『平塚らいてう著作集』第五巻、大月書店)
広田照幸 一九九九『日本人のしつけは衰退したか―『教育する家族』のゆくえ―』講談社現代新書
広田照幸監修 二〇〇六『リーディングス 日本の教育と社会第三巻 子育て・しつけ』日本図書センター
ひろたまさき 一九九〇「ライフサイクルの諸類型」(『日本女性生活史 第四巻 近代』東京大学出版会)
藤崎宏子 一九八三「母子保護事業調査」(社会事業調査会編『戦前日本の社会事業調査』勁草書房)
藤野裕子 二〇〇六「書評 大門正克他編『近代社会を生きる』」(『歴史評論』六七五号)
ふみ子 一九〇三「幼児を世話する人の感情につきて」(『婦人と子ども』三巻五号、一九〇三年五月)
―― 一九〇一「家庭保姆養成の必要」(『婦人と子ども』一巻一号、一九〇一年一月)
宝月理恵 二〇一〇『近代日本における衛生の展開と需要』東信堂
報知新聞社家庭部編 一九二四『実験子供の躾け方』大明堂書店
法務大臣官房司法法制調査部監修 一九八九『全国民事慣例類集』商事法務研究会
堀江俊一 一九九一「明治末期から大正初期の『近代家族像』―婦人雑誌からみた『山の手生活』の研究―」(『日本民俗学』一八六号)
堀尾輝久 一九八七『天皇制国家と教育―近代日本教育思想史研究 一 』青木書店
―― 一九八四『子どもを見直す』岩波書店
堀場清子編 一九九一『『青鞜』女性解放論集』岩波文庫
ポロク、リンダ・A 一九八八『忘れられた子どもたち―一五〇〇―一九〇〇年の親子関係』中地克子訳 勁草書房
本多勝一編 一九八六↓一九八九『子供たちの復讐』朝日文庫
本田和子 一九八二『異文化としての子ども』紀伊國屋書店
―― 一九九〇『女学生の系譜―彩色される明治』紀伊國屋書店

牧原憲夫　二〇〇四「〈研究ノート〉明治後期の民衆と天皇（その二）」（『東京経済大学人文自然科学論集』第一一七号）
――　二〇〇八『全集　日本の歴史　第一三巻　文明国をめざして』小学館
松浦政泰　一九一五→二〇〇六『家庭の娯楽』（『家庭文庫』婦人文庫〈再収、上笙一郎・山﨑朋子編纂『家庭文庫』クレス出版〉）
松村尚子　二〇〇三「近現代4　家族・社会」（『日本女性史研究文献目録Ⅳ』女性史総合研究会編　二〇〇三）
松本園子　二〇〇一「明治期の東京養育院入所児童」（『淑徳短期大学研究紀要』四〇号）
丸岡秀子　一九八〇『日本農村婦人問題』ドメス出版（初版本は一九三七年）
三鬼弘子　一九九四「近代日本家族思想成立をめぐる一考察」（『史艸』三五号）
光田京子　一九八六「近代岡山女子教育の展開」（『岡山地方史研究』五一号）
南博編　一九六五『大正文化』勁草書房
三宅菊子　一九九七「三宅やす子著『婦人の立場から』」（『叢書　女性論　別巻・日本のフェミニズム―日本女性の発言の歴史―』大空社）
三宅恒方　一九二〇『第六感を交えて』実業之日本社
――　一九二三a『旅と私』実業之日本社
――　一九二三b『新坂町から』実業之日本社
――　一九二九『学者膝栗毛』富士書房
三宅艶子　一九六二『若き日の読書』東都書房
三宅やす子　一九二四→一九九〇『我子の性教育』文化生活研究会（再収『性教育研究基本文献集　第Ⅰ期第六巻　我子の性教育』大空社）
――　一九二四→一九九七『母の教育』（再収、石川松太郎監修『「子供と家庭」文献叢書』第六巻　クレス出版）
――　一九三二a『奔流』『三宅やす子全集　第一巻』中央公論社
――　一九三二b「自叙伝の一節」「我が子へ送る」「私の修学時代」「科学者の妻として」「断片」「矛盾の中に住む」「三郎就学日記」（『三宅やす子全集　第二巻』中央公論社）

―― 一九九三『三宅やす子全集』第二巻、第四巻、本の友社〈復刻版〉
宮坂靖子 一九九〇「『お産』の社会史」(『〈教育〉誕生と終焉』(『叢書 産む・育てる・教える―匿名の教育史』藤原書店)
牟田和恵 一九九六『戦略としての家族―近代日本の国民国家形成と女性―』新曜社
―― 二〇〇二「『近代家族』概念と日本近代の家族像」(大日向純夫編『日本家族史論集2 家族史の展望』)
村山俊太郎 一九七八「獄中からの手紙」(『村山俊太郎著作集 第3巻』百合出版)
室井きさ子 一九二九『母性愛日記』萬理閣書房
室田保夫 二〇〇九解説「子どもの養護」(室田保夫・蜂谷俊隆編『子どもの人権問題資料集成 戦前編 第1～第3巻 子供の養護I』不二出版)
目黒依子 一九八七『個人化する家族』勁草書房
―― 一九九九「総論日本の家族の『近代性』」(目黒依子・渡辺秀樹編『講座 社会学2 家族』東京大学出版会)
森まゆみ 二〇〇四『明治・対象を食べ歩く』PHP新書
森岡清美・望月崇 一九七八『家族関係』日本放送出版協会
安丸良夫 二〇〇四「二〇世紀日本をどうとらえるか」(『現代日本思想論 歴史意識とイデオロギー』岩波書店)
柳田國男 一九六三「小児生存権の歴史」(『定本 柳田國男集一五巻』筑摩書房)
―― 一九六七→一九九三『明治大正史 世相編』講談社学術文庫
山川菊栄 一九二一a「女性の反逆―精神的物質的方面より見たる産児制限問題―」(『解放』一九二一年一月号〈「婦人解放と産児調節問題」と改題し『山川菊栄集 2巻』岩波書店 二〇一一年に収録〉)
―― 一九二一b「婦人解放と産児調節問題」(『山川菊栄集 2巻』岩波書店 二〇一一年)
山下石翁 一八九一「子供は教師なり」(『女学雑誌』二六一号、一八九一年四月)
山住正巳・中江和恵編注 一九七六『子育ての書』1、2、3 平凡社
山田登世子 二〇〇六『晶子とシャネル』勁草書房
山田昌弘 一九九四『近代家族のゆくえ―家族と愛情のパラドックス―』新曜社

山田昌弘編　二〇〇一『家族本　40　歴史をたどることで危機の本質が見えてくる』平凡社
大和礼子　一九九五「性別役割分業の二つの次元―『性による役割振り分け』と『愛による再生産役割』―」（『ソシオロジ』一一三）
山梨県編　二〇〇〇『山梨県史　資料編一七　近現代四』山梨日日新聞社
山根真理　二〇〇〇「育児不安と家族の危機」（清水新二編『シリーズ〈家族はいま・・・〉家族問題―危機と存続』ミネルヴァ書房）
山本起世子　二〇〇〇「家族における身体管理に関する歴史社会学的考察」（『園田学園女子大学論文集』三五号）
山本敏子　一九九一「日本における〈近代家族〉の誕生―明治期ジャーナリズムにおける『一家団欒』像の形成を手掛かりに―」（『日本の教育史学』第三四集）
山崎朋子監修　一九九七『叢書女性論別巻　日本のフェミニズム　日本女性の発言の歴史』大空社
横山源之介　二〇〇七『日本の下層社会』岩波文庫
与謝野晶子　一九八〇a「寧ろ父性を保護せよ」（『定本　与謝野晶子全集』一七巻　講談社）
――　一九八〇b「女子の多方面の活動」（『定本　与謝野晶子全集』一七巻　講談社）
――　一九八〇c「婦人改造の基礎的考察」（『定本　与謝野晶子全集』一七巻　講談社）
――　一九二〇「親としての男女協力」（『與謝野晶子著作集』一八巻　講談社）
――　一九八一「男女の平等な協力」（『定本　与謝野晶子全集』一九巻　講談社）
吉田久一　一九六〇「明治維新における貧困の変質」（日本社会事業大学救貧制度研究会編『日本の救貧制度』勁草書房）
若尾祐司　二〇〇九「ヨーロッパ家族史研究の影響」（『比較家族史研究』二三）
若松賤子　一八九三「子供に付いて（三）」（『女学雑誌』三四八号、一八九三年六月）
――　一九七七「小公子前編」自序（『日本児童文学大系第二巻』ほるぷ出版）
渡辺京二　一九九八→二〇〇五『逝きし世の面影』平凡社ライブラリー
渡部周子　二〇〇七『〈少女〉像の誕生―近代日本における「少女」規範の形成』新泉社

初出一覧

なお本書収録にあたって、いずれも加筆訂正を行った。

序章　書き下ろし

Ⅰ　「家庭」のなかの女・男・子ども―生活世界としての「家庭」に生きる

第一章　「家／家庭と子ども」大門正克・安田常雄・天野正子編『近代社会を生きる』吉川弘文館、二〇〇三年

第二章　「『家庭』という生活世界」大門正克・安田常雄・天野正子編『近代社会を生きる』吉川弘文館、二〇〇三年

第三章　「近代家族『における男―夫として・父として―』阿部恒久・大日向純夫・天野正子編『男性史2　モダニズムから総力戦へ』日本経済評論社、二〇〇六年

第四章　「子育てにおける男と女」女性史総合研究会編『日本女性生活史　4近代』東京大学出版会、一九九〇年

Ⅱ　「保護される子ども」と教育としての「育児」

第一章「『保護される子ども』の近代―『捨子』からみた近代社会の展開―」佐口和助・中川清編『講座・福祉社会第2巻　福祉社会の歴史―伝統と変容―』ミネルヴァ書房、二〇〇六年

第二章　「近代日本の家族と子育ての思想（その1）―新中間層における教育家族の誕生と〈童心〉主義子ども観」『順正短期大学研究紀要』一五号、一九八六年：「〈童心〉主義子ども観の展開―都市中間層における教育家族の誕生―」『保育幼児教育体系　第5巻10』労働旬報社、一九八七年↓一本化し加筆修正

第三章　「教育家族の成立」編集委員会編『叢書　産む・育てる・教える—匿名の教育史1〈教育〉誕生と終焉』藤原書店、一九九〇年
第四章　「「母性」「父性」を問う—子産み・子育てにおける男と女」伊奈正人・鮎京正訓他編『性というつくりごと—遺伝子から思想まで』勁草書房、一九九二年
終章　書き下ろし

索　　引

（イタリックのページ数は，「はしがき」のページ数を示す）

あ　行

か　行

さ　行

た　行

な　行

は　行

ま　行

や　行

ら　行

わ　行

著者紹介

一九五一年　福島県に生まれる

一九七九年　お茶の水女子大学大学院博士課程人間文化研究科人間発達学専攻単位取得退学

現在　岡山大学大学院社会文化科学研究科客員研究員、学術博士（お茶の水女子大学）

〔主要著書〕

『出産と身体の近世』（勁草書房、一九九八年　第一四回女性史青山なを賞受賞）

『性と生殖の近世』（勁草書房、二〇〇五年）

『江戸の捨て子たち　その肖像』（吉川弘文館、二〇〇八年）

『江戸の乳と子ども　いのちをつなぐ』（歴史文化ライブラリー、吉川弘文館、二〇一七年）

『性からよむ江戸時代―生活の現場から―』（岩波新書、二〇二〇年）

近代家族と子育て

二〇一三年（平成二十五）三月一日　第一刷発行
二〇二一年（令和　三　）五月一日　第二刷発行

著者　沢《さわ》山《やま》美《み》果《か》子《こ》

発行者　吉川道郎

発行所　株式会社　吉川弘文館
郵便番号一一三―〇〇三三
東京都文京区本郷七丁目二番八号
電話〇三―三八一三―九一五一（代）
振替口座〇〇一〇〇―五―二四四番
http://www.yoshikawa-k.co.jp/

印刷＝株式会社　理想社
製本＝株式会社　ブックアート
装幀＝古川文夫

ISBN978-4-642-03819-5